玉袋筋太郎の
闘魂伝承座談会

玉袋筋太郎　堀江ガンツ　椎名基樹

白夜書房

まえがき

元気ですか――ッ！

……って、元気なわけねえよな。猪木がもうこの世にいねえんだもん。

われわれ昭和のプロレスファンにとって「神」である〝燃える闘魂〟アントニオ猪木さんが亡くなって早1年。『アントニオ猪木をさがして』なんていう映画も公開されたけど、あれから猪木を求めてさまよい続ける日々を送り続けてる人も多いんじゃないかな。俺がそうだもん。

気が動転しちゃってさ、真っ暗闇に放り込まれた気分だったよ。その暗闇の中、懐中電灯ひとつ持って猪木を求めてさまよい続けてきた1年のような気もするんだけど、この本はそんな「猪木ロス」状態に陥ってるプロレスファンに一筋の光を差す一冊だと、自信を持ってお届けするよ。

この本は、わたくし玉袋筋太郎とプロレスライターの堀江ガンツ、構成作家の椎名基樹という〝プロレス変態〟3人が、プロレス雑誌『KAMINOGE』でいろんなプロレスラーやプロレス関係者にインタビューさせてもらった変態座談会をまとめたものだけど、巻頭からアントニオ猪木ロングインタビューが掲載されてるからね。

これを収録したのは2020年3月だから、猪木さんが亡くなる約2年半前。ちょうどコロナが始まった頃でもあったし、猪木さんがこんなに長いインタビューを受けてくれたのもこれが最後だったんじゃねえかな。

その他のラインナップも最高だよ。藤波辰爾、藤原喜明という、長年、猪木さんを光と影で支えてきた飛車角が揃って、日本プロレス時代から猪木さんに仕えてきた北沢幹之さんもいる。さらに猪木全盛期を言葉で彩った舟橋慶一アナに〝過激な仕掛け人〟新間寿さん。猪木引退試合を裁いたタイガー服部もいれば、2000年代の猪木を語るに欠かせない永田裕志、村上和成もいる。これは読む蔵前国技館であり、読む両国国技館だよ！

目次という名の「本日の対戦カード」を印刷じゃなく、昔の新日パンフ『闘魂スペシャル』の1ページ目みたいにスタンプで押したいくらいだ。

どうかこれを読んで、自分なりのアントニオ猪木をさがしてほしいね。札幌の猪木問答ふうに言えば、「アントニオ猪木を見つけろテメエで！」だな。

さあ、魂のゴングを鳴らそうぜ！

玉袋筋太郎の闘魂伝承座談会 目次

カバーイラスト
師岡とおる

装丁
金井久幸［TwoThree］

DTP
TwoThree

写真
タイコウクニヨシ（以下を除くすべて）
橋詰大地（245p-284p）

アントニオ猪木
燃える闘魂

アントニオ猪木（あんとにお・いのき）

1943年2月20日生まれ、神奈川県横浜市鶴見区出身。元プロレスラー・元政治家。1960年4月にブラジルで力道山にスカウトされ帰国し、日本プロレスに入門。同年9月30日、大木金太郎戦でデビュー。東京プロレス、新日本プロレスを旗揚げして、数多くの名勝負を繰り広げ、日本に空前のプロレスブームを巻き起こす。またプロレス最強を標榜し、異種格闘技戦にも乗り出してモハメド・アリらと激闘を展開、のちの総合格闘技の礎を作る。1989年には参議院議員選挙で当選して初の国会議員プロレスラーとなる。1998年4月4日に現役を引退。PRIDEエグゼクティブプロデューサー就任やIGF旗揚げ、またCMや映画出演などでも活躍。2010年には日本人初となるWWE殿堂に認定された。2022年10月1日、全身性アミロイドーシスによる心不全のためこの世を去る。享年79歳。

［2020年3月収録］

「ダイヤモンド・プリンセス号に行ってやろうかと思ったんだけど、みんなに猛反対を受けてね。俺はすぐ動いちゃうからさ」（猪木）

ガンツ　玉さん！　今回の変態座談会は『ＫＡＭＩＮＯＧＥ』の１００号記念として、スペシャルなお客様に来ていただきました！

玉袋　おまえ、大変だよ。同席させていただくなんて畏れ多いよ！

椎名　神様ですからね。

玉袋　降臨していただいたよ、ホントに。

ガンツ　というわけで今回のゲストは、〝燃える闘魂〟アントニオ猪木さんです！

玉袋　会長！　本日はお世話になります！　また先日は喜寿おめでとうございました！

猪木　ムフフフ。今日はなんの話なの？

ガンツ　じつはこの企画では、ボクらが子どもの頃から憧れている方々にレスラー人生を振り返っていただくインタビューをやっておりまして。『ＫＡＭＩＮＯＧＥ』という雑誌が１００号を迎えた記念として、猪木さんにご登場いただいた次第です。

玉袋　ボクはいま53歳になるんですけど、ガキの頃からずっと追いかけさせていただいていて。そんな存在は猪木さんだけなんですよ！　本当にありがとうございます。

猪木　いやいや（笑）。

椎名　ボクらは何か苦しいことがあったら、猪木さんの言葉を思い出して、毎回なんとか乗り越えようとしてますから。

玉袋　猪木さんの歴史には大変な逆境が何度もあって、「その猪木さんの逆境に比べたら俺なんてどうってことねえ。ちっぽけなもんだ」と、そういうふうに物の考え方をさせてもらってます。

椎名　『燃えよ闘魂　アントニオ猪木・自伝』の「えい、行くぞ！　開き直るのが自慢ではないが私の精神力の強さだと思う」っていうのをボクは遅刻のたびにいつも思い出させていただきました（笑）。

ガンツ　自分の中にある猪木イズムの一例がそれですか！（笑）。

椎名　怒られるの怖いけど、「行くしかない！」って（笑）。

玉袋　猪木さんのレスラー人生もそういったことの連続ですか？

猪木　なんだかわかんないけど、必死になってがんばって生きてきたから。そういう姿を見て、何かを感じ取ってくれた人たちがいるのかもしれないけれど、自分としては無我夢中で走り続けてきただけというね。

玉袋　そういう猪木さんの姿にボクらは勝手に元気をもらってたんですよ。だから先日、長州さんが「猪木さんが国民栄誉賞にならないのはおかしい」って言ってたんですけど。

猪木　そういうものにはまったく興味がないんだよ。

玉袋　ですよね！　だからボクたちも国民栄誉賞じゃ小せえと。猪木さんの場合は地球規模なんだから、国民栄誉賞なんかじゃ収まらないスケールなんだって思ってるんですよ。

猪木　とにかく勲章はいらない。もらってもしょうがねえよ、そんなもん（笑）。

アントニオ猪木

ガンツ　いまさらだし、猪木さんは常に現在進行形で未来を見ていますもんね。

玉袋　そういう意味で、猪木さんは以前から「世の中が乱れ、混乱したときこそ俺の出番！」って言われてますけど。どうですか、いま世界が新型コロナウイルスで非常事態ですけど。

猪木　あのクルーズ船（ダイヤモンド・プリンセス号）で、いま何が起こっていて、何が必要なのかっていうのがありながら、誰も動く人間がいない。じゃあ、景気づけに俺が行ってやろうかと思ったんだけど、みんなに猛反対を受けてね（笑）。

ガンツ　ダイヤモンド・プリンセス号に乗り込もうとしていましたか（笑）。

猪木　俺の場合、思いつくとすぐ動いちゃうからさ。昔からイラク（人質解放）にしても何にしても、思いついたらもうそこにいたというね。

玉袋　その行動力が凄い！　そこらのビジネス本の「すぐやる人」どころじゃないというね。

猪木　それにみんな言わないけど、俺も昔45日間の船旅をしたからね。

椎名　家族でブラジルに移住したときですよね。

猪木　そのときは船倉といって荷物を置くところが寝床になってるんだよ。船はこう揺れるんだよね。そうしたらみんなもうゲェゲェ始めるし。いまの人たちは豪華船だから船自体は快適だろうけど、そこに閉じ込められるのは大変だろうと思ってね。

椎名　それを思い出したんですね。「船酔いには逃げ場がない」って『猪木寛至自伝』にも書いてありましたもん。

猪木　俺は若かったからある程度は平気だったけど、やっぱりおふくろとか歳のいった人たちにはキツかったんじゃないですかね。ちょっと海が荒れちゃうとね。だって1万トンもないくらいの船ですから。

ガンツ　出港するときに紙テープが届くくらいですもんね。

玉袋　サントス丸はいま思うと小さかったんだ。それで赤道を越えて、地球の裏側のブラジルまで行くわけですもんね。

猪木　でも、けっこうそれなりに楽しんで過ごしたのかなと思ってね。ほかの船と出会うことってあんまりないんだけど、たまーに沖合で「うわっ、船が通った！」って見えるとそれだけでうれしかったり。あとはトビウオが甲板にバンバン上がってきたり、イルカが追っかけてきたりとかもあってね。

ガンツ　60年以上前ですから、そんな光景はテレビでも観てないわけですもんね。

猪木　テレビ自体がないんだから（笑）。見るものすべてが初めてだからね。

「なんで早く映像化してくれないんだ。アリ戦だけでも映画になるし、中学の途中でブラジルに渡るってだけで映画だもん」（玉袋）

玉袋　ただ、その航海の途中、お祖父様が船の中で亡くなられたっていう悲しいこともあったんですよね。

猪木　ちょうどパナマ運河を越えていくときに水路が狭いんですよ。手を伸ばせば届くっていうわけじゃないけど、両脇がジャングルで、工事で亡くなった人たちの墓標がずらっと建っていてね。

椎名　運河工事で亡くなった方々のお墓ですか。

猪木　そうなんです。で、おじいさんはそれまで元気だったんだけど、パナマの逆側のクリストバルっていうところで、バナナが1本100円とか200円ぐらいした時代に、こんなでっかい房が1ドルで買えたんですよ。

ガンツ　日本ではバナナが高級品だった時代に。

猪木　それを抱えて船で食ったのがもとで死んじゃうんですけど。

椎名　バナナは青いままだと毒があるって言われてますもんね。

猪木　そのときの場面場面がね、自分の頭の中の映像としていまだに残っている。船が東に向かって、クリストバルを出てから3日目かな。急変して、腸閉塞を起こしたのがもとで死ぬんですけどね。乗船者が500人くらいかな。みんなで送ってくれて、棺桶に鉛を入れるんですよ。それをクレーンで吊って、船長の合図で海に沈めて黙祷をしてね。結局、「人の死っていうのはこんなにあっけないものなのか」っていうのを初めて感じたのがあのときで。西日を背に悲しみの涙を流したっていうのも、それが最初ですかね。

ガンツ　そのときの思いや光景が、いまだに鮮明に残ってるんですね。

猪木　これが俺の人生のなかでひとつの大きな出来事で。ほかにも娘を亡くしたり、あるいはこないだ女房（田鶴子夫人）が亡くなり、それぞれの死があるんですけどね。俺の場合は、あの船の上での経験があるから、死に対する考え方っていうのがほかの人たちとはちょっと違うのかなって。だから「花に嵐のたとえもあるぞ、さよならだけが人生だ」っていうね。話がそれちゃったけどいいですか？

玉袋　いやもう、最高です！

猪木　これは何回もしゃべってるから、同じことをしゃべるのも照れくさいんだけど。やっぱりおじいさんが自分の死をもって俺に何かを残してくれたというか。ハッキリと「こうだ」と言ったわけじゃないんだけど、「夢を持て」とか「乞食でも世界一になれ」とか、ひとつひとつの言葉が人生を歩むためのひとつの道しるべというかね。これまで人生を歩んできた基本がそこにあるのかなって。

椎名　闘魂の根本になっているってことですね。

玉袋　凄い体験だもん。普通はできないよ、そんな体験。だから猪木さんを映画化するとしたら、第一作はそこで終わりだから（笑）。
椎名　猪木さんの伝記映画は昔から観たいと思っているんですよ。
玉袋　俺もなんで早く映像化してくれないんだっていう。モハメド・アリ戦だけでも映画になるし、中学の途中でブラジルに渡るってだけでもう映画だもん。
猪木　今度また、旅をしようと思っていてね。昔まわったところをもう1回まわってみたいなって、いろいろ考えていたんだけど。去年は体調も悪かったけど、やっと元気になってきたんでね。
ガンツ　やっぱり、〝闘う旅人〟アントニオ猪木ですもんね。
猪木　だからもう一度、パナマ運河を船で渡るのもいいかなって。ただ、40日も50日も船旅をするのはもう無理だから、メキシコからでもいいからパナマに行ってね。
玉袋　おじいさんの思い出の旅をするわけですね。
猪木　当時のパナマはジャングルでヘビがとぐろを巻いていたり、ワニが甲羅干ししていたりしてね。そういう光景も、いまはテレビで紹介されるから当たり前になっちゃったけど、当時は見るものすべてが初めてのことばかりだからね。
ガンツ　いまに置き換えれば、宇宙旅行に行くようなもんなんでしょうね。
猪木　だから、そういう旅をもう1回ね。いまはたいした時間じゃないから。運河を越えて向こうの港に着いて、ベネズエラまで行くという。ベネズエラはちょっと治安が悪いからどうなるかわからないけど、そういう旅をいま計画中なんですよ。

玉袋　いいですね〜。

ガンツ　猪木さんの思い出をめぐる旅なんて、猪木信者はみんなついて行きたがると思いますけど。昔の「闘魂猪木塾」みたいにファンもついていくってことはできるんですか？（笑）。

猪木　ムフフフ。いいですよ（笑）。

ガンツ　それは最高ですね！（笑）。

椎名　昔、パラオのツアーで「猪木さんが選んだ好物が詰まったお弁当が出る」っていうのを見て、「行きたかったなあ」って思いました（笑）。

猪木　パラオにはこないだ行ってきましたよ。

玉袋　そうなんですか！　ボクも以前、テレビのロケでパラオの島で撮影していたら、たまたま向かいにある島がイノキアイランドだったんですよ。「うわー、ここだー！」って。あれはパラオの偉い人に博多人形を贈ったら、お返しに島をもらったっていう話を聞いたんですけど、本当なんですか？（笑）。

猪木　そんなことじゃないけど（笑）。たしかあれはアリ戦のあとですかね。

椎名　そんな昔だったんですか。

猪木　みなさんが日の丸を振って迎えてくれてね。要はパラオというのは戦前は日本に統治されていたわけだけど、戦後になって日本からすっかり忘れられてしまった。そのなかでふたたび日本とつながりを持とうというときに、パラオにおける日本のスターというのが美空ひばりさんと私だったという。それで私は二つ返事でオッケーだったんで行くことになったんですけど、「我々は貧乏でプレゼントは何もできないけど、島はいっぱいあるから選んでくれ」って言われたんで、選んだのがイノキアイランドなんですけどね。

椎名 もはや神話のような話ですね（笑）。

猪木 パラオもだいぶ景色が変わっちゃったけどね。当時はあの美しい海の中にサンゴの林がぶわーっと広がっていてね。それがいまはみんな倒れちゃってる。やっぱり、そういう状況を見ているから、その頃から自然環境なんかも考えてね。

ガンツ すべて自分の目で見たことが出発点なんですね。

猪木 それでサンゴを植えて見事に繁殖したところもありますよ。でも俺らが植えたくらいの数ではたかが知れてますからね。まあ、そういう金儲けにならないことばっかりやってきて（笑）。

ガンツ 猪木さんが早くからエネルギー問題に関わっていたのも、ブラジルでの経験が関係していたりするんですか？

猪木 それはだいぶあとですけどね。ブラジルに移民で行ったときはそんなことを思っていませんよ。生きることが精一杯だったんで。コーヒー豆を作って、指がささくれになってね。

椎名 手袋がなくて素手で収穫していたんですよね？

猪木 いまはうまく収穫する方法があるんだけど、昔は手でしごいて落としていたから。

「北朝鮮に行って帰ってきたら俺の荷物を1個1個開きやがって。嫌がらせでパンツの中まで見てるから」（猪木）

椎名　猪木さんが、常にグローバルな視点で物を見ているのは、やはり若いときにブラジルという海外に出ていたことが影響していますか？

猪木　それだけじゃないですけどね。ただ、やっぱり冒険心があるんですよ。何か人が見ていない、やっていない、そういうことに凄く興味があって。

ガンツ　それを加速させたのはモハメド・アリ戦ですよね。知名度が世界的に上がったことで、いろんな話が来るようになって。

猪木　冒険はその前からやってるんですよ。アフリカなんかにも行ったし。

椎名　付き人時代の藤波（辰爾）さんが置いていかれたんですよね？（笑）。

猪木　置いていったわけじゃないですよ。言っちゃうけど、ケニアに『アカサカ』っていう日本食レストランがあったんですよ。そこで俺に所用ができちゃって、電話もちゃんと繋がらない時代だったから帰ることになってね。それで藤波に「どうしても1日も早く帰らなきゃいけないから、おまえは予定通りに帰ってこいよ」って言って。レストランの支配人にも全部言い伝えて、その支配人が藤波を迎えにいく手はずになっていたんですよ。

椎名　なのに迎えに行かなかったんですか？

猪木　俺はその人から、ケニアでいちばん大きな象牙を買ったんですよ。それでお金が半分しかなかったから、あとで半分送るってことで半額分だけ置いてね。それで翌日空港まで送ってもらって「あとはよろしく」って頼んでおいたんだよ。そうしたら、その野郎がカネを持ち逃げしちゃったんだよね。それで藤波の迎えにも来なかったっていう。だから、わざわざ置いていったわけじゃないいんだから（笑）。

ガンツ それで藤波さんはマサイ族に囲まれながら、自力で必死に帰国したわけですね（笑）。

玉袋 それにしても、「ケニアでいちばん大きな象牙を買った」という、いまならワシントン条約に引っかかる話がサラリと出てくるところが凄い！（笑）。

猪木 あの頃は、象牙にしても動物にしても普通に輸入できましたからね。だから昔はシマウマの皮なんか10枚くらい平気で送ってもらってたんだけど、そのあとからワシントン条約が始まってね。

ガンツ 猪木さんがライオンを飼っていたっていうのはホントなんですか？

猪木 うん。

椎名 えーっ!? 日本でですか？

猪木 ウチのマンションで。ムフフフフ。

椎名 大丈夫だったんですか？

猪木 いや、大丈夫じゃなくて1週間でギブアップしましたよ（笑）。

ガンツ そうだったんですね（笑）。でも、どういうきっかけでライオンを飼うことになったんですか？

猪木　いやあ昔はね、俺がなんか言ったら贈ってくる人がいたんだよ。ある日、なんか箱が届いてさ、「なんだよ、この箱？」って開けてみたらライオンだよ。

椎名　子ライオンですか？

猪木　生後6～7カ月くらいかな。でもけっこう大きい。

玉袋　箱入り娘っていうのは聞いたことあるけど、箱入りライオンはなかなかない！（笑）。

椎名　『舌切り雀』の大きなつづらみたいな話ですね（笑）。

猪木　その頃はワシントン条約がまだだったから、いろいろ買いましたよ。マンモスの牙だとか、クレオパトラの張り型とか（笑）。

ガンツ　新日本プロレスの事務所に、ある日突然ガラガラヘビが届いたことがあるって聞いたんですけど（笑）。

猪木　ああ、ガラガラヘビは20匹ぐらいいたのかな。その当時、酒のコマーシャルをやってたんですよ。それで蛇酒を作るのにそこは検疫所を持っていますから。で、ブラジルにブタンタン研究所っていうのがあって、そこには世界中の毒蛇がいるんだけど、ガラガラヘビを20匹ぐらいもらってね。箱に入れて帰ってきて、そのまま事務所に持って行ったら「なんですか、これは？」って聞かれて、「毒ヘビだよ！」って（笑）。

玉袋　「毒ヘビだよ！」（笑）。

ガンツ　当時はそんなに簡単にブラジルから日本へガラガラヘビを持ち込めちゃうものだったんですか（笑）。

猪木　そのぐらいおおらかだったんですよ。ところが近年は、北朝鮮に行って帰ってきたら俺の荷物を1個1個開きやがって。もう嫌がらせでさ、パンツの中まで見てるから。

玉袋　えーっ⁉

猪木　ピストルを持ってるわけでもなければ、麻薬を持ってるわけでもないのに。とにかく税関にはやられましたね。

玉袋　昔の芸能界でピストルブームがあったじゃないですか。古今亭志ん朝さんが捕まったりとか、お相撲さんとか。猪木さんはピストルのほうは？

猪木　ああいうのは好きじゃないんですよ。でも、好きってことにさせられているけどね。

ガンツ　まあ、1993年ごろのスキャンダルのときに、ピストル輸入疑惑とかいろいろ書かれてましたからね。

玉袋　あった、あった！

猪木　あんなもんは、いまはもういい思い出話だよ。当時は毎日ワイドショーのカメラが来てね。

玉袋　でも、あのときは相当ストレスが溜まったんじゃないですか？

猪木　ストレスが溜まるも溜まらないもこっちは必死ですよ（笑）。もうネタが終わったと思ったら、また火がついてね。まあ、いまはワイドショーもちゃんと裏を取ってやってますけど、昔は裏なんか取らねえから。

玉袋　そうですよねえ。

猪木　まあ、それを仕掛けた人間がもう離れて行ったからいいけど。だからワイドショーなんか関係ない。「来たきゃ、来いや！」って。

ガンツ　「いつ何時、誰の挑戦でも受ける！」と（笑）。

猪木　それで生き残ったんだからたいしたもんでしょ？

玉袋　ホントそうですよ。

「ボクらがたくさんの異種格闘技戦を観ることができたのは、アリ戦で背負った借金のおかげなんですね」（ガンツ）

猪木　普通、あんなのが載ったら芸能人とかの人気商売は終わりでしょう。

玉袋　いっさいテレビに映らなくなりますからね。でも猪木さんはあれだけのスキャンダルでも「どうってことねえよ！」ですもんね。

椎名　その精神力が凄い！

ガンツ　そういうのを逆に力にしたぐらいですか？

猪木　そんな余裕はないですよ（笑）。

ガンツ　余裕はない（笑）。

猪木　そんなものはたまたま通り抜けて、「今日また生きてるわ」って思うだけでね（笑）。

玉袋　たとえばアリ戦で莫大な借金を背負っちゃうわけじゃないですか。あのときはどうだったんですか？

猪木　まあ、借金を抱えてしまったからには、働いて返すしかないし。当時、テレビ朝日に三浦（甲子二）専務っていうのがいてね。格闘技戦にかなりのお金を出してくれたんで、たぶん1年か2年くらいで返しちゃったんじゃないの。

玉袋　異種格闘技戦は通常の『ワールドプロレスリング』じゃなくて、特番の『水曜スペシャル』枠でしたもんね。その放映権料を返済に充てて（笑）。

ガンツ　ボクらが一連の異種格闘技戦をたくさん観ることができたのは、アリ戦で背負った借金のおかげなんですね（笑）。

猪木　「アリがとう」ってね（笑）。ダーッハハハハ！

ガンツ　猪木さんのダジャレが生で聞けて感激です（笑）。

玉袋　でも、ああいう誰もやらないことをやったというのが凄い。モハメド・アリを引っ張り上げるなんて、「そんなことできるわけないだろ」って、まわりからは絶対に言われたと思うんですけど。

猪木　みんなボロクソでしょ。

ガンツ　でも猪木さんは「できる」と信じていたわけですか？

猪木　いや、できるできないっていうよりもアリがいちばん強いっていうから挑戦状を出したわけで。あれをパフォーマンスだなんだって週刊誌や新聞が悪口を書いてたでしょ。俺は見ないからいいけど。

ガンツ　史上最大の一戦であり、史上最大級に叩かれた一戦でもありますもんね。

猪木　フフフ。それがいまごろ評価されるっていうね（笑）。

椎名　UFCが出てきたとき、グレイシーが自分から寝転んだのを見て、「猪木─アリ状態こそが真剣勝負の形なんだ」って感動しました。猪木さんは当時からバーリ・トゥードの存在は知っていたんですよね？

猪木　知ってましたよ。当時は「バリツーズ」って呼ばれていて。ブラジルに行ったときにイワン・ゴメスっていうのがいてね。あれはグレイシーとはまた別の前田光世という人の流れでね。

ガンツ　コンデ・コマ直系の弟子だったんですよね。

猪木　あの頃、グレイシーだけじゃなく、アマゾンにもけっこうヤバいのがいっぱいいたんですよ。

ガンツ　新日本のブラジル遠征で、イワン・ゴメスvsウィレム・ルスカとかやってるんですよね。しかも、事実上のバーリ・トゥードで。

猪木　はいはい。

ガンツ　だから総合格闘技の時代をめちゃくちゃ先取りしてるんですよね。猪木さん自身、アクラム・ペールワン戦なんかも含めて、そういう修羅場をいくつもくぐり抜けていて。

猪木　先取りというかね、さっきも言ったとおり、そのときそのときを一生懸命に必死で生きてきたと思うんでね。だから命を懸けてなんでも覚悟してやらなきゃしょうがないだろうって。たとえば、イラクのことはあまり一般的には評価されないみたいで、ちょっと俺なりに不満があるけど。「あれをやった人間がほかに誰がいるのかよ」ってね。国なんかはまったく無視しているけども。でも、きのうはその関係の人から「感謝していますっ」て言われたりとか、そういうこともあったりね。だからよく「北朝鮮に行くのは怖くないですか？」って聞かれるんだけど、怖いなんて思ったことがないから。

玉袋　北朝鮮なんか、やっぱりいろんなことがベールに包まれた国だから怖いってイメージがあるんですけど、そこを突破しちゃうんですね。

椎名　怖かった人っていうのはいないんですか？

猪木　怖いというかね、ソマリアに（モハメド・ファッラ・）アイディードっていう将軍がいて、これは何百人って殺している人なんだけど、案内されて会ったことがあるんですよ。やっぱり人を殺すのは当たり前だなっていう顔をしていてね。それでみんなが「あのアイディードに会ったのか⁉」ってビックリするくらいでね。

玉袋　もう、会ってる人のレベルが凄いよ！　普通会えねえもん、ソマリアの将軍に（笑）。

ガンツ　猪木さんはアリ戦のあと、ウガンダのアミン大統領とやるっていう話もありましたよね。

玉袋　〝人食い大統領〟と呼ばれたアミンですよ！

椎名　『待つわ』じゃないほうですね（笑）。

ガンツ　あれはどこから来た話なんですか？

猪木　あれは康さんっていうのが動いて。

玉袋　康芳夫さんですね。オリバー君を呼んだ。

猪木　あの人（アミン大統領）たちもそれに乗っかってきたんだよね。おもしれえことをやろうっていうんで。それで康さんがいろいろ仕掛けてくれて、かなり話は進んでいるという報告は受けていたんですけどね。要するに、あの国はお金がなくて外貨を稼ぎたいっていう裏事情があったっていう。ただ、闘ったら俺が勝つわけにはいかないし、かといって殺されるのも嫌だし（笑）。

「あんなバカなこと（巌流島決戦）をやるのは斎藤しかいないもんな。俺もあの試合の後遺症がけっこうある」（猪木）

ガンツ　究極の選択ですね（笑）。

猪木　アミンって何十万っていう人を殺してるんでしょ。だから、こっちも覚悟していかなきゃならないと思っていたんだけど。結局、政変で国外逃亡して話がなくなったんだけどね。

ガンツ　あの一戦は、レフェリーをモハメド・アリがやるっていう予定もあったんですよね？

猪木　それは計画としてあったけど、アリがオッケーするかどうかは別の話でね。

ガンツ　そうだったんですね（笑）。

玉袋　幻の一戦だよな。その20年後くらいに、まさかジャニーズのタッキーと闘うとは思わなかったけど（笑）。

ガンツ　モハメド・アリ、アミン大統領、タッキーって、もの凄く振り幅が広いですよね（笑）。

猪木　あれを見て、前田日明が文句を言ってたんでしょ？（笑）。

ガンツ　そうなんですよ。猪木さんがプロレスの天才すぎて、タッキーと本当の試合のように見えちゃったっていうことで（笑）。

玉袋　その前田さんの純粋さもいいけどね（笑）。

ガンツ　「プロレスが壊れる」と思ったんでしょうね。猪木さん自身は、あまりそういうことは気にしなかったんですか？

猪木　いや、「おもしろければいいじゃん」ってね。

ガンツ　おもしろければなんでもいい（笑）。

猪木　それより、女のファンに殺されちゃうんじゃねえかってね（笑）。俺も会津で斬られたことがあるけど。

ガンツ　講演中に暴漢に襲われたんですよね。タッキー戦はそれと同じことが起こるかもしれない危険な試合だったという（笑）。

玉袋　それがいまや向こうも（座談会収録当時）ジャニーズの社長ですから。ジャニーズのトップとリングで試合してるっていうのがすげえよ（笑）。

ガンツ　あとボクらの思い出に残っている試合ですと、やっぱりマサ斎藤さんとの巌流島の決闘ですよね。

玉袋　いま、相撲もコロナ禍で無観客試合をやってるけど、ノーピープルマッチは巌流島が元祖ですから！

猪木　そこに結びつけるのか（笑）。

玉袋　あえて客に観せないという（笑）。

猪木　「観たくないヤツには見るな！」ってね。観たくないヤツは観るわけねえんだけどさ（笑）。

ガンツ　でも巌流島の場合はみんな観たくて、対岸から双眼鏡を使って観ている人もたくさんいましたからね（笑）。あのときも猪木さんは大変な時期だったじゃないですか。

猪木　まあ、離婚問題とかいろいろありましたから。

椎名　あのとき、櫂で島まで渡ったんですよね。「櫂を漕ぐたびに涙が流れて止まらなかった」って自伝に書いてましたけど。

猪木　なんでかわからないけどね。宮本武蔵になったわけじゃないんだけど。まあ、いろんなことをね。

椎名　で、島に着いてみたら、待っていたのは鬼でしたね（笑）。

ガンツ　獄門鬼が（笑）。

猪木　巌流島が鬼ヶ島だったっていうね（笑）。

椎名　やっぱり相手はマサ斎藤さんしかいないってことで選んだんですか？

猪木　あんなバカなことをやるのは斎藤しかいないもんな。

玉袋　おー！　そういう2人の阿吽の呼吸があるんですね。

ガンツ　マサさんも誇らしげに言ってましたよ。「こんなバカな試合ができるのは俺とアントニオ猪木だけよ」って。

猪木　アイツもパーキンソン病になる前に言ってたよ。「私はあれがあったんで、いまがある。本当に感謝します」ってね。

玉袋　友情ですね。

ガンツ　マサさんは猪木さんから「野原でやる」っていうことしか聞かされていなくて、お客もいないなかでどう闘うんだっていうので何もわからないままやったけど、「やっているうちに俺と猪木だけの世界になって、真っ暗闇だったから宇宙空間で2人で闘っているみたいだった」って言ってましたね。

猪木　誰もやらない、誰もできないことをやるのが俺のロマンという。いつも「ザマーミロ！」ってね。俺もあの試合の後遺症がけっこうあるからね。鎖骨を折ってしまったんですよ。

椎名　もう凄い試合ですもんね。組んず解れつで血だらけだし。

ガンツ　下はマットじゃなくて地べたですからね。

椎名　死闘なんだよね。

ガンツ　猪木さんは、どのようにして「巌流島で闘う」という発想になったんですか？

猪木　俺は思いついたらすぐにやっちゃうほうなんだけど。あのときはちょうど世代交代の時期でね。長州（力）、藤波が俺に取って代わろうとしていて、テレビ局もその方向に行ってたんで。「それだったら見せてやるよ」っていうね。

ガンツ　なるほど！　試合で差を見せてやると。

椎名　そういう考えがあったんですね！

ガンツ　長州、藤波と直接対決よりも、どっちがすげえ試合ができるのか見せてやろうじゃねえかと。あのとき、テレビの特番で長州vs藤波の後楽園での一騎打ちを生中継して、その後、前日に行われた巌流島の決闘を録画放送したんですよね。
猪木　視聴率もこっちのほうが全然上だったからね。
椎名　なるほど！　猪木vsマサ斎藤が長州vs藤波に勝ったと。
ガンツ　それが新旧世代闘争の事実上の決着になったわけですよね。

「最初の『猪木祭り』のときにお金を撒くとかっていう噂が出て、ボクは自転車で都内を回りましたよ」(椎名)

玉袋　やっぱり猪木さんには勝てねえ。時がズレていたら、巌流島の次は尖閣諸島でやったりしていた可能性もあったんだから（笑）。
猪木　そんな話もあったよ（笑）。
ガンツ　実際にあったんですか！（笑）。
玉袋　実効支配されているところを支配しに行くっていうね。それと北方四島も取り返すっていうことで。
猪木　そんなことばっかりやらせないでよ（笑）。
椎名　でも、やっぱり世間に届かせてやるっていう気持ちがあるんですよね？
猪木　そういう気質なんでしょうね。それで結果的には「ザマーミロ！　見たか、コノヤロー！」っていうね。

玉袋　それを我々はずっと追いかけてきているわけだから。それだけずっと提供し続ける猪木さんのエネルギーが凄い！

ガンツ　ソ連の選手を初めて連れてきたのも猪木さんですしね。

椎名　ボクサーの勇利アルバチャコフもそうなんだよね。

玉袋　東京ドームでプロレスを始めたのも猪木さんだしな。

猪木　東京ドームは動員数の記録なんでしょ？

ガンツ　実数だと猪木さんの引退試合が、ぶっちぎりの東京ドーム観客最多動員記録なんですよね。

椎名　盛り上がりも凄かったもん。猪木さんのドームでの試合だと、カウントダウンのベイダー戦のとき、「あっ、死んだ！」と思ったんですよ。

ガンツ　投げっぱなしの垂直落下式ジャーマンですよね。

椎名　だって脳天から落ちて、バウンドしてたもん。

猪木　俺はあんまり試合のビデオを観たりはしないんだけど、あれは観たらヤバいね（笑）。

玉袋　ＩＷＧＰの舌出し失神のときと同じくらい心配しましたよ！

椎名　それで猪木さんが倒れてるのに、ベイダーが「ガンバッテ！　ガンバッテ！」って叫んでるから、ちょっと頭がおかしいのかと思ってね。「おまえがやったんじゃねえか！」って（笑）。

ガンツ　「ガンバッテ」の言葉の意味を知らなかったらしいですね（笑）。

玉袋　まあ、そのベイダーを連れてきたのが、たけしプロレス軍団っていう非常に恥ずかしい軍団なんですけどね。その節は申し訳ございませんでした！（笑）。
猪木 ああ、そうか（笑）。
椎名 暴動の張本人ですもんね（笑）。
玉袋 時代が早すぎた！　ちょっと早すぎた！
猪木 まあ、暴動っていうのは俺も何回か経験してるからね。
ガンツ 暴動慣れしてましたか（笑）。
猪木 ＩＷＧＰでホーガンとやったときは、蔵前国技館をもう解体するっていうときだったんで、蔵前国技館の最後の試合なんですよ。それでもう解体すると。それなのにさ、イスがぶっ壊されるわ、時計がぶっ壊されるわで２０００万くらい取られたんじゃないの？「もう壊すんだからいいだろ」って（笑）。
椎名 ちょっと早めに取り壊してやったんだと（笑）。
玉袋 早すぎた、スケールの大きい『あゝ一軒家プロレス』だよ（笑）。
猪木 それを直すってウソだろって。もう壊すっていうのに（笑）。大阪城ホールでも１０００万だかの罰金を取られたからね。
玉袋 海賊男が乱入して（笑）。
猪木 １０００万でいえば、一度バラ撒こうとしたことがあってね。
ガンツ そんなことがあったんですか？（笑）。
椎名 最初の『猪木祭り』のときにお金を撒くとかっていう噂が出て、ボクは自転車で都内を回りましたもん。新宿の中央公園とか（笑）。

玉袋　百瀬（博教）さんと炊き出しやってたね。

猪木　あの人もおもしろかったね。まあ、いろんなことがあったけど、いま考えるとああいう変質者がいておもしろかったよ（笑）。

玉袋　猪木さんと百瀬さんというコンビは輝いていましたね。

猪木　いつの間にか自分がスターみたいな気持ちになっちゃって、あそこで狂っちゃったんだよね。

ガンツ　前に出たくなっちゃって（笑）。

猪木　「あの猪木でこんなんだったら俺だってなれる！」ってね（笑）。いやでも、おもしろかったね。変質者がいっぱいいたよ。

ガンツ　あの出会いがＰＲＩＤＥや国立競技場の『Ｄｙｎａｍｉｔｅ！』につながるわけですからね。

玉袋　あの国立競技場は忘れられないよ。猪木さんが空から降ってくるし（笑）。

ガンツ　あれはどういう経緯でスカイダイビングで飛ぶことになったんですか？

猪木　あのとき、百瀬さんに「アントン、高いところ大丈夫？」って聞かれて、「べつにどうってことねえよ」って答えたら、自宅があったアメリカに帰ったあとに日刊スポーツかどっかの新聞に出たんじゃなかったかな。当時の女房に「なんか凄いことやるみたいね」って言われて、そこで知ったという。

ガンツ　猪木さん自身も日刊スポーツで知ったんですか（笑）。
猪木　で、日本に行ったら「1回練習しますか？」って聞かれたんだけど、「いらない、いらない。飛べばいいんでしょ」って。そのくらいいいかげんだから。
玉袋　ヘリコプターから「一歩踏み出す勇気」だよ（笑）。
ガンツ　しかも夜間ダイブですからね。
猪木　夜に飛んだのは俺だけでしょ。あれは気持ちよかったですよ。
玉袋　降りてきて最初の第一声で「バカヤロー！」って引っぱたかれたのがウチの相方だったたっていう（笑）。
ガンツ　水道橋博士がなぜか思いっきり闘魂ビンタされたんですよね（笑）。
玉袋　ちょうど目が合っちゃってバチーンってね。むちゃぶりで飛ばされた猪木さんの怒りが相棒にいったという（笑）。もう、あの日はたまらなかったね。

「酒も飲みたくなくなるし、葉巻も吸いたくなくなるし、女性を見たって綺麗だと思わなくなった。それはまずいんじゃないのってね」（猪木）

ガンツ　あと、先ほどＩＷＧＰの話が出ましたけど、ハルク・ホーガンが世界的な大スターになっていくきっかけになりましたよね。
猪木　ホーガンなんかはあれだけのスターになって凄かったけど、彼は日本で学んだようなものでしょ。もともとはギターを弾いていて。

玉袋　フロリダの売れないバンドマンだったんですよね（笑）。

猪木　それがヒロ・マツダの道場でプロレスを覚えてね。

ガンツ　そして猪木さんのパートナーになることで、ベビーフェイスのトップとはなんたるかを学んだと。

猪木　だからみんな会うと、「猪木と闘ったのが俺にとっては一生の宝だよ」って言ってくれるんだよね。闘っているときは言わないんだけど。

ガンツ　スタン・ハンセンにしても、タイガー・ジェット・シンにしてもそうですよね。

椎名　以前、猪木さんはテレビで「ベストバウトは？」って聞かれたとき、「ドリー・ファンク・ジュニア戦だ」って答えてましたよね。

猪木　彼は俺がアメリカに（武者修行で）行っていたときに出会っていて、ちょうど世代が一緒なんですよ。兄弟で凄かったね。お父さんがプロモーターで。そのときのクラスでいえば彼らのほうが上だから。

椎名　いまでもベストバウトといえばドリー戦って答えますか？

猪木　大阪で指を骨折しながら1時間やりましたからね。いまみたいに照明がいいわけじゃないから、マットが焼けるように熱いんですよ。

ガンツ　そういう中で60分フルタイムですもんね。その最大のライバルを、新日本を旗揚げしてからは一度も呼べなかったんですよね。馬場さんの全日本が完全に囲ってしまっていて。

猪木　俺はあまり抱えたことはないんだけど、馬場さんのほうがね。まあ、いまの俺があるのは馬場さんのおかげですよっていう。ある意味では反面教師でね。

玉袋　反面教師ですか。

猪木　うん。みんないろんなことを言うけど、やっぱりあの存在っていうのは反面教師だから。「こうはなりたくない、こうはしない」ってね。

ガンツ　馬場さんがやらないこと、できないことをやることで、アントニオ猪木というレスラーができあがったと。

猪木　まあ、その支えがあったというか。ホントにこの1年、俺もいろんなことがあったから、人生っていうことについて深く考えるようになってね。人生を井戸の深さにたとえたら、その井戸が深いのか浅いのかは誰にもわからない。2カ月半、病院で女房と過ごしたんだけど、彼女はずいぶん前に膵頭部がんを患って、早ければ1～2年の命と言われていたところを6年間がんばってくれた。

玉袋　ご自身ががんを患いながら猪木さんを支えてくれていたわけですね。

猪木　彼女が命に代えて俺を守ってくれたというか。ホント言えば俺の命もそんな長くはなかったんですよ。そういう意味では自分の命を縮めて俺の命を残していったような感じも受けるんでね。

玉袋　それだけ献身的だったわけですね。猪木さんには長生きしていただきたい！

猪木　俺だって朝は大変ですよ。体調が悪いときなんかは、起きてから「今日も1日勝負だな」

って。こないだひさしぶりに酒を飲んだけど、酒も飲みたくなくなるし、葉巻も吸いたくなくなるし、女性を見たって綺麗だと思わなくなってね。それはまずいんじゃないのってね。フフフ。

椎名　にんじんジュースを飲むといいんじゃないかと思います（笑）。

猪木　まあ、いまは俺もプラズマに取り組んでいますけど、夢というか、ひとつの何か生きる物差しを持ち続けるっていうのは大事なので。そこをひとつ若い人たちや、あるいは我々と同じ世代以上の人たちにメッセージを送れるかなと思ってね。そういう思いから、今回はＹｏｕＴｕｂｅを始めてね。始めてからすぐ20万再生らしいから。

玉袋　ボクはずっと猪木さんのチャンネルができねえかなと思っていたんですよ。猪木さんをずっと定点で映してほしいって。寝ている猪木さんとか、ご飯を食べる猪木さんとか（笑）。

猪木　俺はいつも起きてるよ。ただ、最近寝つきが悪くてねえ（笑）。

椎名　先ほど、人生を深く考えたと言われてましたけど、自分が有名ではない人生みたいなものを想像することもありますか？

玉袋　アントニオ猪木じゃなかった人生ってことか。

猪木　俺はけっこうぼーっとするのも好きなんですよ。ブラジルに行ったときも、まわりに友達がいるわけじゃないからね。コーヒー農園で1日労働したあと、ぼーっと地面のアリの動きを眺めていたりね。あとは遠くを眺めたりするのが好きだったから。

玉袋　ブラジルの夜空も綺麗そうですよね。

猪木　ＵＦＯも見たことがあるからね。

玉袋　おー、UFOですか！

猪木　だと思うんですよ。晴れた日に空を見ていたら、西のほうからシューッと光が通って、「あれ、なんだろ？」と思ってたらスーッと向こうに消えちゃってね。あれがもしかしたらUFOだったんじゃないかと。

玉袋　のちにUFOという団体を作る原体験をブラジルでしていたと（笑）。

「猪木さんはみんなの元気の源ですから、これからもずっとボクらのヒーローでいてください！」（玉袋）

猪木　アマゾンでジャングルファイトをやったときに、知事の親戚かなんかがプロモーションをやってくれて、そこの一族が大きな農園をやってて見に行かせてもらったんですよ。1時間半くらいジャングルの中をクルマで走って、そうしたらパッと停まったから、「なんだい？」って聞いたら「イノキはUFOを信じるか？」って言うから、「信じるよ」って言ったら「じつはあの先のところでUFOが道を横切ったのを見たことがあるんだ。それを言ったらみんながバカにするから、普段は言わないんだけど」ってね。で、「俺は信じるよ」と。そんなに大きくはないって言ってたね。そいつがまさかウソを言ってるとは思わないし。

ガンツ　わざわざジャングルでクルマを止めて、そんなウソを言うわけないですもんね。

玉袋　ジャングルファイトのとき、猪木さんはアマゾン川を泳いでいましたよね。あんなピラニアとか、チンチンの先から入ってくる魚とかもいる川に。

猪木　いや、そっちにはいないんですよ。ペルーのほうから流れてくる川には雑菌があるんですけど。俺は水を2〜3回飲んじゃってるんだよね。それでヤバいなと思ったけど全然問題なかった。森林のミネラルが相当豊富に流れていて。ただ、チンチンの先から入ってくる虫がいるんだよね。どうやって入るのか知らないんだけど、「小便しちゃダメだよ」って言われてね。

ガンツ　恐ろしいですね（笑）。

玉袋　女性もダメなんですよね。女性なんか穴にすぐ入ってきちゃうって。

猪木　「アナ（穴）コンダ」ってね（笑）。

ガンツ　そんなに大きなものは入っていかないです（笑）。

猪木　たまには下ネタも言わないとな（笑）。

玉袋　猪木さんの下ネタダジャレが生で聞けてうれしい！（笑）。

猪木　昔、兄貴がセピアカラーの写真を持ってきて、「おい、寛至。こんな大蛇がいるんだよ」って見せてくれたんですよ。村人が30人くらい並んで、大蛇を持ち上げているんだけど、それでもまだ長さが余ってるほどの蛇なんだよ。そうしたら「これを捕まえたら世界的なニュースになるぞ」ってことで、12チャンネル（テレビ東京）かなんかで番組を作ってもらったんですよ。

椎名　猪木さんがブラジルで大蛇を探す番組ですか（笑）。

玉袋　観てえ〜！（笑）。

猪木　学者の説では「そんなにデカイ蛇はいない」って言うんだけど、実際に写真があるからね。

椎名　猪木さんは未知の動物にもロマンを感じるんですね（笑）。

ガンツ　あと、海賊船を探したこともありましたよね？

玉袋　カリブ海に沈んだ海賊船に大金が眠ってるというね。

猪木　もう、どこに沈んでいるのかはわかってるんですよ。昔は実際に潜って探さなきゃいけなかったのが、いまは技術が進んだから探知機で全部ね。キューバにはほかにもまだいっぱい沈没船があるんですよ。だから当時はインカの財宝を略奪したやつを船で運んで、キューバで荷造りをし直して持って行ったっていう。そういう記録がキューバのハバナ大学に残っていますよ。生き残った人間の証言とか。

玉袋　まさに「急場（キューバ）しのぎ」ですね、これは。

猪木　つまんない！

ガンツ　他人のダジャレには厳しい！（笑）。
玉袋　俺もまだまだだな。ありがとうございます！（笑）。
ガンツ　それは17〜18世紀くらいの話なんですか？
猪木　そうでしょうね。それこそいまは探知機があるんでね、もう簡単にできますから。ただしアメリカの資本が入れないっていうのがあってね。
玉袋　ああ、そっか。キューバだもんな。
ガンツ　パナマの旅がてら、海賊船も引き上げちゃってほしいですね（笑）。
猪木　途中でバナナを食ったりしてね（笑）。
ガンツ　そこまでおじいさんのマネをしないでください！（笑）。
猪木　でも、まあそれくらい元気にならないとね。俺ももう疲れてさ。この何年かは毎日メシ会だよ。もう食いたくないのにさ。
玉袋　やっぱり「猪木さんにいちばんおいしいものを食べてほしい」と思って来るわけですもんね。
猪木　女房はおいしいものが大好きで、全国のどこがおいしいとか、そばだったらどこがおいしいって、それでいろんなところに行ったんだよね。それでいま供養の食べツアーっていうのもやってるんですよ（笑）。
椎名　えーっ、マジっスか⁉
玉袋　ボクがこの世界に入ったのが18歳なんですけど、そのときに田鶴子さんとお会いしてるんですよ。緑山スタジオの現場でスチールカメラマンをやられていて。『風雲！たけし城』のときに凄くやさしくしてもらって。

猪木　ああ、そうですか。あの番組に出ていたストロング小林は最近どうなの？　音信が全然ないんだけど。

ガンツ　いまも青梅に住まれているそうですけど、もう何年も表には出てきていないですね（2021年12月に死去）。

猪木　まあ、俺も人前に出るのも大変なんだけどね。でも元気を売り物にしてきたから、これぱっかりはしょうがない。

玉袋　猪木さんはみんなの元気の源ですから、これからもずっとボクらのヒーローでいてください！

猪木　じゃあ、いいですか？

玉袋　はい！　貴重なお話、ありがとうございました！

猪木　こんなバカな話でとんでもない（笑）。

玉袋　いやいや、最高でした！

藤波辰爾
炎の飛龍

藤波辰爾（ふじなみ・たつみ）

1953年12月28日、大分県生まれ。プロレスラー。1971年、日本プロレスでデビュー。1972年にアントニオ猪木らと共に新日本プロレスの旗揚げに参加。ジュニア時代にはドラゴンブーム、ヘビー級転向後は長州力との〝名勝負数え歌〟、飛龍革命と、日本プロレス史に数々の伝説を刻んできたスーパースター。現在は自ら主宰するドラディションや、長州、初代タイガーマスクらと旗揚げした『LEGEND THE PRO―WRESTLING』などで、40年以上にわたって培ってきた華麗なるレスリングテクニックを披露し、ファンを魅了し続けている。

［2013年1月収録］

「新日本の仮事務所に日プロの人たちが殴り込みに来たからね!」(藤波)

ガンツ　玉ちゃん!　今日はなんと、我らが〝ドラゴン〟藤波辰爾さんが変態座談会の聖地、大衆居酒屋『加賀屋』に来てくれましたよ!

玉袋　いや〜、感動だよ!　わざわざ、ありがとうございます!

藤波　いえいえ、今日はよろしく!（笑顔で玉ちゃんとガッチリ握手）。

ガンツ　藤波さんはお酒は飲まれるんですか?

藤波　飲みますよ。この時間だもん、やっぱりお酒がないとね（ニッコリ）。

椎名　お酒は日本プロレスの寮で覚えたんですか?

藤波　いや、ボクは入門してその足で地方巡業に付いて行ったから、そこで覚えたというか、飲まされました（苦笑）。

玉袋　いきなり巡業に加わったんですか!　でも、明らかに未成年ですよね?（笑）。

藤波　そうだね。あんまり大きな声じゃ言えないけど（笑）。

椎名　中学卒業してすぐですか?

藤波　いや、卒業して1年後だね。プロレスに入る前にボクは自動車の修理工の専門学校に入ったの。その学校は1年で卒業するんだけど、結局就職して間がなくこのプロレス界に入ったから。

椎名　就職もしたんですか。地元・大分で?

藤波　そうそう。だからね、一応、電気・ガス・溶接の免許持ってんだよ。

玉袋　それは凄いじゃないですか！　いま、小林邦昭さんが新日本道場のメンテナンスをいろいろやってますけど。

藤波　それを言ったら、いまの道場の建物、基礎はボクらが作ったんだからね。

玉袋　えっ⁉　藤波さんたちが基礎工事もやってたんですか？

藤波　山本小鉄さんとボクと木戸（修）さんでね。木戸さんは家業が工務店だから。木戸工務店なの。

玉袋　木戸さんって、工務店なんですか！　見た目は公務員みたいだけど（笑）。

ガンツ　ダハハハハ！　ヘアスタイルが公務員（笑）。

椎名　じゃあ、いまの新日道場は当時の若手レスラーたちの力で作ったんですか？

藤波　もちろん職人さんもいるんだけど、我々も材木を運んだり、いろいろ手伝ってね。嬉しいもんだよ。自分たちの城っていうか、練習場が建つんだもん。

玉袋　道場が自分たちの城！　いいね～。

藤波　猪木さんが日本プロレスを解雇になって、「すぐに道場を作らなきゃいけない」ってなってね。

椎名　いまの新日本プロレス合宿所は、もともと猪木さんの家なんですよね？

藤波　そうそう。もともとは畠山みどりさんが住んでた家を猪木さんが買ってね。いまの道場の場所が庭で、池があって鯉がいっぱい泳いでたんだから。その池があった庭も一夜にして更地に

して、翌日から突貫工事で道場を作ったんですよ。
玉袋 それぐらい道場ってもんを猪木さんは人事にしてたんですね。
藤波 そうだね。それで当時は代官山が日本プロレスの本拠地だったんだけど、猪木さんはよりによって、そこから歩いて5分くらいのところにあるマンションに新日本プロレスの仮事務所を借りたの。
ガンツ 幹部との確執から日プロを追放されたのに、そんな近所に事務所開きましたか！（笑）。
藤波 もの凄く気まずくてさ（笑）。しかも、向こうはおっかない人ばっかり出入りしてるんだから。
玉袋 あの時代の日プロですもんね。
藤波 だから、辞めるときは荷物をスーツケース4つとかに入れて、こっそり出て行ったからね。
ガンツ おもいっきり夜逃げ状態で（笑）。
藤波 バレたらボコボコにされると思ったからね。
玉袋 猪木に協力するなんて、タダじゃおかねえってことだったんでしょうね。

ガンツ　当時の日プロの人たちは、やっぱりおっかない豪傑ばかりだったんですよね？

藤波　そう！　グレート小鹿とか大熊元司とか。

玉袋　文字通り、極道コンビ！（笑）。

藤波　それからミツ・ヒライに高千穂明久、いまのグレート・カブキさんね。あの人がまた、酒グセ悪いんだ（笑）。

玉袋　ガッハハハ！　日プロ時代はそんな空間に一人、藤波さんみたいな美少年がいたら、浮いてたんじゃないですか？

藤波　だから、当時はレスラーっていうよりも使いっ走りの小僧っていう感じで。若手までもいかない感じだよね。

ガンツ　藤波さんは、猪木さんから「行くぞ！」って声をかけられて、日プロを辞めたんですか？

藤波　いや、ボクは自分から猪木さんに付いて行ったの。猪木さんは「絶対に来るだろう」と思ってたらしいけどね。

椎名　なぜ、いち若手が自ら猪木さんに付いて行こうとしたんですか？

藤波　ボクはもともと猪木さんの付き人もしていたし、やっぱり気持ちの中で日プロにいづらかったんだよね。自分の親分が出てっちゃったわけだから。

椎名　日プロ時代から完全に猪木派だったんですね。

藤波　うん。ボクと木戸さんと山本小鉄さん。それからボクを拾ってくれた北沢（幹之）さん、柴田（勝久）さんと何人かが「猪木派」として日プロで植え付けられてたから、自然とああいうカタチになっちゃったね。

玉袋 馬場派っつうのは誰だったんですか？

藤波 その他、全部。

玉袋 ワハハハハハ！　その他、全部！　なんだよ、はぐれ新日軍じゃねえか（笑）。

藤波 だから、猪木さんの日プロでの最後の試合は、馬場さんと組んでザ・ファンクスとやったインターナショナルタッグ選手権だったんだけど、馬場さんのほうにはセコンドがウワーッといるのよ。最後の試合だから、猪木さんが最後に馬場さんに何かをやるんじゃないかって。

玉袋 すげえ時代だぁ。

藤波 だから、最初のオールスター戦（1979年8月26日、日本武道館）までは新日本と全日本の交流戦なんてあり得なかった。だって、地方で遭遇すればもう火花が散ってたからね。選手だけじゃなくて営業も全部！

ガンツ 営業もですか（笑）。

藤波 凄かったよ。いまのプロレス界にも、それぐらいの緊張感が欲しいね。でも、日プロを出たばかりの頃なんかは、緊張感というより恐怖感だったたから。当時、ボクは家がなかったから、できたばかりの新日本プロレス仮事務所の応接間で寝ていたんだけど、昼間、日プロの人たちが事務所に殴り込みに来たからね！

玉袋 ええっ!?　ホントに殴り込みなんですか？

藤波　凶器持って来たんだもん。

ガンツ　それは誰が来たんですか？

藤波　ボクは奥の部屋にいて、声が聞こえたのは小鹿さんなんだけど、ほかにも何人かいたね。

玉袋　小鹿さんは訛ってるから、わかりやすいんだろうな（笑）。

藤波　そのとき事務所にいたのは、営業の倍賞鉄夫、それから猪木さんのお姉さんとか、ボクを含めて3～4人しかいなかったんだよね。それでボクを応接間のほうに隠してくれて。「絶対に出てくるな」って。

ガンツ　ああ、レスラーが出てくるとやられちゃうから。

玉袋　一般人なら小鹿さんも手を出せねえってことか。

藤波　もう、怒鳴り声が凄くてね。

ガンツ　もはやプロレス団体の対立というより、〝抗争〟ですね（笑）。

藤波　そうそう、抗争！　あっちの世界だもん（笑）。

ガンツ　完全に『アウトレイジ』の世界（笑）。

藤波　新日本はそっからスタートしたんだよね。

「ゴッチさんと8時間もトレーニング!? サラリーマンの労働時間ですよ！」（玉袋）

玉袋　最初の頃っていうのは所帯が小さいから、猪木さんも地方なんか行っていろいろ営業やったりしたんですか？
藤波　猪木さんは我々と違って、すでに自分のスポンサーがいたからね。猪木さんの仲人は三菱電機の大久保謙さんだったから。でも、三菱電機は日本テレビの中継のスポンサーだったから、表立って応援したくてもできない。それでも別のカタチでいろんな関連会社で応援してくれたんだよね。
椎名　「アントニオ猪木」という個人の名前で、いろんな協力を取り付けたんですね。
玉袋　結婚式だって凄かったもんな。
藤波　ボクなんか猪木さんの結婚式を間近で見たわけしょ？　「俺もこんなところで結婚したいな」とずっと思ってて、猪木さんと同じ28歳のとき、同じ京王プラザホテルで式を挙げたからね！（ニッコリ）。
ガンツ　そうなんですか！　カッコいい！
玉袋　いい話だなぁ（笑）。猪木さんとはトレーニングは一緒にしていたんですか？
藤波　稽古をつけてもらったのは新日本になってからだね。日プロには若手のコーチがいたから。大坪さんっていう。
玉袋　ああ、大坪飛車角！
ガンツ　シュートが強くて有名な人ですよね。
藤波　そこでスパーリングやいろんなカタチとかを教わって。で、練習が終わっても最後まで残るのが木戸さん、山本さん。そして猪木さんが夕方に来るから、また猪木さんと一緒に練習してね。

ガンツ　じゃあ、猪木派の人たちは、合同練習以外にさらに猪木さんとの練習もしてたんですね。

玉袋　練習量がハンパじゃねえって話だもんな。

椎名　コシティもその頃から回してたんですか？

藤波　コシティはまだない。あれは新日本になってからだね。いまでも新日本の道場にあるけど、いまは宝の持ち腐れで誰もできないんだよ？

椎名　藤波さんはコシティ回すの上手いですよね。

藤波　ボクはあれしかやってなかったから。バーベルとか使わなかったからね。

ガンツ　いまの新日道場でコシティ回してるのは、管理人の小林邦昭さんぐらいらしいですよ。

玉袋　ホントかよ⁉

藤波　でも、あれも中途半端だよ（笑）。

ガンツ　中途半端！　藤波さんからすると「甘い！」って感じですか（笑）。

椎名　藤波さんは誰に教わったんですか？

藤波　コシティはフロリダでカール・ゴッチさんに教わったんだよね。

椎名　ゴッチ直伝なんだ。カッコいい！

藤波　ゴッチさんのところは、バーベルとかウェイト器具が一切ないんだもん。器具といえば、コシティとか、ロープ登りとか、体操の吊り輪、それしかないからね。そんな練習ばっかりしてたら、そりゃコンディションは良くなるよ。

玉袋　藤波さんから見たゴッチさんの印象はどうでした？

藤波　とにかく練習しかないという感じだよね。そして精神論じゃない。「この極め方はこの体勢じゃないと極められない」とか、そういうことを理論的にきちんと教えてくれるから、覚えやすかった。でも、その代わりノッてきたら終わりがないんだから。

ガンツ　トレーニングがひたすら続いてしまう（笑）。

藤波　８時間とか続けてやってたからね。

玉袋　８時間！　サラリーマンの労働時間ですよ（笑）。ゴッチさんというのは、ほかの外国人レスラーとまったく違うタイプの人だったんですか？

藤波　違いますね。レスリングの捉え方が違う。もともとアマチュアからきてるでしょ？　プロレスの考え方が、いまの総合格闘技みたいなんだよね。だから、あの人はアメリカンプロレスを観なかったから。

玉袋　ああ、やっぱりそうなんですね。

藤波　ボクなんか、フロリダのゴッチさんの家にいたときは、日本からプロレス雑誌が送られてくるのが月に一度の楽しみだったんだけど、全部没収だもん。

ガンツ　全部没収（笑）。

藤波　「こんなの見る必要ない」と。それで「おまえはこれを読め」って渡された本が分厚い、昔のパンクラチオンが載っているような技術書だからね（苦笑）。そんなのばっかりだもん。そりゃ、あそこで練習してたらマインドコントロールじゃないけど、自分もカール・ゴッチみたいに強くなったって意識になる。だから、あそこに行った人はみんなそうじゃない？　前田（日明）にしろ、藤原（喜明）にしろ、佐山（サトル）にしろ。

ガンツ　その気になっちゃうわけですね（笑）。

玉袋　ゴッチ教だな。「修行するぞ！」っていうね。じゃあ、フロリダのゴッチさんの自宅って、近所の人はどう思ってたんですかね？

藤波　やっぱり変わった人だと思われてたんじゃないかな（笑）。

玉袋　なんか、いっつも日本人が住んでるし、朝から晩まで汗流して。危なっかしい犬連れてるし。「あの家はなんなんだ」って（笑）。

藤波　ゴッチさんのところはリングがなくて、練習は近くにある芝生の上だからね。ボクはあんまり身体が柔らかいほうじゃないから、スープレックスの練習なんかすると、頭がそのまま地面にめり込んだりしてね（笑）。

ガンツ　ドラゴン・スープレックスは、そんな芝生の上で伝授されたんですか（笑）。

藤波　重たい80~90キロくらいある（ダミー）人形を使ってね。その人形は名前が付いてて「ロビンソン」って言うの。ゴッチさんが、ビル・ロビンソンを嫌いだったから（笑）。

一同　ダハハハハハ！

椎名　ロビンソンを地面に投げ捨ててたんだ（笑）。

「原型のドラゴン・スクリューは現在のMMAにも通じる技ですよね」（ガンツ）

玉袋　近所で絶対に「気が触れてる」って言われてたよ。ゴッチさんの家は（笑）。さっきの話ですけど、日本から送られてくる雑誌というのは「見るな！」って言われても、藤波さんはもの凄く見たいんですよね？

藤波　そりゃ見たいですよ。でも、ゴッチさんからすると、結局そのプロレスの世界に入ってもらいたくなかったんだろうね。自分のところに来てるからには、自分が教えている基礎をしっかり身に付けてからっていうのがあったんだと思う。

玉袋　でも、ゴッチさん自身は、それを通したことで、けっこう冷や飯を食わされたっていう話も聞くじゃないですか？

藤波　まあ、ゴッチさんは新日本プロレスの最高顧問として保証してたんで、当時アメリカでは一切仕事してないんですよ。だから、アメリカではゴッチさんは活躍してない。

玉袋　ガンコなんだよなあ。

藤波　だから、ルー・テーズとはまったく逆。ルー・テーズも基本はしっかりしているけど、やっぱり華やかなんですよね。

玉袋　月と太陽だね。でも、見ているファンも、指導を受けた選手もゴッチイズムに心酔していくっていうのが凄いよね。

ガンツ　ゴッチイズムが新日本プロレスを作ったわけですもんね。

藤波　逆に言えば、日本という国のプロレスのカタチがあったから、ゴッチさんも世に出られたんだろうね。日本がなかったら、ゴッチさんはあのまま偏屈なレスラーで終わってたかもしれないから。

ガンツ　〝プロレスの神様〟なんて呼ばれるのは、日本だけだったでしょうからね。

藤波　ゴッチさんは自分の持っているものを華やかな商売にできなかったんだよね。でも、ほかの選手はゴッチさんのものを吸収して、それを商売にしちゃった。それは猪木さんがそうだし、ボクだってそうだもんね。ゴッチさんに習ったドラゴン・スクリューやドラゴン・スープレックスを売り物にしてね。

椎名　ドラゴン・スクリューもゴッチさんに教わったんですか？

藤波　そう。ドラゴン・スクリューの原型となる技をね、いまの見てくれだけの派手なヤツじゃなくて。

ガンツ　見てくれだけ（笑）。

藤波　ドラゴン・スクリューの原型っていうのはね、相手の脚にタックルにいって、取った脚を自分の脚に挟んで、そのまま捻って倒す技なんだよね。

椎名　脚に挟んで倒す、テイクダウンの技なんだ！

藤波　ボクはそれをもう少し派手にやったの。

ガンツ　凄く理に適った、現在のＭＭＡにも通じる技ですよね。

藤波　相手が踏ん張ったらヒザを壊してしまうかもしれないし、「これを身に付ければ、どんな大きな選手でも倒せる」って言われたから。
玉袋　そういや、こないだ吉田沙保里のＶＴＲを観てたんだけど、それをグラウンドからやってたよ。俺、観ながら「ドラゴン・スクリューだ！」って叫んだからね。
ガンツ　世界最高峰の舞台でも通用する技なんですね。
玉袋　そうやって、ゴッチさんに数々の必殺技、隠し技なんかを教わりながら、藤波さんはそれをもとに、ちゃんとプロレスで花咲かせたところが凄いな。
ガンツ　ゴッチさんの基礎をもとに、アメリカンスタイル、メキシカンスタイルを融合させて、あの華やかなジュニアヘビー級の闘い方を作り上げたわけですからね。
藤波　だから、こんなこと自分で言っちゃあれだけど……。
玉袋　いや、言ってください！
藤波　ボクは頭が柔らかかったんだろうね。だから、いいとこ取りができた。ボクは西ドイツ、アメリカ、メキシコと周ったんだけど、いいところを少しずつ取り入れてね。そして、ゴッチさんのところのガチガチのものも自分なりに理解したからね。それが、どうしてもゴッチさんのところで練習すると、それをそのままリングでやってた人間が何人かいるでしょ？（笑）。
玉袋　いますねぇ。のちにレガースを付けだす、あの集団だと思うんですけど（笑）。
ガンツ　ゴッチさんに教わったことそのままだと、帰国しても前座が続いちゃったりするわけですね（笑）。

藤波　でも、いろんな人間が「ゴッチさんに習った」って言ってるけど、カール・ゴッチの家に寝泊まりしてたのは、ボクだけだからね。前田も藤原も佐山も、短期間で行ったり来たりしてただけだけど、ボクは7〜8カ月、住み込みでやってたから。

玉袋　24時間、カール・ゴッチと一緒だったのは自分だけだと。

藤波　庭の芝刈りだってやってたしね（笑）。

玉袋　フロリダのゴッチさんのところにいる間は、試合は一切させてもらえなかったんですか？

藤波　いや、最初はずっと練習だけだったんだけど、半年ぐらい経ってから、ようやくゴッチさんも「アメリカのプロレスを経験させてみよう」ってことになってね。

玉袋　へぇ！　ちゃんとやらせてくれたんですね。

藤波　やっぱり、自分のようにしちゃいけないっていうのがあったんじゃないかな。せっかく日本から来てるし、新日本から「スターにしたい」という意向も聞いていたんだろうし。それで、どんなプロレスでも対応できるようにってことで、ヨーロッパ、アメリカ、メキシコを周ることができたんだよね。

玉袋　そういう親心もあったんですね。

藤波　あの頃は新日本にＮＷＡのルートがなくて、アメリカのテリトリーで試合するのが難しかったんだけど、ゴッチさんの親友がノースカロライナにいた関係で、ボクをそこに送ってくれてね。しかも、当時は体重が91〜92キロしかなくて、周りはデカい連中ばかりだったんだけど、どっかでボクがカール・ゴッチのところから来てるってことが知られて、ヘンなことは仕掛けられずに済んだの（笑）。

ガンツ　「カール・ゴッチの弟子」っていうだけで「コイツはシューターだぞ」って、一目置かれたわけですね（笑）。

玉袋　バックに警備会社がついてるようなもんだ。ALSOKみたいな（笑）。ファイトマネーは自分に入るんですか？　会社に入るんですか？

藤波　自分に入る。週に1回、事務所でチェック（小切手）をもらってね。

玉袋　新日から仕送りはないんですか？

藤波　ない（キッパリ）。

玉袋　キッパリだよ（笑）。アメリカでたった一人で修行してる藤波さんがもらってねえんだから、仕送りもらってる野郎、ふざけんなっつうんだよ！

藤波　でも、いまの新日本は違いますよ。いまは海外出ても1〜2カ月でしょ？　その間は給料が新日本から保証されているから。だから、いまは海外で試合しても、ファイトマネーは新日本に入るんじゃないかな？　でも、ボクの頃は海外に出たら、その選手は〝商品〟になるまで「帰ってこい」なんて、言われなかったからね。

ガンツ　ちゃんとカネが稼げるようになるまで、帰ってこられない（笑）。

玉袋　乱暴だよな（笑）。島流しだよ！

藤波　本当にそう！　片道切符だから。

玉袋　でも、そういう厳しい環境だからこそ、レスラーとして成長できるんでしょうね。

ガンツ　生きるためには、銭の取れるレスラーにならないといけないわけですもんね。

「ドラゴン・スープレックスをやられたら舌が巻いて喉がつまるからヤベえ」（椎名）

藤波　ボクもニューヨークのマジソン・スクエア・ガーデンでの試合がなかったら、いまだに帰ってこられてないいんじゃないかな（笑）。

玉袋　いやあ、やっぱり藤波さんといえば、マジソンでしょう！

椎名　カルロス・ホセ・エストラーダ戦ですよね！

ガンツ　カッコ良すぎますよね、ＭＳＧでチャンピオンになって凱旋帰国って。

玉袋　大分の田舎から出てきた少年がマジソンにたどり着くんだからなぁ。

藤波　その何年か前まで自動車を叩いてた人間がね（笑）。

玉袋　板金叩いてた少年が、マジソンだぜ！　夢あるよなぁ。

藤波　あのときは凄かったね。身震いした。花道を入ってきたとき、あの熱気に押し戻されるような感覚があったからね。

玉袋　でも、普通だったらビビッちゃうところで、堂々と闘ってスターになるところが凄いね。

藤波　必死だったからね。最初から初公開のドラゴン・スープレックスで決めようと思ってたんだけど、「失敗しちゃいけない」っていうのばかりで。

玉袋　あのドラゴン・スープレックスが衝撃的だったんだよな〜！
椎名　あの頃、小学生でしたけど、「ドラゴン・スープレックスをやられたら、舌が巻いて喉がつまるからヤベえ」みたいなこと、みんな言ってましたからね（笑）。
玉袋　プロレス技の芸術品でいったら、ドラゴン・スープレックスって相当ランク高いよね。
椎名　いまでもトップって感じですよ。
藤波　でも、あのときはぶっつけ本番だから不安でね。ゴッチさんのところで人形相手に練習しただけで、実際にやるのは初めてなんだもん。
椎名　それまでは〝ロビンソン〟以外にはかけたことがなかったんですね（笑）。
藤波　〝ロビンソン〟は何回投げても文句言わないから（笑）。
玉袋　それを一発勝負で決めるところが凄いよ。
藤波　あの試合は入場したときはブーイングだったのに、試合後はお客さん総立ち。スタンディングオベーションだったからね！
玉袋　それを味わっちゃうから、プロレスってたまんないんですよね。
藤波　でもね、控室に戻ったら、逆に凄い冷たい視線なの。
玉袋　そうなんですか？
藤波　要するに、あの頃はジャーマン・スープレックスでも業界の中では危険技っていう認識があったんだけど、羽交い締めで受け身が取れない状態で投げるわけでしょ？　「コイツは何をするんだ」って目で見られてね。

ガンツ　まさに〝掟破り〟みたいに思われたわけですか。
藤波　だから喜んでるのは、日本から来たテレビ朝日の人と、新間（寿）さんだけ（笑）。
玉袋　これは『プロレススーパースター列伝』では語られない裏スーパースター列伝だな〜。
椎名　でも、テレビで観てるこっちからしたら「すげえ！」「カッコいい！」だけでしたよね。
玉袋　カッコいいよ〜。筋肉質でさ、あんなルックスのレスラーが初めてだったんだから。
椎名　ハイブリッドボディですよね。
玉袋　そうだよ。しかも、ゴッチ式トレーニングで作り上げた身体だからね！　そっから日本に帰ってきて、スターになったわけですもんね。
藤波　まあ、新日本プロレスがちょうど人気が上がってるときで、タイミングも良かったんだけどね。
玉袋　猪木さんだけの時代は、新日本プロレスってちょっと陰があって大人が観るもんだったけど、それを藤波さんがジュニアヘビー級ってもんを開拓して、若い人や子どもに開放したってところが凄いよな。
椎名　いま観ても、ジュニア時代のあの動きは鮮烈ですもんね。ドラゴン・ロケットとか。
玉袋　あれはまさにロケットだよ！　すげえ勢いで飛んでいくんだから。
藤波　あの技は、いまでこそみんなやるけど、あの頃はメキシコでもエル・ソリタリオとかエル・サントとか数名しかやってないからね。
椎名　そうだったんですか。

玉袋　頭から突っ込んでいくからね。

藤波　ボクはメキシコで初めて観たとき、「あんな怖い技、よくやるな」と思ったもん（笑）。向こうは場外にマットが敷いてないからね。

ガンツ　コンクリートですもんね。

藤波　闘牛場なんか石がゴロゴロしてたから（笑）。

ガンツ　そこに頭から突っ込んでいく（笑）。

藤波　アイツらバカかと思ったからね（笑）。

玉袋　闘牛場でプロレスってのもカッコいいなぁ。

椎名　ＵＷＡの総本山、エル・トレオですよね！

玉袋　で、そんな怖い技を、なんで藤波さんはやり始めたんですか？

藤波　ボクはドラゴン・スープレックスとか、ドラゴン・スクリューとか、いままでなかった新しい技を使って人気が出たでしょ？　だから、しばらくしたら新間さんとかテレビ朝日の人たちが、しょっちゅうボクの周りをうろちょろして「何か新しいことやろうよ」とかささやくの（笑）。

ガンツ　テレビのために新必殺技をやってくれと（笑）。

藤波　そうそう。「何もないよ」って言ってるのに、「なんかやろうよ、なんかやろうよ」って言うから、メキシコで見たトペをぶっつけ本番でやって、それが「ドラゴン・ロケット」って名前を付けられたんだから（笑）。

ガンツ　ドラゴン・ロケットはメキシコですら、やったことなかったんですね（笑）。

藤波 たまたま上手く飛べたからよかったものの、ロープにぶつかったらどうなったことか（笑）。
椎名 でも、いまの選手がやるトペより勢いが全然違いましたよ。
玉袋 速かったよな～！　飛んだ瞬間、「危ねえ！」って思ったもん。藤波さんの試合はそういうの多かったよ。ドラゴン・スープレックスだって、「危ねえ！」って感じだったから。
椎名 危険と隣り合わせのスリルがありましたよね。カンフー映画とかアクション映画みたいに。
玉袋 本当にどんなスタントよりもハラハラさせられたからな～。そして日本でドラゴンブームが起きる中、数々のライバルがいたと思うんですけど、印象に残っているのは誰ですか？
藤波 やっぱり、ジュニア時代はチャボ（・ゲレロ）とダイナマイト・キッドだよね。
玉袋 チャボとキッドだよ～！
椎名 キッドはタイガーマスクのライバルでもありましたけど、藤波さんと闘うことによって世に出ましたもんね。
藤波 彼はスタミナの塊だね。あの細い身体でがむしゃらに向かってきて、勢いが凄かった。でもね、俺もそうだし、タイガーマスクもそうだけど、いまのジュニアとはまったく違うんだよね。いまのジュニアって、とにかくスタートからいきなり空中殺法が飛び交うとか、派手な展開ばかりでしょ？　でも、もともと我々がやってたジュニアっていうのは、基本のレスリングがあって、その中で速い動きをやってただけだから。だからなおさら動きが速く見えるんだよね。
玉袋 緩急ですよね。
藤波 そう。いまは常に速いから、それが当たり前に見えちゃう。ボクなんか、速いのはドロップキックとかドラゴン・ロケットぐらいで、あとはじっくりレスリングをやってたから。

ガンツ　試合開始6分か7分くらいに、均衡を切り裂く藤波さんのドロップキックが出ると、静かだった会場が「ワー！」と沸くんですよね。

玉袋　出るんじゃねえか、出るんじゃねえかって引っ張っておいて、出たときの速さだよね。ずっと出っぱなしというのは良くないんだよな。

藤波　メリハリがないから、お客さんに驚きがないね。

ガンツ　ゴールデンタイムにやってた頃は、序盤のグラウンドの攻防でもじっくり見てましたもんね。

椎名　背広のお父さんが難しい顔をしてね（笑）。

玉袋　それが大技ばっかりになって。やっぱり、観る人がそっちに慣れちゃうと、もう一回戻すのは難しいのかな。

藤波　無理だね（キッパリ）。

玉袋　無理ですか、やっぱり。スマホいじると、ガラケーに戻れねえようなもんかな。

藤波　だから、いまの選手はかわいそうだよね。これからもっともっと要求されるだろうから。昔は大技をより大きく見せる試合だったけど、いまは大技が小さく見えるから、大技を出し続けるしかなくなってるし、もっと凄い大技を要求されるから。

ガンツ　昔は猪木さんの卍固めにしても、1年に1回とか2回しか出ないから、本物の大技としての価値が保たれてましたよね。藤波さんのドラゴン・スープレックスだって、ヘビー級になってからは封印してたこともあって、もの凄い希少価値がありましたし。
藤波　あれはヘビー級でやると、自分の衝撃も凄いからね（笑）。
ガンツ　そういう理由もあって封印だったんですか（笑）。
藤波　相手も危ないけど、自分も危ないから（笑）。
玉袋　だけど、フルネルソンの体勢になると、「おおっ！」って声が出ちゃうんだよな〜。
ガンツ　毎回毎回「今日こそ出るんじゃないか」と。
玉袋　でも、やっぱり出ねえんだよ（笑）。
椎名　それでも懲りずに期待しちゃうんですよね（笑）。

「マードックは本当に天才。彼ぐらいうまいレスラーはいなかったね」（藤波）

玉袋　いまみたいに大技ばかりになったのは、何かきっかけがあったんですかね？
藤波　やっぱり、長州（力）だろうね。長州がハイスパートっていうのをやって、日本のプロレス界が変わったよね。
玉袋　じゃあ、長州さんの対戦相手だった藤波さんのせいでもあるわけですか？
藤波　まあ、俺と長州がやったことだから、そうなっちゃうよね（笑）。でも、時代がそういうものを求めてたんじゃないかな？

ガンツ　プロレスが変わるときだったんですね。
玉袋　長州さんが入門してきたときの印象ってどうなんですか？　エリートで入ってきて、やっぱりライバル意識とかあったんですか？
藤波　ライバルとかじゃなくて、ボクは嬉しかったね。
玉袋　へえ、嬉しかったんですか。
藤波　やっぱり、ボクは新日本が所属選手3～4人の頃からいるわけだから、団体が大きくなっていくのが嬉しかったんですよ。
ガンツ　ついにウチの会社にもオリンピック選手が入ってくるようになったか、という。
玉袋　若手時代は長州さんと飲んだりとかはあったんですか？
藤波　最初はいがみ合っているわけじゃないから、大広間で山本小鉄さんたちと一緒に飲んだり話したりしましたね。
玉袋　やっぱり小鉄さんはかすがいだな～。
藤波　猪木さんが外の顔で、その女房役じゃないけど、現場は小鉄さんだったからね。
玉袋　家の中を守ってたんですね。いやあ、理想的なプロレス団体だな。
ガンツ　その中で〝若頭〟である藤波さんがニュースターとして出てきたのも、理想的な展開でしたよね。
玉袋　また、藤波さんのライバルになることで、スターになる人が次々と現われましたよね。長州さん、前田さんもそうだし。

椎名　みんないい試合になって、持ち味を引き出してくれるんだよね。
藤波　自分では意識してないんだけどね。
玉袋　でも、なっちゃうというのは、藤波さんの心根が「与えてあげる人」なんでしょうね。
椎名　あと藤波さんといえば、ディック・マードックとの試合が印象深いです。
藤波　彼はね、たまにおちゃらけがあったけど、本当に天才。彼ぐらい上手いレスラーはいなかったね。
玉袋　藤波さんをして、そこまで言わせるってすげえよ。
藤波　上手いレスラーっていうのは、リック・フレアーなんかにしろ、いっぱいいるけど、ボクが見た中ではディック・マードックが間違いなく一番。あれは上手かった。プロレスのすべてを知っているね。
ガンツ　プロレスのすべてを知っている！
椎名　小鉄さんも「マードックは上手い」って、いつも言ってましたもんね。
ガンツ　だから80年代前半は、なんか毎週のように藤波さんとマードックのカードがセミファイナルで組まれてた印象がありますけど、鉄板のカードだったんでしょうね。
玉袋　逆に「コイツはダメだった」っていうレスラーはいますか？　いまはもう時効だから言えるっていう。
藤波　う〜ん、どうしようもないレスラーっていうのは何人かいたけどね（笑）。有名どころだと、最初に来た頃の（ハルク・）ホーガンなんかもそうだよね。

玉袋　のちに世界一になる男が最初はダメレスラーの代名詞でしたか（笑）。

藤波　最初はデカいけどガチガチで、ただ腕っ節が強いだけの選手でね。どうしようもなかった。でも、ダメなヤツでも日本でレスリングを覚えて上手くなっていく選手もたくさんいて、ホーガンなんてその最たる例だよね。

玉袋　ニューヨークで大出世するわけですもんね。

藤波　その前なんか、ボクがフロリダにいる頃、よく試合を観に来てた売れないミュージシャンなんだから（笑）。

ガンツ　会場でよく見かける売れないロックンローラーでしたか（笑）。

玉袋　いやあ、いい話だな〜。

「生放送っちゅうのは言っちゃいけないことをなぜか言っちゃうんだよ」（玉袋）

藤波　昔のこういう話を思い出すと懐かしいですよ。

玉袋　ずっと聞いていたいもんね。

藤波　やっぱり、当時の皆さんがそれだけプロレスにのめり込んでくれていた時代だったんでしょうね。

ガンツ　子供の頃は、プロレスのことしか考えてなかったような気がしますよね（笑）。

玉袋 そう！　本当に24時間、プロレスのこと考えてたから。寝てるときも夢に出てきてんだもん。
椎名 プロレスは本当にメジャーでしたもんね。
玉袋 野球とかほかのプロスポーツに全然負けてなかったもんな。藤波さんと同世代のスポーツ選手っていうと、誰になりますかね？
藤波 巨人軍の中畑（清）とか、山倉（和博）とかね。彼らなんか多摩川のグラウンドで練習が終わると、新日本プロレスの道場に来てたもん。
ガンツ ジャイアンツ黄金期のメンバーが、新日道場に出入りしてましたか！
藤波 中畑、山倉、新浦（壽夫）とかリング上でプロレスごっこやってたもん。それからちゃんこ食べて。
玉袋 ワッハハハ！　日テレとテレ朝の看板番組が交流しちゃってたわけですか（笑）。
椎名 当時は人気も知名度も、巨人の選手に負けてませんでしたよね。
藤波 だって、テレビの視聴率だって平均20％だからね。
玉袋 スポーツ中継で、それが毎週だぜ？　お化け番組だよ！
藤波 で、年間で230～240試合、ほとんど超満員だからね。あの頃の新日本の売り上げって年間数十億だろうけど、あれがどこに行ったのかなって思ったのは後々だね（笑）。
玉袋 どこ行っちゃったんだろうな～（笑）。
椎名 ブラジルのほうに流れてたんでしょうね（笑）。

ガンツ　それが原因でＵＷＦやジャパンプロレスが生まれたわけですからね。
玉袋　そりゃ、独立もしたくなるよな。
ガンツ　藤波さんもその当時、雪の札幌で「こんな会社辞めてやる！」って言いましたけど、あれは実際何があったんですか？
藤波　あれはね、そのときに何があったというより、いろんな状況が少しずつ見えてきて、会社の経営についてもいろいろ聞こえてきてね。内部がグチャグチャになってきてたんだけど、リング上の試合は長州と純粋に闘っていて、試合だけは誰にも触られたくなかったの。
ガンツ　自分の中の聖域だったわけですね。
藤波　そこに第三者である藤原（喜明）みたいなのが出てきたけど、彼も誰かにけしかけられてやっているわけでしょ？　それが許せなくて、「こんな会社辞めてやる」って言ったの。第１回目の（笑）。
ガンツ　ダハハハ！　その後、何度か言うことになるけど、それが最初の「辞めてやる」（笑）。
椎名　あのとき、リングを降りたあと、裸のままタクシーに乗っちゃいましたけど、どこに行ったんですか？
藤波　いや、ホテルに帰ったんだけど、何も持ってないんだよね（笑）。あとで付き人が持ってきてくれたけど、気まずかったねぇ。
ガンツ　あの格好のまま、ホテルに入っていったんですか？
藤波　そう。ロビーにお客さんがいっぱいいてね。ボクらは裸が当たり前だけど、一般のお客さんはびっくりしたんじゃないかな（笑）。
ガンツ　そりゃそうですよ。プロレス会場じゃなくて、ホテルのロビーなんですから（笑）。
藤波　一応、鍵を開けてもらって部屋に入りましたけどね。
玉袋　パンツ一丁でチェックインって、カッコいいな〜（笑）。
ガンツ　ついでにもう一つ真相を伺いたいんですけど、「おまえ平田だろ」事件はなんだったんですか？（笑）。
玉袋　マスクマンの正体を生中継の中で勝手にバラすという、前代未聞の事件ですよ（笑）。
藤波　あれはね、あんなこと言うつもりはなかったんだよね（苦笑）。
椎名　なんで予定外に言っちゃったんですか？（笑）。
藤波　あの頃って、マイクを持って選手が喋るっていうのは、猪木さん以外はなかなかなかったんだよね。ボクもめったにマイクなんて持たなかったんだけど、試合が終わって、（将軍KY）ワカマツがなんか喋ったあと、リング下からボクのところにマイクを投げ入れたんだよね。そのとき、べつに喋ることはないのに、無意識にマイクを拾っちゃったんだよ。それがマズかったな（笑）。
ガンツ　ダハハハ！　急にカラオケのマイクが回ってきたかのように（笑）。
藤波　それでマイクを持ったからには何か言わなきゃいけないし、目の前にはマシンがいるし。挑発的なことを何か言わなきゃいけないじゃない？　それで本名言っちゃったのよ（笑）。
玉袋　ワハハハハ！

藤波　本人、焦っただろうね（笑）。それで終わったあと、テレビ局の人に「藤波さん、マズいでしょう！」とか言われてね。いやあ、まいったまいった。

玉袋　言われた平田（淳嗣）さんは、もっとまいっただろうね（笑）。でも、あるんだよ。生放送っちゅうのは、言っちゃいけないことをなぜか言っちゃうんだよな。

藤波　自分は必死なんだけどね。『アメトーーク！』とかでギャグにされてるけど、あのドラゴン・リングインなんかも自分の中では必死だからね。

ガンツ　タッグマッチでタッチを受けて、「さあ、行くぞ！」って勢い付けて飛び降りて。

藤波　たまたまそのときに運悪く（笑）。

ガンツ　ドロップキックで迎撃されちゃうっていう（笑）。

玉袋　導かれちゃうんだよな（笑）。

椎名　藤波さんの試合だと、マードックのお尻ペロンとかもありましたよね？

藤波　あれもね、途中から彼が狙いでやってたけど、最初はまったくそんなつもりはなかったんだよね。彼がリングに戻ろうとするとき、ボクがタイツを引っ張ったら、たまたまああいうふうにお尻が出ちゃっただけで。

ガンツ　最初は偶然だったけど、それがおもしろいから毎回やろう、という（笑）。

玉袋　マードックが狙ってくるようになったんだろうな（笑）。

藤波　だから普通、タイツの紐は多少キツく結ぶんだけど、マードックは緩くしてたからね。

ガンツ　ダハハハハ！　お尻を出す前準備をしっかりして（笑）。

藤波　彼はそれぐらい余裕があったんだろうね。多少お茶目なことをやっても、試合ではちゃんと魅せてたから。

ガンツ　さっきの大技の話じゃないですけど、シリアスな試合の中でなぜか毎回お尻が出るから、強烈に覚えてるんですよね（笑）。

藤波　試合は真剣で、お笑いの試合じゃないからね。

「還暦でリングに立ってドラゴン・ロケットやれたら最高だね」（藤波）

ガンツ　では、そろそろ締めに入りたいと思いますけど、そんなプロレスの世界に、いま息子さんが入ろうとしているわけですよね？

藤波　ボクも女房も頭が痛いですよ（苦笑）。

玉袋　でも、プロレス入りを許したんですよね？

藤波　いや、許したっていうよりも、彼の熱心さに負けてね、本当にレスラーになれるかどうかはわからないけど、やりたいというものはやらせたほうがいいと。それでゴーサイン出したけどね。でも、内心は女房は反対でしょうし、ボクも嬉しい反面、複雑ですよ。

玉袋　藤波さんの気持ちがわかるな〜。

藤波　でも、まだ身体もできてないし、大学1年生だから。レスラーになるのは、大学を卒業することが条件。あと、レスラーを目指すなら、例えば新日本に預けたりしたほうが、カタチも教えてもらえるだろうし、覚えるのも早いと思う。でも、それはさせないんですよ。

玉袋 というのは？

藤波 自分は幸運にも旗揚げしたばかりの新日本道場とか、カール・ゴッチのところで、いろいろな基礎を覚えられた。でも、いまはそういう場所がないから、敢えていまのプロレスとはまったく無縁の宮戸（優光）に預けてね。

椎名 いまは宮戸さんのスネークピット・ジャパンにいるんですか？

藤波 そう、いまはそこでやらせてるの。

玉袋 〝蛇の穴〟でランカシャーレスリングを学ばせてるわけですね。

藤波 基礎だけをしっかりやらせてますね。

玉袋 でも、親としては複雑だろうなあ。やっぱり自分がこの世界のことを全部わかってるがゆえに、「やめとけ」って気持ちがあるけど、息子っていうのは急に言い出すことがあるんですね。

藤波 俺のところも20歳なんですけど。

藤波 そのうち言い出しますよ（笑）。

玉袋 いやいや（笑）。

藤波 ボクもビックリしたもん。デビュー40周年の華やかなところで、最後に猪木さんが挨拶をしてくれて、そこで締めで終わりでしょう？　ところが、そのあと息子がリングに上がってきて、マイクであんなことを喋るから、ボクは頭の中真っ白ですよ（笑）。

椎名 マイクで何かを言うってことすら、知らされてなかったんですか。

藤波　全然知らなかった。
玉袋　とんでもねえ、どっきりだよ（笑）。
藤波　リング上で言われたことだからね、普通はプロレスの雰囲気の言葉を返すでしょ？
ガンツ　「やれんのか、おまえ！」って、ビンタの一つでも食らわすところですよ。
藤波　でも、そこでボクはなんて言ったと思う？
玉袋　なんて言ったんですか？
藤波　保留（笑）。
玉袋　ウワッハハハ！　お父さんだよ～（笑）。
藤波　その言葉しか出てこなかった（笑）。
玉袋　でも、それはわかるな～。俺もセガレが「芸人になりてえ」なんて言い出したら「やめろ」って言うけど。その反面嬉しいし、気持ちもわかるんだよ。でも、ここって難しいところで、応援しすぎちゃうと周りから「親バカだ」とか言われるし。それを許してしまったことでさえ「アイツは親バカだ」って言われてしまうこともある。でも、息子が「お父さんみたいになりたい」っていうのは、素敵なことだと思うよ。
椎名　尊敬されてるってことですもんね。
藤波　ボクも嬉しい反面、複雑なんですよ。だから「保留」としか言いようがなかった（笑）。
玉袋　そうなりますよね。いやあ、今日はいろいろとお話聞かせていただいて、ありがとうございます！

藤波　こんな話だけど、楽しかったですか？

玉袋　もの凄く楽しいですよ！　また、40年の現役生活でいろいろあったと思うんですけど、藤波さんから恨みつらみが全然出てこねえっていうのも素晴らしいなって思いましたよ。やっぱり、我慢してきた部分もあるんじゃないですか？

藤波　いや、そのときそのときでカチンとくることはありますよ。でも、いま思えば、べつになんのアレもない。根に持っていることは何もない。

玉袋　それが凄いわ。

藤波　もう楽しい思い出しかない。自分の好きなことを40年もやれるんですよ？

玉袋　素晴らしい人生だ！

藤波　だから、自分がタイツとリングシューズを脱いだあとが想像つかない。

玉袋　それぐらい、プロレスって仕事が身体のすみずみまで染み渡ってるってことですね。

藤波　これまではリングに上がれて当然だったけど、これからのほうが重要だろうね。身体がいうことをきかなくなる中で、どうやってリングに立てるか、そのためのトレーニングが必要だしね。

玉袋　それも挑戦ですよね、いいねえ！

藤波　ボクも来年は60、還暦だからね（笑）。

玉袋　かぁ～、全然見えねえ（笑）。

藤波　還暦でリングに立って、ドラゴン・ロケットやれたら最高だね（ニッコリ）。

玉袋　そりゃ危ねえ！　でも、やってほしいですよ！

ガンツ　それこそ、日本のエル・サントみたいになってほしいですね。

玉袋　そうそう、それだよな。

藤波　やっぱりそういう思いにさせてもらったのがミル・マスカラスですよ。マスカラスって多少は老いてきたけど、いまだにお客さんの前で裸になって「マスカラスだ」って思われるように魅せられるっていうのは凄いですよ。彼はボクよりずいぶん年上だからね。70歳近いおじいさんが、普通ロープに飛ばないですよ（笑）。

ガンツ　それどころか、フライングボディアタックをやりますからね（笑）。去年、ＩＧＦでやった藤波vsマスカラスはホントに老練な名勝負でした。

藤波　ＩＧＦって勝負がわりかし早いでしょ？　だから、あの日の興行で一番長い試合はボクとマスカラスだからね（笑）。

ガンツ　一番のロングマッチでしたか！

藤波　10分1本勝負だけどね（笑）。

玉袋　それを見せられるのがカッケーなあ。ぜひとも、これからも昇り続ける龍の姿を見せてほしいですよ。まあ、辰年は終わっちゃうんだけどね（笑）。

ガンツ　でも、名前が「辰巳」ですから。

藤波　辰年のあとは巳年で、二年連続でボクの年だからね（笑）。

椎名　本名である「藤波辰巳」っていう名前は、ホントにカッコいいですよね。

玉袋　「藤波辰巳」と「玉袋筋太郎」、この差はデカいぞ～（笑）。

椎名　俺、「藤波辰巳と永源遙って、なんてカッコいい名前なんだ」ってずっと思ってましたから。

ガンツ　藤波さんは名前も本人もカッコいいですけど、永源さんは本人がアレですからね（笑）。

椎名　名前のイメージと全然違うんだよね（笑）。

玉袋　というわけで藤波さん、いつまでもスーパースターでいてください！　今日はありがとうございました！

藤波　ありがとう！（ガッチリ握手）。

藤原喜明
問答無用の仕事師
PAPAS+
86

藤原喜明（ふじわら・よしあき）

1949年4月27日、岩手県和賀郡生まれ。プロレスラー。サラリーマンや板前を経て、1972年に新日本プロレスでデビュー。新人時代からカール・ゴッチに師事し、関節技を学ぶ。その後は若手のコーチ役も務め、猪木のスパーリングパートナーにも抜擢された。長い前座時代を過ごすが、1984年2月の札幌大会で長州力を試合直前の花道で襲撃したことから〝テロリスト〟として一躍脚光を浴びる存在に。同年6月に移籍したUWFでは関節技のテクニックを披露し、注目を集めた。UWF解散後の1991年には「プロフェッショナルレスリング・藤原組」を旗揚げ。2007年、胃がんに冒されるも摘出手術成功で無事生還。その後はIGFやレジェンド・ザ・プロレスリングに参加し、健在ぶりをアピールしている。

［2013年9月収録］

「酔っぱらうとサービス精神が旺盛になっちまうからガンガン喋るぞ」（藤原）

ガンツ 玉ちゃん、ついに変態座談会で藤原組長とお酒を飲める日が来ましたね！
玉袋 “組長”と盃を交わしちゃうんだから、今日は大変だぞ！
椎名 アウトレイジ的な（笑）。
藤原 今日は気をつけなきゃいけねえな。飲んで喋ったら、敵を作るからな。
ガンツ 敵を作ってしまうようなネタがあるわけですか（笑）。
藤原 そりゃ、あるよ。酔っぱらうと、サービス精神が旺盛になっちまうからな。ただ、つまみによっちゃあ、ガンガン喋るぞ（笑）。
玉袋 もう、今日はじゃんじゃんいっちゃってください！ 煮込みでも、もつ焼きでも、ここは全部のメニューが数百円ですから（笑）。
ガンツ というわけで、お酒も届いたところで、よろしくお願いします。乾杯！
一同 カンパーイ！
玉袋 いやあ、俺はもうホント、組長とは久しぶりで。
ガンツ あ、そうなんですか？
玉袋 もう4年ぶりぐらいじゃねえかな？
藤原 そんなもんじゃねえよ。もっとだろ？

玉袋　TBSの『オールスター感謝祭』に出たときが最後じゃねえかな?

ガンツ　組長は初期『感謝祭』の顔でしたもんね（笑）。

玉袋　あと、一時はテリー（伊藤）さんの番組、『浅ヤン』（浅草橋ヤング洋品店）の中でレギュラー持ってたからね。「ノックダウンカンパニー」って、藤原組がトーイ（石川雄規）と組長しかいない、ヤバいときに。「どうなんですか組長! 大丈夫ですか!」つって。テリーさん、ああいうことすげえやらすんだよ。

藤原　『感謝祭』では、1回ドタキャンしたらそれっきり話が来なくなったな（笑）。

椎名　ドタキャンしたんですか（笑）。

藤原　まあ、ドタキャンではないけどな。試合がもう決まってたから、しょうがねえからお断わりしたら、それっきりになっちゃった。

椎名　へえー。テレビってそういうもんなんですね。

ガンツ　組長とチャック・ウィルソンの相撲対決は、まさに名勝負数え唄でしたよ（笑）。

玉袋　でも、組長vsチャックの対決は、最初は『浅ヤン』からだから。

椎名　パクったんだ（笑）。

藤原　『浅ヤン』で俺が2連勝したんだよ。1回目は俺が上手投げで勝ってさ、向こうは悔しかったんだろうね。次は日大相撲部でしっかり稽古してきて、こっちはべつに準備もしてないけど、あんときも勝ったんだよ。

玉袋　相撲強えんだもん、組長。

藤原　いやあ、チャックだって強いよ。
玉袋　その強いチャックに勝つわけですからね。組長は、新日の中では相撲は横綱ですか？
藤原　いやあ、昔は相撲取りいたからね。
玉袋　安田（忠夫）とかですかね。あ、当時はいねえか。
ガンツ　木村健悟さんも相撲出身ですよね。
藤原　あれは弱かった（キッパリ）。
一同　ダハハハハハ！
藤原　しまった、また敵を作ってしまった（笑）。
玉袋　でも、新日道場で相撲を取るというのは、昔っからそうなんですか？
藤原　いや、普段の練習に飽きるとね、「今日は相撲にしよう！」ってなるんだよ（笑）。
椎名　レクリエーションの一環として（笑）。
藤原　それだけじゃないんだけどな。例えば、ベンチプレスとかだったら、限界ギリギリからもう一回持ち上げたりして終わるけど、相撲だと相手に負けたくないからさ、10割以上の力が出て、非常にいい運動になるんだよ。

玉袋　ちゃんと、トレーニングになってんだな。

藤原　あと気分転換な（笑）。だって毎日スクワットとプッシュアップとスパーリングじゃつまんないでしょ？

ガンツ　部活でもたまの練習試合が楽しいですからね。

藤原　みんな疲れてるときはさ、「はい、野球行こうか！」とかさ。

ガンツ　道場のすぐ近くに、素晴らしい河川敷球場がありますからね（笑）。

椎名　多摩川土手。それでメンバーもすぐに揃うのがいいよね（笑）。

ガンツ　みんな上半身裸で。

玉袋　リアル・アパッチ野球軍だもんな～。

藤原　「今日は野球にしようか」って言うと、みんな大喜びするんだよ。

玉袋　組長が新日に入った当時から、ゴッチさんのトランプトレーニング法ってのはあったんですか？

藤原　うん。俺が入門して、1カ月ぐらいしてからかな？　俺、ヒザ痛めてちょっと休んでたんだよ。そうしたら道場でやっててさ、どんなことやってんだろうと思ってコソっと見てたら、ゴッチさんに「おい！　入ってこい！」って言われて。「男が盗み見みたいなことするんじゃない！」って言われてさ。俺の最初の印象は良くないはずだよ。こっそりのぞいてたからね。

椎名　佐山（サトル）さんの女風呂のように（笑）。

玉袋　女風呂も道場ものぞくっていうね（笑）。
ガンツ　昭和新日本の巡業と言えば、旅館でののぞきですからね（笑）。
藤原　佐山はあれ、忍者だからね。
一同　ガハハハハ！
ガンツ　どんなに高い石垣でも、乗り越えてのぞくという（笑）。
藤原　あと電信柱に登ったりさ、あれは忍者だよ。
玉袋　あの運動神経があったら、どこでも行けちゃうよな。
藤原　俺らもそうなんだけどな。ヘビー級だから、普段は懸垂なんてそんな何十回もできるもんじゃねえけど、のぞきのときはこうやって（壁の高さまで身体を引きつけて持ち上げて）30分ぐらい耐えられたから（笑）。
ガンツ　のぞきトレーニング（笑）。
藤原　人はね、やっぱり必死になると力が出るもんだよ！
玉袋　ワハハハハ！　いいねいいねー。

「みんなアドレナリン中毒でリングから離れられないって言いますよね」（椎名）

ガンツ　組長はそんな新日本プロレスに入るきっかけってなんだったんですか？

藤原　そんなの忘れたよ。
ガンツ　その前は板前だったんですよね？
藤原　そうだよ。
玉袋　板前もまた似合いますね〜。
ガンツ　組長の職人ぶりを考えると、そのまま続けてたら一流の料理人になってたかもしれないですね（笑）。
藤原　そのほうが良かったなあ（笑）。
玉袋　組長は凝り性だからね。料理ももの凄いの作ってくれると思う。器だって作っちゃうしね。
ガンツ　メニューも全部自分で書いて。
玉袋　現代の魯山人みたいになっちゃって（笑）。
藤原　北大路魯山人？　よう知ってるね〜（ニヤリ）。
玉袋　組長がプロレス入りする前、ボディビルをやられてたってのは、板前さんをやりながらですか？
藤原　違う違う、高校1年のときに、偶然本屋に行ったんだよ。そこで『ボディビル35日完成』とかいう本があって、それを買ったんだよね。で、自分で道具を作って。
ガンツ　トレーニング器具まで自作ですか（笑）。
藤原　田舎だから、そのへんに売ってるわけないし、だいいち買えないし。それで腹筋台を作ったり、ベンチプレスの台を作ったりして。で、高校のときにアルバイトをして、バーベルの10

5キロセットを買ったんだよ。
椎名 高校生がバイトしたカネで買ったんですか（笑）。
ガンツ いまみたいにスポーツジムに通うとかではないんですね。
藤原 あんな田んぼの真ん中にスポーツジムなんかあるわけねえんだから！
ガンツ なるほど（笑）。
玉袋 当時、組長の同級生とかで、一緒にスポーツやってて「俺もプロレス行きてえんだ」とかいう人はいなかったんですか？
藤原 そんなバカいねえよ。
玉袋 ダハハハハ！　まあ、いまでも、いい意味で〝バカ〟にならないと、プロレスラーにはならないですからね。
藤原 しかし、バカ多いよな〜。俺、ふと思うんだけど、こんなに長くプロレスやってさ、残ったのはボロボロの身体だけだよ？
玉袋 そうなんですよね。
藤原 ちょっと否定しろよ！（笑）。
ガンツ アハハハハハ。
玉袋 でも憧れた仕事にそのままつけて、ここまでいったわけだから、それは本望っちゅうかね。
藤原 俺はホモじゃないけどね。
ガンツ ホモじゃなくて、本望です！（笑）。

藤原　この歳でもまだ仕事くるもんな。ありがたいことだよ。でもプロレスファンってみんなバカだよな。こんなじいさんをいつまでも応援してくれる人がいるんだから。

玉袋　でも、あれじゃないですか？　俳優さんとか噺家さんと一緒で、円熟味、名人芸に入っていくっていうところが、プロレスも楽しめるんじゃないですか？

藤原　プロレスって難しくってさ。いまだに「プロレスってなんだろう？」って思うもんな。むかーし、40代のときなんだけど、猪木さんが俺に言ったことあるんだよ。「藤原よぉ、プロレスって難しいよな」って。「アンタが難しいなら、俺はいったいどうすりゃいいんですか!?」って思ったけどさ（笑）。それぐらい難しいんだよ。

椎名　猪木さんが難しくしてる張本人ですよね（笑）。

ガンツ　猪木さんがプロレスを単純なものじゃなくしたんですよね。

藤原　だってプロレスってけっこう奥が深いもんな。

ガンツ　凝り性の藤原さんがこんだけ長く続けてるぐらいですもんね（笑）。

藤原　でもな、俺ふっと思うんだけど、「なんでこんなにやってんだ」って言えば、やっぱりアドレナリン中毒だな。

椎名　みんな、それがあるからリングから離れられないって言いますよね。

藤原　控え室なんてさ、みんな身体障害者ばっかりだよ。ヒザ悪くてテーピングしてるヤツばっかりだし。なかには「ゆうべ飲みすぎてよぉ」って不謹慎なヤツもいるけど。

玉袋　それは組長じゃないんですか（笑）。

藤原　でな、痛がってても控え室のドアが開いて、お客さんのいるところに入ると、シャキッとするんだよ。

玉袋　不思議なもんですね〜。

藤原　さっきまであんなに脚が痛かったはずなのに、ちゃんと歩いてるよ、走ってるよって。頭から落とされたりして、「ヘタすりゃ死ぬぞ」と思うけど、気合い入ってるから死なない。練習だとボディスラム一発くらうだけで「うう……」ってなるけど、お客さんの前なら、あんなの何十発でも平気だもんな。それはアドレナリンのおかげなんだろうけど、その中毒になっちゃうんだよな。

ガンツ　なるほど。

藤原　早い話が薬物中毒みたいなもんだけど、まあ、自分の体内で作るわけだから、犯罪にならないっていうだけでね。あの緊張感がたまんないよね。俺なんか試合前はいまだに興奮してさ、3分に1回ぐらいションベン行くんだよ。

椎名　へぇー。いまだにですか？

藤原　みんなそうなんだよ。「ゲエーッ」ってやってるヤツもいるしね、なんか小声でゴチョゴチョ言いながら同じところ行ったり来たりしてるヤツとかいるしさ。あれはもう、精神病院か、病院のリハビリ室みたいなもんだよ。

玉袋　一緒にしちゃいけないけど、お笑いの舞台でも出番前の緊張感って、通じるもんがありますよ。みんな、ぶつくさ言いながらウロウロしてさ、やっぱり吐くヤツもいるし。

藤原　ロクなもんじゃないけど、あれ1回知っちゃったらもうダメだよな。カタギの仕事なんかできないよ。

椎名　客前に出ちゃえば大丈夫なんですよね？

藤原　そう。殴られても痛くないしね。

椎名　やっぱり、お客が沸いてるとよけい気持ちがいいんですか？

藤原　そう。客が沸くと、10の力しか持ってなくても、30くらい出しちゃうもんな。

玉袋　でも、組長なんかは静かなグラウンドの展開から、ガッと関節極めて沸かせたり、そういうときって「客を手のひらに乗っけたな」って思う瞬間じゃないかと思うんですけど。

藤原　いや、逆に乗っけられてんだよね、ハッキリ言って。

玉袋　へえー、そうですか？　でも、猪木さんなんかは乗っけてるでしょ。

藤原　猪木さんはただものじゃないからな。

玉袋　昭和の新日本を経てる人に話を聞くとね、全員それだけは言う。「猪木さんだけは違う」って。

藤原　とにかく凄い人だよ。

「ゴッチさんとか猪木さんに出会ってなかったら、いま頃は厨房に立ってたかもしれないよ」（藤原）

藤原　そういや、相棒（水道橋博士）は元気？

玉袋　ええ。元気に小金稼がせてもらってます（笑）。

藤原　ヘタしたら10年ぐらい会ってないよな。

玉袋　俺ら、ＴＢＳの『感謝祭』は1回しか出てないから、そんときだと思うんですけどね。

藤原　俺、『感謝祭』は13回ぐらい出てる。

ガンツ　たぶん、組長が「ひさびさにチャックと決着戦」ってやったときだと思いますけどね。

藤原　じゃあ、4年前か？　俺がガンやって1年目ぐらいの最悪のときで、負けちゃったんだよ。でも、いいところまでいったんだよ？　まあ、チャックもガン患者に負けるわけにはいかねえだろうからな。

ガンツ　でも、あの番組での組長の活躍っていうのは、プロレスファンとして毎回燃えるものがありましたよ。

玉袋　他流試合だもんな。

ガンツ　綱引きなんかでも、みんな20代の有名スポーツ選手がズラリといる中で、組長ひとり40代で、それなのに現役時代の清原（和博）とかに勝つわけですからね。

藤原　あんとき清原、悔しがってたな〜（笑）。1回目は俺が勝ったんだよ。で、次の年は出なくて、2年ぶりに出たら、清原が「どうしても藤原ともう一度やりたい」って指名してきたらしいんだよな。

ガンツ　リベンジしたいと（笑）。

藤原　2年間、ガンガン練習して、パワーもつけてきたらしいんだけど、なにも練習してない俺がまた勝っちゃったんだよ（笑）。

玉袋　すげえよ〜！

藤原　で、帰るときに清原と会ったから、「よお」って言ったらさ、しかめっ面で「今日も負けましたよ！」って言われてな（笑）。俺、ハッキリ言うけど、ああいうの得意なんだ。バランスのやつな。力ばっかりじゃないから。

ガンツ　関節技と一緒で、テコの原理というか、力学が作用するわけですね。

藤原　どう効果的に力を使うかってことだからな。

椎名　そういえば、ヒクソン・グレイシーも綱引きは強かったですもんね。

藤原　ヒクソンは、それプラス、対戦相手を精神的に迷わせる力があるんだよ。だいたい山ん中に行ってね、あんなこと（ヨガの動き）やったって筋力強化にもなんにもならねえんだから！

ガンツ　そうですよね。

藤原　だけど何になるかって言うと、「山に籠って苦しい修行をしてるんだから、何かがあるはずだ」って思わせる。なんにもないのに、そうやって相手を不安に陥れるんだよね。だからあの人は格闘家プラス、哲学者プラス、宗教家だよな。

ガンツ　試合前の1カ月間くらいで、対戦相手の中でヒクソン像が巨大化しちゃうんでしょうね。

藤原　あんな、腕をぷらぷらさせて、強くなるわけないんだから。

椎名　あとは、腹筋を持ち上げて腹をペタンコにしたりしてましたよね。

藤原　あれはゴッチさんもやってたんだよ。
椎名　あ、ホントですか！　あれはヨガですか？
藤原　要するに、自分の力でいろんな筋肉をコントロールできるようにしてるんだよ。
玉袋　ゴッチさんはそれができるんですよね。
藤原　力の使い方でもあるからね。要するに、いまの総合格闘技とかだと、ラウンド制で判定がすぐついちゃうから、全身に力を入れてるだろ？　だから5分試合したら、みんな「ハァ、ハァ」ってなる。でも、ゴッチさんのスタイルは、身体の右半分に力を入れて相手を動けなくしたら、反対側はダラーンとしてるっていう。
玉袋　へぇー。
藤原　それでスタミナを半分とか3分の1しか使わないんだよ。例えばこっちをこうやって（胸筋をピクピクさせて）……。
ガンツ　凄い筋肉ですね（笑）。
藤原　そのかわりに足をダラーンとさせて休ませとくみたいなね。そういうマッスル・コントロールみたいなことを、あの人はやってた。そういう達人なんだよ。
玉袋　やっぱ、すげえなゴッチさん。
藤原　いまの総合格闘技は、ルールがそうだからしょうがないけど、短期勝負なんで力任せにはなるわな。だから、あれは瞬発力の勝負だったりするんだよ。だけど、試合が無制限で、どうしても決まらなかったら、最後はスタミナで決まるんだよ。スタミナが切れたら、テクニックもへったくれもないからな。……今日はいいインタビューだな（笑）。

玉袋　いや、いいお話聞かせてもらってますよ。

藤原　だから、ゴッチさんはよく言ってたよ。「俺のフィニッシュホールドはコンディションだ」って。

玉袋　かっけえな〜。

藤原　それで「得意技は？」って聞いたら、「すべてが俺の得意技だ」って。だから、いろいろある中で、極まった技が得意技なんだよ。いろんな技を知ってるっていうことは、それだけチャンスがいっぱいくるってことなんだよ。

ガンツ　いろんな局面局面に相当する技があるわけですね。

藤原　だから、首が空いていたら首を極める、足首が空いていたら足首を極めるっていうね。

ガンツ　藤原さんは、そんなゴッチさんとの出会いから「プロレス、おもしれえ」ってどんどんハマってったって感じなんですか？

藤原　俺はゴッチさんとか猪木さんに出会ってなかったら、いま頃はそのへん（厨房）に立ってたかもしれないよ。

ガンツ　関節技の鬼ではなく、厨房の鬼になっていたかもしれない（笑）。それがレスリング、関節技のおもしろさってのを知っちゃったばっかりに、いまがあると。

藤原　力比べでもないし、だからと言ってテクニック比べでもないんだよな（ニヤリ）。

玉袋　ほぉー。深えな〜〜！

藤原　じゃあ、なんだって言うと、ヒクソンの頭を使った相手の精神をかく乱する方法だとかさ、勝負にはいろんな要素があるわけだ。だからおもしろい。

玉袋　（ウサイン・）ボルトみたいに、速いというだけじゃねえんだな。

藤原　俺もよく、「よっちゃん、早〜い」って言われるけど。

一同　ガハハハハハ！

玉袋　そっちは日本新記録ですか（笑）。

椎名　早いのはしょうがないです（笑）。

「俺たちファンは『そういえば危ないところに行くのはいつも藤原だな』って藤原幻想が高まってた」（玉袋）

玉袋　でも、俺たちも昔の新日の方々とかいろいろインタビューさせてもらってね、思い出話なんかもずいぶん聞かせてもらいましたけど。組長にも昔話の総括をしてもらいたいね。「いま思えば」っていうものをね。

ガンツ　新日の旗揚げの年に入門されてるんですよね？

藤原　72年の3月に旗揚げして、俺が入ったのは11月だから、8カ月後だな。

ガンツ　いまはすっかり奇麗になったあの合宿所の、ホントの初期の入居者なんですよね。

椎名　藤波（辰爾）さんたちは、自分らで建物の基礎工事からやったって言ってましたよ。

藤原　ああ、らしいね。俺は頭いいから、そういうときは入らないよ。

ガンツ　ある程度できあがったところで、「お疲れさまでーす」って（笑）。

藤原　「いやあ先輩、大変でしたねー」ってな（笑）。長く生きるコツだよ。話変わるけど、玉袋さんってNHKに出れないいんじゃなかったの？

玉袋　NHKだと、だいたい「玉ちゃん」に名前変えるんです。

藤原　あ、ホント。でも（ビート）たけしさん、ひどい名前つけるよなあ（笑）。「コイツはNHKに出れるまでにはならない」と思って付けてんのか？

玉袋　そこまでは考えてないと思うんですけど、逆に遠回りしたのが良くてね。玉袋筋太郎名義で出られたときの喜びっていうのがあるんですよ。

藤原　ああ、そういうのって凄くいいよね。

玉袋　いま思えばですけどね。

藤原　大器晩成型ってな。

玉袋　組長だって、新日の中の出世レースでは、ずいぶん遅れてから世に出てきましたよね？　組長は出世レースだと思ってなかったかもしれないけど。

藤原　俺はべつに昔っから出世しようと思ってねえもん。要するに、他人に「すげえなあ」と思われなくてもいいんだよ。自分で「けっこう俺ってすげえなあ」って死ねれば俺の勝ちだと思う。だから、肩書きとかあんまり興味ねえもん。今日を一生懸命やって、お客さんが「ワーッ！」ってなってくれれば、「ああ、俺は自分に勝った」っちゅうね。で、うまい酒が飲める。俺はそれだ

藤原喜明

けでいいもん。あとはなーんもない。

玉袋　はあー。それはもう若手時代からそうですか？

藤原　そう。

ガンツ　でも、少し上の先輩である藤波さんは、ニューヨークのマジソン・スクエア・ガーデンで華々しくスターになるわけじゃないですか。一方、藤原さんは同じ海外でも、パキスタンとかシュツットガルトとか危険地帯に帯同されて（笑）。

玉袋　ＰＫＯ藤原だよ（笑）。

ガンツ　海外は海外でも、あまりにも違うんじゃないかと。

藤原　これはミスター高橋が言ってたんだけど、「猪木さんが『パーティーに行くときには藤波を連れて、危ないところに行くときは藤原を連れていく』って言ってて、俺、頭にきたよ！」ってね。でも、俺はそれ聞いて「それ、名誉じゃん」「けっこう俺はすげえな」って思ったもん。

ガンツ　あきらかに腕を買われてるわけですもんね。

玉袋　損な役回りだとは思わなかったわけですね。

藤原　損じゃないよ、一番カッコいいじゃん。

玉袋　でも、俺たちファンは「そういえば、危ないところに行くのはいつも藤原だな」って、逆に藤原さん幻想が高まる要因にもなってましたけどね。

藤原　プロレスファンは大概バカだけど、バカにしちゃいけないんだよな。たまに利口なのがいるからな。

玉袋　ワハハハハ！　だけどやっぱり、それぞれの役回りってのがあるじゃない。売り出し中のスターがいて、悔しいって思うところもあるのかもしれないけど……。

藤原　（遮って）ちょっと待って。役割を決めるのは周りであって、自分が決めることじゃないんだよ。自分が満足してればそれが最高の主役なんだよ。だって自分の人生は自分が主役だから。これ、しっかり書いといて。

玉袋　うん、うん。でも組長ね、例えばプロレスラーって、プロモーターなり、マッチメーカーから「こういった役回りをやってくれ」っていうような話があるわけじゃないですか。それをノーと言わないのがプロだと思うんですけど。

藤原　そう。なんでもできるのがプロ。たとえ俺に損な役割が回ってきたとしても、観客の何パーセントかに「うわー、アイツ、カッコいい」と思わせるかが自分の腕だと思ってるから。

玉袋　だから藤原組長には味があって、俺たちはそういうところに惹かれてたんだよな。いまは、そういう脇で光る職人がいなくなってきちゃってるから。みんな主役、主役で。

椎名　それで組長は「マスター」っていう感じが出ましたもんね。

藤原　マスターベーションじゃなくて？

玉袋　いちいち下ネタまでキメてくるからね（笑）。

藤原　俺のもうひとつのアダ名は、「シモネタ厚」だから

玉袋　大仁田じゃなくてシモネタ（笑）。邪道だよ～。

ガンツ　でも実際、いま「前座の鬼」みたいな人はいなくなりましたもんね。

玉袋　前座自体がねえじゃん。いまのプロレスが高度なのもわかるんだけどさ、前座があって、段階的に上がっていく、あの感じがねえのがもの足りねえんだよ。

ガンツ　昭和の新日本は、メインはもちろん、第1試合がおもしろいとか、前座がおもしろいって言われてましたもんね。だから藤原さんがテロリストとしてブレイクする全然前に、村松友視さんが『私、プロレスの味方です』でちゃんと藤原喜明のこと書いてましたし。

藤原　読んでるねえー。アンタ、ファンなの？

ガンツ　ファンです！（笑）。

藤原　じゃあロクなもんじゃねえな（笑）。

ガンツ　ここにいる全員、子どもの頃からそんなのばっか読んでるんで（笑）。

藤原　じゃあアホじゃん、おまえら（笑）。

一同　ワハハハハ！

玉袋　だから、なんだろうな、東映のスターばっかがいいわけじゃなくて、大映で言ったら市川雷蔵がすげえんだけど、勝新太郎がずっと市川雷蔵にコンプレックス持っててさ、それが座頭市でブレイクして、全然違う路線でいくってところに光が当たるとやっぱ嬉しいわけじゃん。東映の『仁義なき戦い』がドーンといくみたいな、あのエネルギーが昭和の新日本プロレスにはあったよね。それだけの俳優がいた。

椎名　藤原さんは〝座頭市感〟がありますね（笑）。

藤原　ちょっと言わしてもらっていい？　いま「コンプレックス」って言ったけど、俺はコンプレックスを持ったことは1回もないよ？

玉袋　おー。それがすげえな。人間ってふてくされるじゃないですか。「なんでアイツだけ」とかさ。

藤原　俺は「いまに見てろ」って気があったから。

ガンツ　「いまに見てろ」ってのはカッコいいですね。組長が入った頃って、同期、先輩はどんな方だったんでしたっけ。小林邦昭さんがちょっと上で。

藤原　一週間早かった。だからいまでも先輩だよ、あの野郎！

玉袋　あの野郎（笑）。

藤原　歳は6つも下なのによ、「小林さん」って言わなきゃいけない。

椎名　アハハハハ。いまでもそうなんですね。

「人生は〝自己満足〟なんだよ。自分が満足できればそれでいい。あと何がいるの？」（藤原）

玉袋　組長自身、縦社会に入ったときは抵抗あったんですか？

藤原　あるよ、そんなもん。6つも下で、当時は10代半ばのガキなのに「小林さん」って呼ばなきゃいけないんだから。でな、悔しいことに、アイツもガンやったんだよ。ガンでも先輩で。

ガンツ　そういうキャリアでも後塵を拝して（笑）。

玉袋　後輩は誰になるんですか？

椎名　佐山さんとか？

藤原　佐山はずっとあと。

玉袋　じゃあ、栗栖（正伸）さん？

藤原　いや、栗栖さんも俺より一週間先輩なんだ。俺のこと「おい、藤原」って呼ぶんだけど、一週間先輩なだけであの野郎。俺、ずっと永遠に「栗栖さん」って言わなきゃいけない。

玉袋　一週間だけで永遠に（笑）。

ガンツ　グラン浜田さんはどうですか？

藤原　浜田ぁ？

玉袋　浜田さんは後輩ですか？

藤原　いや、歳は俺よりひとつ下なのに、入門は半年早かったんだよ。

玉袋　じゃあ、一生「浜田さん」だ（笑）。

藤原　悔しいからよ、いまでも会ったときには「浜田さん、お疲れ様です！　ちょっと身長伸びました？」とか言って。

一同　ガハハハハ！

藤原　「バカ野郎、60過ぎて伸びるわけねえだろ！」って。そういうセコくて、くだらねえ仕返ししかできねえんだから。

椎名　でも、身長を一番気にしてるのは間違いないですからね（笑）。

玉袋　キラー・カーンさんはどうですか？
藤原　俺より先輩だよ。２つ歳上で。
ガンツ　カーンさんは末期の日本プロレスから新日本ですもんね。
玉袋　じゃあ、組長のすぐ下って誰だろ？
藤原　俺の下は、毎年１００人ぐらい入ったんだけど、厳しいから全部辞めていって、次に残ったのが佐山だよ。佐山が入るまで3年くらいひとりもいなかった。全員逃げたからな。
玉袋　一番厳しいときだもんな。猪木さんがまだ大スターになる前で「クソー、そうはいくか！いくぞー！」みたいな感じだったからね。
ガンツ　「馬場、この野郎！」って感じで、団体として馬場超えに燃えてた時代ですもんね。
藤原　いや、馬場さんのことはあんなふうに言ってるけど、別な面ではけっこう尊敬してるところもあったよ。
玉袋　プロモーター的なところですか？
藤原　いやいや、そうじゃなくて。馬場さんも凄い人だからね。猪木さんは、よく考えてるよ。
ガンツ　力道山亡き後の日本プロレスの大黒柱として、プロレス人気を復活させたほどのレスラーですしね。
藤原　デカいってことはそれだけで宝だしね。そういや馬場さんに俺は全日本の札幌2連戦で呼んでもらったことがあるの。キップが全然売れてなくて。
ガンツ　馬場さん晩年ですよね？

藤原　晩年ですよ。札幌で、俺と荒川さんが呼ばれて。

玉袋　ある意味、新日の〝最強タッグ〟がついに全日本に参戦して（笑）。

藤原　で、2日間とも超満員になったんだよな。で、終わったあと「ありがとうございました」って挨拶したら、馬場さんが「ちょっと1杯やってこい」って小遣いくれたからね。

玉袋　えーーーーっ！　あのシブチンで知られる馬場さんが（笑）。

藤原　みんな「信じられない」って言うよ（笑）。で、俺はそれからもオファーあったんだよ。「東京都内だけでも全部出てくれ」って。いまから考えるととんでもないギャラだったんだけど、断わっちゃったんだよな。受けときゃ良かったよ。で、人に言ったアレを聞くと、名前は言えないけど渕（正信）な。

ガンツ　ガハハハ！　なんか言われたんですか？

藤原　馬場さんが「渕、来い！　バカ野郎、藤原はおまえよりやわらかくてうまいぞ」って言ったらしいんだよ（笑）。

玉袋　へぇ〜、カッケー！

藤原　晩年の馬場さんにはかわいがられたよ。

玉袋　すげえ。

藤原　これ、自慢話になるけどゴッチさんに「俺の弟子はいっぱいいるけど、誰が一番とは言えない、でも強いていうなら藤原だ」って言われて。で、馬場さんにもかわいがられて。猪木さんのことは言わないほうがいいかな。

玉袋　言ってくださいよ（笑）。
藤原　これは酔っぱらって言ったのかもしれないけど、「おまえ、俺の一番弟子だからな」ってポツリと言ってくれたんだよ。
玉袋　うお〜〜、鳥肌立った！
藤原　だから俺はそれだけで、いま死んでも「バンザーイ」って死んでいけるかなって。
ガンツ　それはそうでしょうね。
藤原　おまえだってそうだろ？　師匠によ。
玉袋　いやー、そんなふうに言われたら大変ですよ。
藤原　3人ともタイプが全然違うけど、その3人に認められたっちゅうのが、俺の自己満足だよ。だから、あとの評価はファンが決めるもので、俺自身としてはこれだけで満足なんだ。あとはなんにもいらねえもん。
玉袋　いいね〜。
藤原　あとは静かに去っていくよ。俺はガンやってから仏教に関心を持って、般若心経を覚えたりいろいろやってるけど、要するに人生は何かというと、結局は「自己満足」なんだよ。自分が満足できればそれでいいんだよ。あとは何がいるの？　あとは、できればお父さんお母さんに「いい息子だった」と言われるか、彼女から、いや彼女〝たち〟から、「セックスが上手だった」とかね。
一同　ガハハハハ！

藤原　それだけでしょ？　死んだら何もないわけだから。自分で満足できれば、それでいいんだよ。例えば、40歳で死んだヤツに「アイツかわいそうだな」とか言うでしょ？　でも、それはそれでその人にとっては正解なんだよ。全盛期で死ぬのも良し、90、100までヨタヨタになりながら「クソー」ってやってるのもそれも良し、すべて正解なんだよ。

「猪木vsアリ戦のあとに猪木さんと藤原さんとビールを1杯酌み交わす話が大好きなのよ」（玉袋）

玉袋　もう「組長」じゃなくて、なんか高僧みたいになってきたな。

藤原　これから俺はお坊さんか？

玉袋　藤原組長か瀬戸内寂聴かっていう（笑）。

藤原　瀬戸内さん、凄いな。いま91？

玉袋　大正11年生まれです。

藤原　うわ、ウチの父さんより2つ上だ。

玉袋　このあいだ出演した番組のVTRで観たんですけど、すっごい元気。だって肉しか食わねえんだもん。

藤原　長生きしてる人は肉食うんだよ。コレステロール、あんなもん気にすんなって。血圧気にすんな。この世界の中で、正常血圧を10上げることによって何兆円というカネが儲かるわけですよ。

椎名　いや、それは感じます。医者に凄い言われますもん。

藤原　いいですか？　例えば「血圧が140以上になったら薬が必要」って言うけど、本来なら160〜170でもいいわけなんだよ。それを140に設定することによって、何兆円という経済効果がある。騙されちゃダメだよ！

ガンツ　なるほど（笑）。

椎名　いや、この歳になって太ってくると、かならず医者が薬出すのよ。べつにどこも調子悪くないのに。

藤原　アンタ、いま何歳なの？

椎名　45歳です。

藤原　45で「この歳」って言うな！　この野郎！

椎名　はい！　すいません！（笑）。

ガンツ　アハハハハハ！

藤原　この若造が！（笑）。

椎名　でも、なんだか薬飲まされることになるんですよね。

玉袋　それは、やっぱり刷り込みだよな。「140超えたら」とかよ。だって寂聴さん凄かったですよ。VTRの中で3つレストランに行ってましたけど、3カ所全部で肉食って。

藤原　歳いったら肉食わないと。筋肉つけるには肉食わなきゃダメじゃん。

玉袋　そうですよね。寂聴さんは「私は食べたいものを食べないほうのストレスのほうが身体に悪い」とか言ってんだよね。

藤原　歳取ったら肉食って、セックスガンガンしなきゃダメだよ。

玉袋　「セックスだけはやってない」って言ってましたけどね（笑）。

藤原　あのね、仏教の教典をよーく読むと、「やってはいけない」ってのは一行も書いてないはずだよ。ヤりたきゃヤればいいんだよ。ガマンするのが人生じゃないから。好きなことをずーっとやり続けて死ぬのが人生なんだよ。一生懸命生きたって、80、90で死ぬわけだから。自分のやりたいことを一生懸命やって、そうやって死ぬしかないわけだよな。ちょっと偉そうなこと言ってるけど、俺は酔っ払うと口からでまかせだからさ（笑）。

玉袋　いやいやいや（笑）。でも、突き詰めていくと、物事の考え方がシンプルになっていくんでしょうね。

藤原　だからね、俺は前座が長かったって言われるけど、俺の人生にとってはそれだってメインイベントだもん。だって俺にとっては、俺という人間がいるから世界があるんであって、俺がいなかったら世界もへったくれもないもん。俺のための地球だから。俺のための君だから、あなただから。

玉袋　組長、20代の頃からそう思ってたんですか？

藤原　うん。ずっと思ってたよ。

玉袋　へぇーーー。

藤原　でも俺ね、このあいだ哲学の本をチラッと読んだんだけど、アイツら俺と同じこと考えてんな！
玉袋　ダハハハハ！　もう哲学者だよ〜。
藤原　「なぜ生きなければいけない」とかさ。けっこういいこと書いてあるよ。
玉袋　でも、組長はそうやってある種、達観した意識でやってきたわけじゃないですか。そんな中で、若いときの前田（日明）さんなんかは、凄く「なにくそ」っていう思いでやってたと思いますけど。そういうときの組長は、アドバイスとかしてたんですか？
藤原　そういうときはなんか言ってもダメなんだよね。前田のときだけはさ、いろいろ言うからさ「おまえ、あんまり喋んな」とは言ったけどね。「客は勝手に解釈するから」って。喋っちゃうと答えはひとつになっちゃうけど、喋らなければ答えは１００も１０００も２０００もあるわけだから。そのほうがおもしろいだろ？（玉袋に）アンタの師匠と同じ考えじゃない？
玉袋　それもあるね。でも、ファンとしては喋って、吠えてる前田も好きなわけじゃないですか。
藤原　それはほんの一部だよ。だけど、もっと大きなものをつかもうとしたら、ベラベラ言わなくてもいい。あとはファンが考えてくれる。ファンがレスラーを膨らませる自由を奪ったらダメだよ。けっこう俺、いいこと言ってるな（笑）。
ガンツ　猪木さんもファンを誤解させて魅了しますもんね。
藤原　猪木さんは、ハッキリ言って凄く純粋でいい人だよ。でも、ファンに考えさせる懐は深いよ。

玉袋　やっぱり猪木さんと藤原さんの関係っていうのは、特別ですよね。よく出てくる話だけど、猪木さんとモハメド・アリの試合のあと、藤原さんとビールを1杯酌み交わす話が大好きなのよ。

藤原　あの試合前はね、俺はシリーズに出ないでずっと道場にいて。猪木さんの練習に付きっきりだったんだよ。もの凄くピリピリした状態でね。要するにあのアリ戦っていうのは、生きるか死ぬか。新日本プロレスが社運をかけて、潰れるか、永らえるか。まあ突き詰めて言うと、アントニオ猪木がこの世から抹殺されるかどうかだからね。

ガンツ　そこまでの一世一代の大一番ですもんね。

玉袋　藤原さんは師匠がピリピリしてるときも、逆に「弟子までピリピリしちゃいけねえ」みたいな感じのはあったんですか？

藤原　そんな余裕ないよ。俺だってピリピリですよ。で、試合があいうカタチで終わって。その後も毎日練習が終わってからハイエースで代官山の自宅まで送っていくんだよ。俺、その車中で慰めようと思うんだけど、言葉が見つかんないわけだよ。わかる？　いまなら「あの野郎がこんなこと言ってましたけど」とか言えるけど、当時は言えなかった。だからね、あの試合が「茶番だ」とかなんだとか言われたとき、俺が行ってみんなブチ殺してやろうと思ったわけ。

ガンツ　何も知らねえくせにふざけんなと。

藤原　でね、試合の一週間後くらいだったと思うけど、猪木さんがタクシーに乗ったらしいんだよ。そうしたら、運転手が「ねえ猪木さん。アリ戦観ましたよ」って話しかけてきたらしい。それ聞いて、猪木さんは「またヘンなこと言われるな」と思ってたらさ、その運転手が「真剣勝負ってあんなもんですよね。ボクも剣道やってるんですけど、真剣勝負なら斬りこんでいけない。素晴らしい試合でしたね」って言われたらしい。猪木さんはその言葉で救われたって言うんだよ。

一同　へぇーーーー。

玉袋　猪木さんも「わかってくれる人がいたんだ」って思ったんだろうな〜。

藤原　真剣を構えた同士の真剣勝負っていうのは、行ったら斬られるかもしれないから、行けないんだよ。そして2時間でも3時間でも構えたままで、ションベンしたくなったら垂れ流しだよ。動いたら死ぬんだから！　そして日が昇って、まぶしくて一瞬目がくらんだら斬られるんだから！　真剣勝負ってのはおもしろくないもんなんだよ。

玉袋　でも、そんなふうに猪木さんの付き人を完璧にこなしていた組長っていうのは、当時の映像を見てもほれぼれしますよ。猪木さんがリングインして、その横に藤原さんがビシッと立って、ガウンやタオルをパパッと片付ける、あの一連の動きね。

藤原　今度はこの座談会に猪木さんも呼んだらいいじゃない？

玉袋　いやこの企画、そこまでお金がないんですよ（笑）。

藤原　そんなに安いの？　俺、来るんじゃなかったなあ（笑）。

玉袋　とりあえず、酒だけはありますから（笑）。

藤原　じゃあ、にごり酒あと一升ぐらいは大丈夫かな？

玉袋　ちょっと組長、ガンやってんだから！（笑）。

「世界中でいろんな人に会ってきたけど、やっぱりアントニオ猪木が一番だよ！」

ガンツ　でも、藤原さんにとっても、あの猪木vsアリ戦というのは、凄い体験だったんでしょうね。

藤原　俺も世界中でいろんな人に会ってきて。口のうまい人、カッコいい人、いっぱい会ったけど、やっぱりアントニオ猪木が一番だよ！

一同　おおーーーー。

藤原　あの人によって、俺の人生が決まったから。

玉袋　すげえよなあ。弟子にそれだけのことを言わせる猪木さんがいいよね。俺も師匠にそう言いてえもん。

藤原　ハッキリ言うけど、猪木さんだっておかしなところもあるよ。でも、俺が感じたのは、猪木さんっていうのは凄く純粋で頼りになる人。いまやってるＩＧＦの会場に、猪木さんの中学の同級生が来るんだよ。

ガンツ　寺尾中学の同級生が。

藤原　その人と話してみるとさ、「猪木さんが中学の頃ってそういう人だったんだ」ってわかって、なんか良かったよな。

玉袋　同級生との会話で、猪木少年の姿が見えるんですね。

藤原　ちょっと、これ書いといてよ。中学の頃の猪木さんって、たいして勉強はできなくて、静かでぼーっとしてたんだけど、身体が大きくて力があるから困ったときに助けてくれる人だったって。「猪木よぉ、アイツが隣のヤツにいじめられてんだよ。なんとかならねえか」って言うと「しょうがねえな」って言って、「おい、アイツをいじめるなよ」って、言ってくれる人だったらしいからな。

玉袋　へぇー。

藤原　だから、小賢しく動いて何かするヤツじゃなかったんだよ。凄く純粋で、困ったときに頼りになる人だったって。もちろん、たまにおかしなことも言うよ？　永久電池だとか。

ガンツ　ガハハハハハ！　発明関係の発言はぶっ飛んでますからね（笑）。

藤原　俺、一度直接言ったことがあるからね。「永久機関ってのはないんです。いまから何千年前、アルキメデスの時代からあり得ないことなんで、騙されちゃダメです」って。そうしたら猪木さんが俺に言うんだよ。「おい、おまえ盆栽好きだろ？」「ボク、27からやってます」「盆栽がおまえの趣味なように、宝探しとか発明っていうのは、俺の夢なんだよ」って。そう言われたら、何も言えねえよな。

ガンツ　ダハハハハハ！

玉袋　組長の盆栽と、猪木さんの財宝船探しは一緒なのか（笑）。

ガンツ　どちらも生涯をかけたライフワークという（笑）。

藤原　ちょっとフォローすると、そうやっていつまでも夢を追うのがアントニオ猪木なんだよ。

ガンツ　そうですよね。猪木さんの夢とロマンにファンはみんなついていったわけですからね。ま、永久電池にはついていきませんでしたけど（笑）。

玉袋　でも、組長がそうやって猪木さんに突っ込んだりして、師匠と弟子が歳を重ねてまたいい関係になってるんだね。そこに憧れるし、そういうところは尊敬するよ。

ガンツ　命懸けの闘いにかならず帯同させてきた弟子ですから、ある意味での戦友でもあるんでしょうね。

藤原　（にごり酒をグイと飲み干し）もう1杯！

玉袋　組長、ガンやってこんだけ飲む人いないでしょう。無理しないでくださいよ。

藤原　無理してないよ。ガンなんかに負けてたまるかよ。

玉袋　組長、ガンのステージでいうといくつなんですか？

藤原　3A。4で末期だから。

ガンツ　へぇー。そんなヤバかったんですか!?

藤原　滑り込みセーフ。あと半年遅れたら間違いなく死んでたって言われたからな。俺は病院大嫌いだから、偶然そのとき行って見つかっただけの話で。

椎名　ガンになったあと、前田さんが泣きながら電話してきたんですよね？

藤原　いや、違う。俺がなんかの用事があって電話したんだけど、前田が俺に「藤原さん……死んじゃ嫌です……」って、ベソかきながら言うんだよ。

玉袋　いい話だな～（笑）。

藤原　「おい、ちょっと待て。まだ死ぬとは限らねえから！」って言ってんのに「ボク寂しいです……」だって（笑）。それでお見舞いに送ってくれたのがなんだと思う？　マムシの干物3匹と、鹿のツノな。

椎名　ああ、漢方薬だ。

藤原　「35度以上の焼酎に漬けて、半年経ったら飲んでください」って。それまではいいんだけど「チンコ勃ちますよ〜」って（笑）。

ガンツ　ダハハハハ！　ちゃんとオチをつけて。

藤原　ガン患者のチンコ勃ててどうすんだ！（笑）。でもすっごいありがたいよな。たぶんそういう状態って、バカな受け答えしかできなかったんだよ。

「葉巻を吸うこと自体が師匠はカール・ゴッチなんだよ。猪木さんも俺も、佐山も前田も葉巻を吸うだろ？」（藤原）

玉袋　いい話だよ。照れ隠しであるし、本当に心配してるから下ネタにいくしかねえっていうね。組長はいままた『レジェンド・ザ・プロレスリング』とかで元気にやってますけど、やっぱり最後は死ぬまでレスラーですか。

藤原　やっぱりね、プロレスって人生なんだよな。俺も若い頃は、40歳なんてジジイで、50歳で死ぬと思ってたんだよ。でも、60になってまだ生きてて思うのは、人生って70、80、90と、まだまだあるんだよな。だから、こんなしょうもないプロレスラーが、60過ぎてリングに上がって「なんだ、まだ試合してんのか。アイツ元気だな」って言われたり、70歳になっても「けっこう動けるな」って言われるのも人生だからな。

玉袋　早くに死んじゃった橋本真也なんかもいますけどね。

藤原　いや、それもやっぱり正解なんだよ。考えようによったら、一番いいときに死んだ。40で死んで、アイツは永遠にスターだよ。「藤原は60、70であんな無様なことやって」って言われたらそれも人生。いいときに死んでも人生。プロレスって人生そのものだよ。この世の中って若いヤツばっかりじゃないからね。この歳までプロレスやってれば、年寄りにも夢を与えられることもある。それはちょっとこじつけだけどな。

玉袋　そんなことないですよ。

椎名　藤原さんは弟子もいっぱい育ててますしね。

藤原　弟子？　あのね、これはハッキリ言っとくけど、俺のほうから「俺はアイツの師匠だ」と言うことはないから。俺は教えたつもりでも、教えられたほうがそう思ってなかったら師弟じゃないんだよ。師匠と弟子というのは、弟子のほうが決めるものなんだよ。

椎名　弟子が師匠と思うかどうかってことですね。

藤原　だから、俺もいろんな人に教わってきたし、いろんな師匠がいたのかもしれないけど、俺のホントの師匠はアントニオ猪木であり、カール・ゴッチ。それだけの話で。そのほかにも「俺は藤原に教えた」っていう人がいるかもしれないけど、それは「師匠」にはならないんだよ。

ガンツ　では、藤原さんのことを「師匠」だと思っている人が、藤原さんの弟子なんですね。

藤原　だから、俺は自分から「船木（誠勝）の師匠だ」とは言わない。もし、船木が俺のことを師匠だと思っているなら、そうなんだろう。要するに、どれだけの影響を受けたかということなんだよ。いいかい？　これ、ちゃんと書いておけよ。カール・ゴッチはね、ずっと葉巻を吸ってたんだよ。アントニオ猪木も葉巻を吸うんだよ。俺もたまに吸うし、佐山サトルも吸う。

ガンツ　道場にシガーバーを併設させてますもんね。

藤原　そして前田日明も吸うだろ。いいかい？　師匠っていうのは、何か大きな影響を受けて、何かを学んだ人なんだ。凄いことを学ぶか、つまらないことを学ぶか、そういうことなんだよ。俺は、つまらないことも学んだけど、いいことも学んだかな。ちゃんといいところを学んだかどうかはゴッチさんが決めることで、ゴッチさんは死んでしまったからもう言えないわけで。人生ってそういう曖昧なものなんだよな。

玉袋　いやー、深い。

ガンツ　あの葉巻が、遺伝子をつなぐ、暗黙の証ってことですもんね。

玉袋　たぶんね、組長の言う師匠っていうのはね、言って諭すとか、言って何かしてっていうんじゃねんだよな。それが古くからの師匠と弟子の関係じゃん。ウチの師匠だってなんにも言わねえよ。ただ自分の作品作って、「いつでも闘う」っていう姿勢を見せてくれてる。そういう存在が、組長にとっての猪木さんであり、俺らにとっての殿（ビートたけし）なんだよね。組長もそういうふうに教わってきたんだと思うんで、弟子に対しては必要以上のことは言わねえんだよ。ただ、誰とは言わないけど、弟子に対して「わかんなかったかな、俺の背中」っていう、歯痒さもあったと思うんだよ。それが組長が50前のことだったと思うんだけど、そういうこともあって、「師弟っていうのは弟子が決めるもんだ」ってことに行き着いたと思うんだよね。だから、さっきの葉巻の例えはベストだよ。もの言わぬ葉巻が師弟関係を何よりもあらわしてるっていうね。いやー、組長素晴らしい！

藤原　ありがとう（笑）。

玉袋　でも、あの葉巻は絶対に照れでもあるわけさ。面と向かっては言えねえけど、あの葉巻が示してるっていうね。

藤原　やっぱり葉巻を吸うこと自体がゴッチなんだよ。猪木さんがさ、俺に「六本木に来い」って言うんで、行くとな、葉巻出してくるんだよ。それで酒飲むと、俺は凄い絡んだけど、全部許してくれるんだよ。なぜかって言うとやっぱり、俺はゴッチ門下生だから。俺が若い頃、アントニオ猪木はスーパースターで、ハッキリ言って練習する時間なんてなかなかなかった。でも、なんとかやりくりして時間を作って練習して、その相手をしていた俺に「ゴッチのとこ行け」って言って行かせてもらったんだ。そしていま、たまーに六本木に呼ばれて、猪木さんと葉巻をくゆらせながら、いろんな昔話をするわけだよ。

玉袋　うわ〜、すげえ大河ドラマだよ。

藤原　俺はあの人のこと、もの凄く好きだね。俺は猪木さんの付き人をしてるとき、「この人のためなら死んでもいい」って思ってたし、俺は「いつ死んでもいいですよ」って言ってたんだよ。だけど29歳のとき、「猪木さん、あなたのために死ねなくなりました」って言ったら、アントニオ猪木がなんて言ったと思う？　ニヤーって笑って、（小指を立てて）「女ができたか？」「……はい」って。凄いだろ、この阿吽の呼吸って。

玉袋　いい話だな〜！　組長が「あなたのために死ねなくなりました」ってのも芝居がかっていいな（笑）。

藤原　俺、すっごい真面目だからさ。それまでは、「この人のためならいつ死んでもいい」って思ってたんだよ。弾除けになろうって思ってたんだけど。29のときに女ができちゃって。「すいませーん」って（笑）。

玉袋　かわいいよ〜（笑）。

藤原　そうしたら猪木さん、「女ができたのかい」って。知ってんだよな。あの人も女でずいぶん苦労してるからな（何かを指折り数える）。

ガンツ　何を数えてるんですか（笑）。

藤原　いろいろあるからな。つまりそういうことなんだよな。人生経験なんだよ。「ああ、俺のあのときのあの状態だな」とかわかるんだよ。アントニオ猪木は、強いばかりの男じゃない。凄いだろ、今日のインタビュー？

一同　ガハハハハ！

玉袋　いやあ、最高ですよ。組長は歴史があるんで、どっから掘り下げようかと思ってたんですけど、いい話が聞けましたよ。

藤原　人生経験は豆腐だからな。あ、豆腐じゃねえや。豊富か？

椎名　くっだらない（笑）。

ガンツ　というわけで、猪木イズムの象徴でもあるダジャレが出たところで、お開きにしたいと思います（笑）。

玉袋　組長、ありがとうございました！

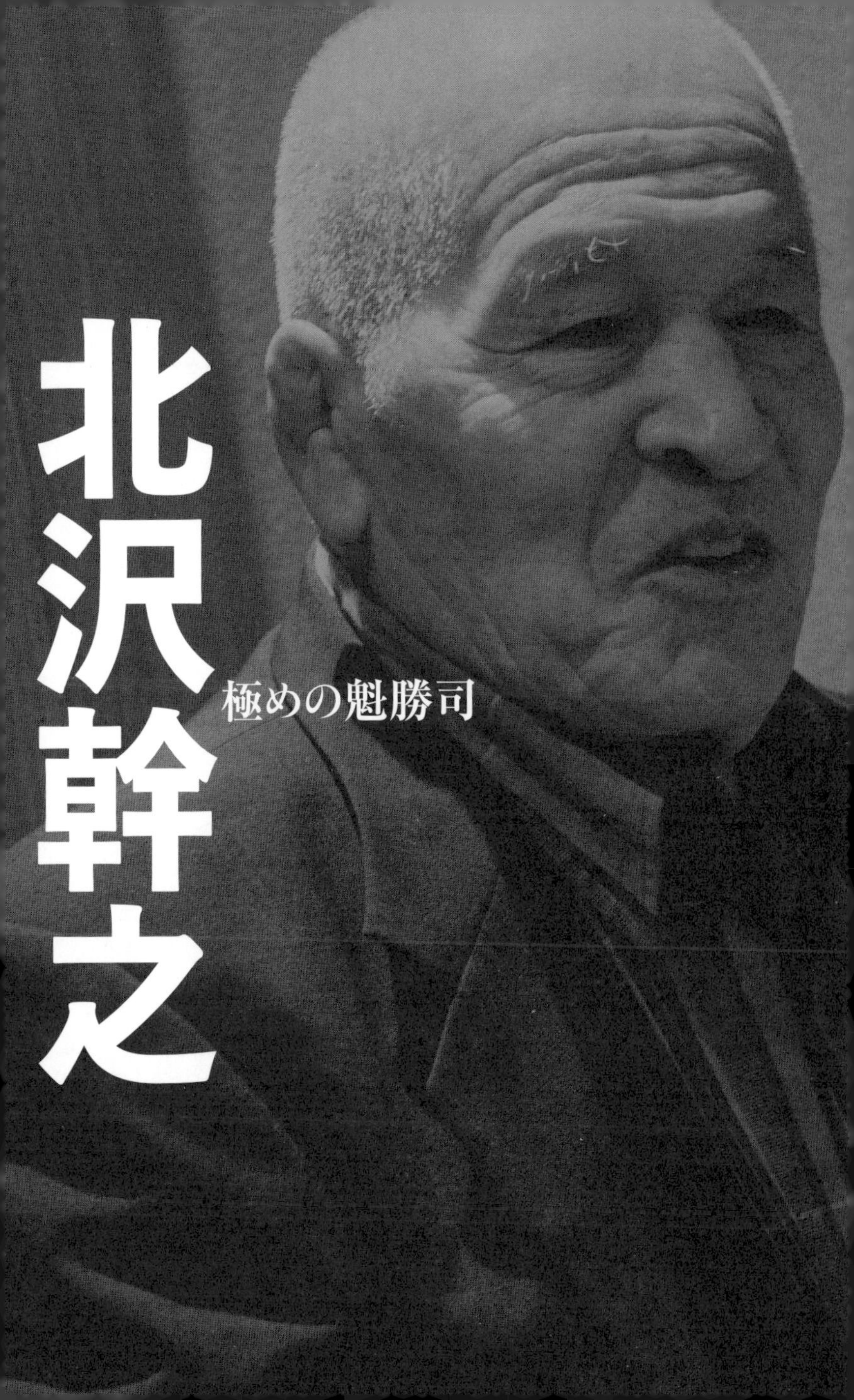
北沢幹之
極めの魁勝司

北沢幹之（きたざわ・もとゆき）

1942年2月15日生まれ、大分県東国東郡安岐町出身。元プロレスラー・魁勝司（かい・しょうじ）。1961年10月に日本プロレスに入門。1962年1月21日、マシオ駒戦でデビュー。豊登から命名された「高崎山猿吉」というリングネームで試合をしていた時期もあり、1966年に豊登とアントニオ猪木が旗揚げした東京プロレスに参加するが、のちに猪木と共に日本プロレスに復帰する。1972年に猪木が旗揚げした新日本プロレス参加。1976年のカール・ゴッチ杯で木村聖裔を破って優勝する。1981年4月3日、永源遙とタッグを組んで木戸修&星野勘太郎組と対戦した試合を最後に現役を引退。引退後はUWFやリングスでレフェリーとして活動。2009年3月6日には新日本プロレス「グレーテストレスラーズ」の表彰を受けた。

［2020年10月収録］

「生き別れたおふくろを探すために相撲取りになろうと思って、大分から東京に出てきたんですよ」(北沢)

ガンツ　玉さん！　今日はレジェンド中のレジェンドに来ていただきました！

玉袋　日本プロレスの生き証人だよ！

椎名　力道山からリングス・ロシアまで。

ガンツ　というわけで、本日のゲストは魁勝司こと北沢幹之さんです！

玉袋　北沢さん、今日は本当にありがとうございます！

北沢　こちらこそ、呼んでいただきありがとうございます。師匠に会えるっていうんで、私も楽しみにしていたんですよ。

玉袋　師匠はやめてくださいよ、本当に（笑）。

北沢　後楽園（ホール）でお会いして以来ですよね。

玉袋　あっ、そうだ。藤波（辰爾）さんの興行ですよね。あのとき、マムシさん（毒蝮三太夫）と一緒に控室にも行かせてもらったんだけど、マムシさんがいちばん威張ってるんだもん（笑）。

椎名　広い業界の中ではいちばん先輩ですからね（笑）。

玉袋　85歳（当時）だからね。でも北沢さんもプロレス界で先輩といったら猪木さんぐらいなんじゃないですか？

北沢　そうですね。猪木さんだけですね。おとといグレート小鹿から珍しく電話がきたんですよ。

「どうしたの？　死ぬんじゃないだろうな？」って（笑）。

玉袋　小鹿さんもまた元気なんですよ。でも北沢さんはその小鹿さんの先輩ですもんね。

椎名　それなのに北沢さんはいまだに身体が凄いですね。

北沢　いや、もうしなびちゃってダメですよ。

椎名　いやいや、胸板が普通じゃないデカさですよ（笑）。

玉袋　北沢さんがプロレスの世界に入るきっかけはなんだったんですか？

北沢　自分は小学校4年のときにおふくろと生き別れてるんですね。それで、おふくろを探すために最初は相撲取りになろうと思って。同郷の大分県出身である二代目・玉の海、先々代の片男波親方を頼って東京に出てきたんですよ。

玉袋　へえ～、そうだったんですか。

椎名　お相撲さんになって、お母さんを探そうと。

北沢　ただ、片男波親方がちょうど独立しようってことで揉めていた時期だったので、それで会わせてもらえなくて。だけどよその部屋には行きたくない。で、力道山先生が親方の後輩だったんですよ。

玉袋　それで日本プロレスに入ろうと。

北沢　でも最初は入れてもらえなかったんです。身体がちょっと小さかったんで。それで「大きくしてこい」ってことで、横浜のドヤ街に泊まりながら沖仲仕をやったんですよ。

玉袋　沖仲仕、出ました！

ガンツ　湾岸労働者ですね。

北沢　それで肉体労働をしながら、柔道をやったり、ボディビルのジムに通ったりしてね。それでやっと入れたんですよ。

玉袋　いや～、いきなりトップスピードだよ。まず、お母さんを探すためにお相撲さんになって、全国に顔を売ろうとしたところが凄いし。ドヤ街住まいで沖仲仕やって苦労しながら、ようやく日本プロレスに入るって、この始まりの時点で映画になるよ。

椎名　結局、お母さんには会えたんですか？

北沢　ずいぶんあとになってですけど、会えましたね。

玉袋　会えたんですか！　よかった～。

北沢　プロレスに入って10年目のある日、姉から電話があったんですね。おふくろが（横浜市の）綱島にいるってことがわかったって。

椎名　綱島じゃ、野毛の新日本プロレス道場からけっこう近いですね。

ガンツ　のちのリングス前田道場の最寄駅ですよ（笑）。でも当時の北沢さんは、日本プロレス時代ですもんね。

北沢　それで俺は夜中に訪ねて行ったんだけど、最初、おふくろは俺のことをわからなかったんですね。ちっちゃいときに生き別れてるんで。

玉袋　小学4年で別れて、次に会ったらプロレスラーになっているわけですもんね。

北沢　それで名前を言ったらビックリしてですね。ちょうどメキシコ遠征に行くことが決まってたんで、「メキシコに行かなきゃいけない」ってことを話したら、大きなバッグや下着なんかを揃えてくれて。ただ、そのあと53歳のときに脳溢血で亡くなったんですよ。自分は何もしてあげられないうちにね。

「ボクも玉袋筋太郎という芸名なんで、高崎山猿吉という素晴らしいお名前をいただいた北沢さんの気持ちがわかります」（玉袋）

玉袋　それは心残りですよね。でも会いにきてくれただけで、お母さまもうれしかったと思いますよ。

北沢　だといいんですけどね。それでメキシコに行ったら、3年間は日本に帰ってこないつもりだったんですけど、猪木さんが新日本を旗揚げするっていうので、1年しないうちに戻されたんです。

椎名　猪木さんから連絡があったんですか？

北沢　メキシコまで来てくれたんですよ。

ガンツ　「日本に帰って、俺の新団体に来てくれ」と、猪木さんがわざわざメキシコまで口説きにきてくれたと。

玉袋　それぐらい猪木さんも必死ですもんね。日プロでクーデターを起こしたってことにされて、追放されたばっかりで。

椎名　ちょうど、日本プロレス末期にメキシコに行ったんですね。

北沢　そのちょっと前に藤波（辰爾）が入ってきたんですけど、もうその頃は派閥がひどくてね。

玉袋　どういった派閥に分かれてたんですか？

北沢　猪木派、馬場派、あとは吉村派で。

椎名　吉村道明さん。

ガンツ　カブキさんなんかが吉村派ですよね。それが芳の里社長の幹部派でもあって。

玉袋　北沢さんが猪木派になったのは、どういう理由だったんですか？

北沢　猪木さんとは入った頃から仲がよかったし、あの人はめちゃくちゃに強かったんです。やっぱりあの強さが魅力でしたね。

玉袋　同期に馬場さんもいたわけじゃないですか。当時見ていて、練習量は猪木さんに敵う者はいないと？

北沢　ほかの連中は猪木さんを嫌がって練習しなかったんですよ。荒っぽいし、強いし。

ガンツ　練習でもガンガン行くわけですね。

玉袋　北沢さんが日プロに入って、手取り足取り教えてくれた人は誰になるんですか？

北沢　大坪（清隆＝飛車角）さんと吉原（功）さんですね。あの人も強かったですね。あと長沢（秀幸）さんとか。昔の人は強かったんですよ。

ガンツ　北沢さんは日プロに入ってから、猪木さんの付き人だったんですか？

北沢　いや、入った頃は猪木さんもまだ若手だったから、俺はいろんな人に付いたんです。吉村さんにも付いたし、芳の里さんにも付きましたし。最後はトヨさんですね。

玉袋　出ました、豊登！

ガンツ　だから北沢さんは豊登派でもあったわけですよね？

北沢　そうですね。付き人やっていましたから。

玉袋　豊登さんもまた破天荒な人だっていう。

北沢　もうめちゃくちゃですよ。「おい、おまえ、いまカネいくら持ってる？」って聞かれて「2000円しかないですよ」って言ったら、「いいからそれを貸せ！」って言われて（笑）。

玉袋　ひでー、若手のなけなしのカネまで持っていくというね（笑）。

椎名　「倍にして返してやる」って感じで（笑）。

北沢　だけど（博打で）勝ったときなんかは、けっこうな小遣いをくれましたよ。

玉袋　その豊登さんから、北沢さんは「高崎山猿吉」という素晴らしいお名前をいただいてるじゃないですか。ボクも師匠にいただいた「玉袋筋太郎」という芸名なんで、そりゃもう北沢さんの気持ち、上田馬之助さんの気持ち、林牛之助（ミスター林）さんの気持ち、全部わかるんですよ。

ガンツ　芸能史に残る名前と、プロレス史に残る名前で（笑）。

玉袋　北沢さんは元祖キラキラネームですから！　あれはどういうきっかけで高崎山猿吉となったんですか？

北沢　自分の郷里である大分県に、高崎山というサルがいる山があるんですよ。それで付けられたんですけど。

椎名　ただ、大分県出身というだけで（笑）。

北沢　だけど親父にも「どうしてそういう名前をつけたんだ？」って聞かれて（笑）。

椎名　それは言いたくなると思います（笑）。

北沢　でもジャニー喜多川さんのお父さんと、私は古い付き合いだったんですけど、その人だけは「いい名前だな」って言ってくれて（笑）。

「相撲取りっていうのはバケモノみたいに強いと思っていたんですけど、やっぱりレスリングと相撲は違うんですよね」(北沢)

玉袋　でも、いまは相撲でも翔猿っていうのが出てきたから、猿ブームの先駆けですよ（笑）。もちろん豊さんに命名されたらノーとは言えないわけですよね？

北沢　言えないですね。

玉袋　でも馬がいて、猿がいて、牛がいてっていうね。ある意味で凄い世界ですよ。

ガンツ　北沢さんはデビュー戦の相手が林牛之助さんだったんですよね？

北沢　いや、（マシオ）駒さんですね。

ガンツ　あっ、駒さんですか。ウィキペディアには「林幸一戦でデビュー」って書いてあったんですけど、それは間違いなんですね（笑）。

北沢　台東区体育館で、当時は10分1本勝負でしたよ。

玉袋　やっぱりデビュー戦はカチカチですか？

北沢　いや、それほどではなかったですね。いつも練習してる人だったから。練習してきたことをそのままやろうって。

玉袋　北沢さんは「強くなりたい」っていう向上心があったわけじゃないですか。それで同じ志を持った猪木さんに惹かれたと思うんですけど。一方で、のんべんだらりとやっていた先輩たちもいたと思いますけど。そういう人たちに最初の頃はやられていても、そこをひっくり返していく快感もあったんじゃないですか？

北沢　ありましたね。若手の頃は田中米太郎さんにいちばんやられたんですけど、あの人はレスリングはめちゃくちゃ弱いんですよ。

玉袋　ちゃんこはうまいけど（笑）。

北沢　ちゃんこはうまかったですね。でも、ちゃんこの煮えたぎったお湯をおたまでバーッとぶっかけられて、皮がベローって剥けたことがあったりして。

玉袋　うわっ、虐待じゃないですか。『ひょうきん族』のアツアツおでんどころじゃねえよ！（笑）。

北沢　あと沖縄に行ったとき、堤防で日光浴をしていたら田中さんが来てですね、2メートル以上ある高さのところからバーンと突き落とされて、自分はカカトの皮がベローっと剥がれたんですよ。それを誰かが大坪さんに言ったら、大坪さんは（マッチメーカーの）吉村さんより先輩だから「おい、今夜は田中と試合させろ」と言って。

ガンツ　若手を理不尽にいじめる田中米太郎は、俺がやってやると（笑）。

北沢　それでゴングが鳴ったら、もうパンチでボッコボコにして、田中さんの顔がこんなに腫れ上がってね。

玉袋　そんな制裁マッチがあったんだ～。

北沢　そうしたら次の日はコザで試合だったんですけど、また田中さんと大坪さんの取組で（笑）。

玉袋　顔がこんなんなってるのに（笑）。

北沢　そうしたら試合前、田中さんが「坪やん、柔らかく頼みますよ」って言ってて。

玉袋　坪やん（笑）。

北沢　大坪さんはそんなの聞かずにボコボコにしてね。

玉袋　たとえば、道場での極めっこで先輩を抜いていくっていうのは気持ちいいものですか？

北沢　気持ちいいですね。

玉袋　そうすると向こうの態度も変わってきますか？

北沢　変わってきますね。でも強い先輩もたくさんいました。上田馬之助さんなんかは凄く性格がいい人で。あの人は身体が固いのに強かったんですよ。

ガンツ　極めが強いって言いますよね。

玉袋　あと、北沢さんのだいぶ後輩だと思いますけど、桜田（一男＝ケンドー・ナガサキ）さんも強いっていいますよね。

北沢　桜田は強いっていうより度胸がよかったんですよね。練習はそれほどしませんでしたよ。

椎名　生まれながらに強かったってことですね（笑）。

ガンツ　そして「やってやるぞ」という気がまえがあるという。

玉袋　北沢さんから見て、当時はたくさんいた相撲系の人たちってどうだったんですか？

北沢　プロレスに入る前、相撲取りっていうのはバケモノみたいに強いと思ってたんですよ。だけどいざやってみると、やっぱりレスリングと相撲は違うんですよね。

玉袋　やっぱり寝技になったら違うか。

ガンツ　相撲出身の実力者でいうと、北沢さんはラッシャー木村さんのデビュー戦の相手も務めてますよね？

北沢　やってますね。

玉袋　すげえ、木村さんに胸貸してるんだ。

北沢　自分は相撲も好きだったんで、相撲の稽古を木村としたことがあったんですけど、めちゃくちゃ強くてですね。

ガンツ　やっぱり木村さんは強いんですね。

北沢　でもレスリングはごまかされちゃうんですよね。けっこう鈍いところがあったんで。

玉袋　それはのちに木村さんが国際プロレスのエースになっても試合運びとかにちょっとぶきっちょなところが出たり、猪木さんみたいに流れるような動きじゃなかったもんな。

北沢　猪木さんとやっても力を出させてもらえないですよ。猪木さんはレスリングが本当に強かったので。

「東京プロレスの板橋事件。もう暴動の伝統は新日本旗揚げ前の東京プロレスから始まってたんだね」（椎名）

ガンツ　木村さんとは、一緒に東京プロレスにも行ってますよね？

北沢　俺は「木村とマサ斎藤を引っ張れ」ってトヨさんから言われたんですよ。「いやー、大変だな……」って思ったんですけど、ふたりに言ったら来てくれて。

ガンツ　天下の日本プロレスから、明日をも知れぬ東京プロレスに引っ張るってなかなか大変ですよね（笑）。

玉袋　東京プロレスっていうのは豊登さんが借金を作りすぎて、日プロを出ることになって作ったんですか？

北沢　最終的にはそうですね。

ガンツ　それで北沢さんは豊登派だからってことで引っ張られたと。

北沢　ホテルニューオータニに呼ばれて、「木村と斎藤は絶対にこっちに連れてこいよ」と。

玉袋　親分から言われたら「ハイ」と言うしかないですよね（笑）。

ガンツ　そのとき北沢さんはおいくつだったんですか？

北沢　23くらいですね。

玉袋　そこで人を引っ張ってこいなんて大役は厳しいですよね。

ガンツ　しかも東京プロレスって、旗揚げの時点で早くも豊登さんが資金をすべて使っていたっていう（笑）。

玉袋　でも、その旗揚げ戦がいちばんの名勝負って言われている猪木vsジョニー・バレンタイン戦だったわけじゃないですか。試合自体は素晴らしいスタートを切ったにもかかわらず、もう豊登さんがお金を使い込んじゃってる。それでも興行は打っていかなきゃいけないってことで、北沢さんは不安を感じたりはしていたんですか？

北沢　感じましたね（笑）。

ガンツ　給料はほぼ出ていなかったんですよね？

北沢　本当に小遣い程度ですね。でも、あの頃はスポンサーみたいな人もいたので、食うにはそれほど困らなかったんですけど。

玉袋　旗揚げのとき、北沢さんは誰とやられたんですか？

北沢　田中忠治っていう人がいたんですよ。
ガンツ　豊登さんの番頭さん的立場だった人ですよね。
北沢　自分にとっては大先輩で、人はいいんだけど、トヨさんと一緒でいい加減な人だったんです。
ガンツ　いい加減な師弟コンビだったんですね（笑）。
北沢　寝ていたら夜中に「ちょっと悪いけど、5000円貸してくれない？」って。
玉袋　やってることが豊登さんと一緒だよ（笑）。
北沢　もう貸したら絶対に返ってこないから（笑）。
玉袋　猪木さんはそういう人たちに「ちょっとおまえ、しっかりしろよ！」って注意はしなかったんですか？
北沢　いや、猪木さんよりも田中さんが先輩なんですよ。
玉袋　あっ、そうか。じゃあ、言えないですよね。
ガンツ　猪木さんは23歳の若きエースですもんね。
玉袋　それで東プロは、もう旗揚げシリーズで暴動が起きるわけだろ。
ガンツ　試合当日、興行が始まる時間を過ぎてから中止が決まって、怒った観客がリングに火をつけた「板橋事件」ですよね。
北沢　あのとき、自分が猪木さんに「試合をやりましょう」と言えば、猪木さんもやってくれたと思うんですよ。だけどプロモーターがカネを払ってくれないから感情的になっていて、「じゃあ、やめよう！」と。それで選手たちが試合をしなかったらああいうふうになったんですね。

ガンツ　売り興行で、前売りが芳しくないからプロモーターがお金を払わなかったんですよね。

玉袋　それでカネ払わないいなら試合しねえってなったら、火をつけられちゃうんだから、とんでもないよな（笑）。

椎名　もう、暴動の伝統は新日本旗揚げ前の東京プロレスから始まってたんだね（笑）。

「芳の里さんにはずいぶんよくしてもらっていて、自分が東プロに行くときも泣いてくれましたね」（北沢）

玉袋　で、結局、東京プロレスはすぐに崩壊になるわけじゃないですか。

ガンツ　北沢さんは東プロ末期に、社長もやらされたんですよね（笑）。

北沢　そうですね（苦笑）。

玉袋　雇われ社長もいいとこだし、どんな貧乏くじですか（笑）。その人事は猪木さんですか？

北沢　猪木さんですね。

玉袋　まあ、何かあったときにしょっぴかれるのは北沢さんだっていう（笑）。

北沢　そこまで考えてはいなかったと思うんですけど。

ガンツ　猪木さんは東プロの別会社を作ったんですよね。

椎名　なんで？

ガンツ　豊登さんがあまりにもずさんなことをやっていたんで、猪木さんが自分で別会社を作ってちゃんとやって、元の東プロの興行会社を切り捨てようっていう。それで切り捨てる前の工作として、とりあえず北沢さんを社長に置いておこうっていう（笑）。

椎名　なるほど（笑）。北沢さんと猪木さんはコンビだったわけですね。

ガンツ　それで北沢さんが社長として、豊登さんと新間親子を告訴するんですよね。

北沢　あれもかなりツラかったですね。

ガンツ　お世話になった豊さんを、社長だから自分名義で訴えるわけですもんね。業務上横領で。

北沢　いろんなことがありましたね（苦笑）。

玉袋　あれから新間（寿）さんは、日光の銅山で3年間鉱夫になるわけだからな。普通ならそこでもう猪木さんには絶対に付かないと思うんだけど、新日本でまたくっつくところが不思議なんだよなー。それを北沢さんが間近で見てたっていうのがおもしろいですよ。

北沢　腐れ縁なんですかね（笑）。

玉袋　そして東プロが崩壊したあと、猪木さんが日プロに戻るわけじゃないですか。北沢さんもそれに付いていった感じなんですか？

北沢　自分は「戻りたい」ともなんとも言ってなかったんですけど、猪木さんに「おい、帰るから」って言われて、行くことになったんですよ。で、東プロのメンバーをみんな連れて行くわけにはいかないから、結果的に永源（遥）と柴田（勝久）を連れて行くことになって。猪木さんは、寺西（勇）もほしがっていたみたいなんですけどね。

ガンツ　だから1981年に国際プロレスが崩壊したとき、猪木さんが、ラッシャー木村、アニマル浜口とともに、寺西さんを新国際軍団として引っ張ったのは、東プロのときに日プロに連れて行ってやれなかったから、とも言われていますよね。

玉袋　なるほどな〜。

ガンツ　東プロ崩壊後、猪木さんが日プロに連れて戻ったのが、北沢さん、永源さん、柴田さんの3人。そして木村さん、寺西さんは国際に行き、マサ斎藤さんはアメリカで一匹狼になるんですよね。

椎名　マサさんはそこでアメリカに行くんだ。

玉袋　いや〜、それにしても話が濃い！　これでまだ新日本が旗揚げしてないんだから。リングスにたどり着くまで大変だぞ、これは（笑）。

ガンツ　時系列で言うと、まだ1967年ですからね（笑）。

玉袋　俺が生まれた年だよ！（笑）。それで北沢さんは日プロに戻ってどうでしたか？　出戻りで気まずいなっていうのはありました？

北沢　まあ、裏切って出て行ったので、何を言われても仕方がないと思っていたんですけど、社長の芳の里さんは凄くよろこんでくれたんですよ。

玉袋　そうなんですか。

北沢　もともと芳の里さんにはずいぶんよくしてもらっていて、東プロに行くときも「辞めます」と言いに行ったら、泣いてくれましたね。「俺たちが至らぬばかりに嫌な思いをさせて悪かったな。

帰ってきたいときはいつでも帰ってこい」って。それで東プロに行ったほかの連中はみんな除名だったけど、自分だけは除名にならなかったんですね。

玉袋 それは北沢さんの人柄あってのことなんでしょうね。

北沢 ただ、ミスター珍さんからは皮肉を言われましたけどね。

玉袋 出たよ、ミスター珍（笑）。

北沢 ミスター珍さんは、よく若いのをいじめていたんですけど受け身がうまくてですね。自分もあの人のおかげでうまくできるようになりましたね。

椎名 カッコいいですね（笑）。

北沢 ただ、大阪で巡業のときに「おい、串カツを食いに行こう」って珍さんに誘われたんですけど、ジャニー喜多川さんのお父さんに呼ばれていて行けなかったんですよ。それを珍さんが根に持って、2〜3年はそればかり言われてましたね（笑）。

椎名 なかなかの粘着質ですね（笑）。

「力道山先生はただひたすら怖かったですね。道で会って挨拶しただけでもゲンコツか、張り手でしたから」（北沢）

玉袋 あの時代だもん。クセがある人が多いんだよな〜。

北沢 珍さんと自分の試合が組まれたときも、張り手をバンバン出してくるんですけど、ボクシングをやってるからよけるのは簡単なんですね。「やるならやれよ。こっちもやってやる！」と思って、逆エビ固めが極まったのはわかったんですけど緩めてね（笑）。

ガンツ　生かさず殺さずで（笑）。でも、いじめられないようにするには、リングでそうやるしかないってことですよね。

玉袋　北沢さんはボクシングもやられていたんですか？

北沢　自分はエディ・タウンゼントさんにボクシングを習ってたんで。

玉袋　出ました！　それは力道山先生がエディさんを呼んだあとですよね？

北沢　そうですね。力道山先生がリキジムに呼んで。自分も藤猛とスパーリングをやりましたよ。思いっきり打ってこないんでやりやすかったですね。

玉袋　あのハンマーパンチの藤猛と、ボクシングのスパーリングしてるんだ。すげえな（笑）。それは北沢さんがボクシングをやってみたいっていう気持ちがあったんですか？

北沢　はい。辻本英守っていうボクサーがいて、大阪の大星ジムにいた頃はあまりいい成績を残せなかったんですけど、リキジムに入って、エディさんに習ってから強くなったんですね。そういうのを見ていたんで。

椎名　それでボクシングもやって、寝技もやって、いまの総合格闘技ですね（笑）。

玉袋　じつは北沢さんも先駆けだってことだよな。

北沢　沖縄巡業に行ったとき、空手道場に連れていかれて、トヨさんに「空手のヤツとやれ！」って言われてやったんですよ。

玉袋　沖縄空手と他流試合ですか！　どうなったんですか？
北沢　極めて勝ちましたけどね。
玉袋　すごーい！
北沢　事前に沖識名さんからも聞いてたんですよ。「空手の連中は極め技に弱いから、1発、2発、蹴りや突きをもらっても大丈夫だから。組みついて首をギュッとやればすぐ極まるぞ」って。それで最初は嫌だったけど、2回目くらいからはおもしろくなっていきましたね。
椎名　道場破りがおもしろくなっていったんですか（笑）。
玉袋　北沢さんの力道山先生との思い出もちょっと聞きたいんですけど。
北沢　いやあ、ただひたすら怖かったですね。道で会って挨拶しただけでもゲンコツか、張り手でしたから。あのゲンコツの味をいまでも憶えてますよ（笑）。
玉袋　ゲンコツの〝味〟っていうのがいいですね（笑）。
北沢　もの凄かったですよ。
玉袋　なんで、弟子の顔を見ただけで殴るんだろうな（笑）。
北沢　先生に言わせると「かわいいから殴るんだ」って。
玉袋　かわいいから（笑）。北沢さんが力道山先生が存命の間に関わられた年数っていうのは、どれくらいなんですか？
北沢　2～3年ですね。あの頃、芸能界の人たちも力道山先生のところによく来ていたんですよ。村田英雄先生なんかは、片男波親方に紹介されて「これは俺の国者の若いヤツだからよろしく頼むね」って言われてよく来るようになって。それから自分も村田先生にはずいぶんよくしてもらいましたね。

玉袋　いい話だなー。

ガンツ　出てくる名前が凄い人たちばかりですね（笑）。

玉袋　村田先生だって当時はもう大スターですよね。さっきのジャニーさんの話だって、百田光雄さんに聞いたら、最初のジャニーズの人たちが力道山先生のところに挨拶に来てたって。

北沢　来てましたね。ジャニーさんは凄くやさしくて、いい人でした。メリーさんは厳しい人でしたけど（笑）。

玉袋　北沢さんが、ジャニーさんやメリーさんと交流があったっていうのが凄い。そのときジャニーさんが北沢さんに「ユー」って言ったかどうかはわかんないけど（笑）。

椎名　のちに北沢さんはU（WF）に行くし（笑）。

玉袋　当時はプロレスも「芸能」っていう、大きな社会の一員だったということですよね。

ガンツ　では、ちょっと話を戻しますけど。北沢さんは東プロから日プロに戻ったあとは、ケガにも悩まされたんですよね？

北沢　あれはケガするような場面ではなかったんですけど。バトルロイヤルをやったとき、ちょっとの気のゆるみからヒザをやっちゃって、1年2カ月休んだんですね。

椎名　靭帯かなんかですか？

北沢　靭帯ですね。

ガンツ　藤波さんが、北沢さんにプロレス入りを直談判するために訪ねて来たのは、その療養中だったんですか？
北沢　そうですね。
ガンツ　16歳の藤波さんが、北沢さんが別府温泉で療養しているという情報を聞きつけて、旅館を1軒1軒、しらみつぶしに訪ねて行ったという（笑）。
北沢　藤波は国東から別府まで自転車で来たみたいですね。40キロくらいあるのに（笑）。
玉袋　ちょっとしたツール・ド・別府だよ。
椎名　ツール・ド・ドラゴン（笑）。

「引退して10年以上も経っている北沢さんがヴォルク・ハンにも極められなかったのは幻想が高まりますよ」（ガンツ）

ガンツ　別府温泉の旅館なんてもの凄い数があるじゃないですか。
玉袋　星の数ほどだよ。日本一の湯量を誇るところなんだから。
北沢　よく自分の居所がわかったなと思いましたよ。
玉袋　それは藤波さんの引き寄せる力だったんだろうな。
ガンツ　でも16歳の少年で、格闘技歴もない人をよく引き受けましたね。
北沢　身体は細かったんですけど骨組みは太くてですね。面構えがフリッツ・フォン・エリック

みたいな顔をしていたんですね（笑）。

ガンツ　ちょっと彫りが深いっていう（笑）。

北沢　だから一応、「日プロが下関に巡業に来るときに来なさい」って言っておいて、猪木さんに紹介したんですよ。そうしたら猪木さんは日プロの大スターになっていたから、猪木さんが「いい」と言えばよくなるんで。

玉袋　それで藤波さんはボーヤとして、付いていけることになったんですね。

北沢　ミツ・ヒライさんなんかは、藤波を連れて行ったらそっぽを向いていましたけど。

ガンツ　「どこのヨカタを連れてきたんだ？」みたいな。だから北沢さんの口添えがなければ、藤波さんは絶対に入れなかったわけですよね。

北沢　運でしょうね。自分もよく入れたなと思いますよ。74キロくらいしかなかったので。

玉袋　その頃、日プロはBI砲全盛期だと思いますけど、その後、幹部の放漫経営が問題になっていくわけじゃないですか。北沢さんもそういうカネの匂いとか、人間が変わっていく様子は感じていたんですか？

北沢　感じていましたね。やっぱり人って変わっていきます。俺は猪木派ですけど、馬場さんにもずいぶんよくしてもらったんですよ。日プロが割れるときも、馬場さんがマシオ駒さんに「アイツをこっちに引っ張ることはできないか？」って言って、駒さんが「いや、絶対に動かないよ」って言ったことで収まったんですけどね。横浜の体育館なんかで試合があると、馬場さんが大熊（元司）に言って俺を誘えと。それで食事に連れて行ってもらったり。

ガンツ　馬場さんの指令で大熊さんが動きましたか（笑）。

玉袋　票集めの工作だよな。こないだの自民党総裁選じゃないけど。

北沢　それで帰りに小遣いで2万円くらいくれたんですよ。あの頃の2万円ですからね。

椎名　さすが馬場さん、お金を持ってますね（笑）。

玉袋　馬場さんはまわりに対する人当たりっていうのは、厳しい人ではなかったんですか？

北沢　全然厳しくないですね。練習もそんなにガッチリやるタイプではない。自分は馬場さんと練習をやって極められたのは1回しかないですよ。馬場さんはレスリングはあまり強くはなかったですね。

椎名　グラウンドレスリングってことですね。

玉袋　馬場さんと極めっこをやってたっていう、北沢さんが凄いよ。力道山道場三羽烏でいうと、大木金太郎さんはどうでした？

北沢　あの人もガチンコが好きでね。あるとき、自分が旅館で昼寝をしてたら、冗談のつもりなのか、急に寝技で極めてきたんですよ。そこからガチンコの練習になって、下の畳はバリバリに剥がれて、大木さんはヒザを擦りむいてましたね。その後、猪木さんに「ちょっと大木さんが仕掛けてきたんで、やっちゃいました」って言ったら、「ああ、よくやったな」って（笑）。

椎名　〝猪木の兵隊〟として報告したんですね（笑）。

北沢　自分が先輩とやっても極められないのは、猪木さんとずっとスパーリングをやらせてもらったおかげですね。だからデビューして2～3年ぐらいしてからは、もう猪木さん以外には腕を極められたことはないですから。

玉袋　すげー！

ガンツ　北沢さんは、のちにリングスの道場でヴォルク・ハンとスパーリングをやっても極められなかったという伝説がありますよね。

北沢　あれは彼の試合を観てなかったらやられてたと思いますね。彼の試合を観て、どういう技を持っているのかわかっていたので、極められずにすみましたけど。

ガンツ　でも、引退してから10年以上も経っている北沢さんがハンにも極められないって、幻想が高まりますよ。

北沢　あのときは（アンドレィ・）コピィロフも自分とハンがやるのを観てましたね。

椎名　ミスター珍からコピィロフまで（笑）。

玉袋　幅が広いよ（笑）。

玉袋　あと、カール・ゴッチさんの印象もちょっと聞きたいなと思うんですけど。

北沢　ゴッチさんには凄くよくしてもらいましたね。日プロのときに金山体育館で会ったのが最初なんですよ。ガイジンなんかはビビってゴッチさんのそばに寄らないんですよ。でも自分はどんどん練習をお願いに行くんでよろこんじゃって、なかなか離してもらえなくなりました。

椎名　教え魔なんですね。

「倍賞千恵子さんが高倉健に会わせてくれるって言ってたけど、とうとう実現しなかったですね（笑）」（北沢）

玉袋　ゴッチ教室はどうだったんですか？

北沢　いつも日プロの道場で、朝8時から昼12時くらいまで練習をやっていて、日曜は休みだったんですけど。たまに写真撮影が入るとかで、日曜も練習がある日があったんですよ。自分は前日、土曜夜にオールナイトの映画を観て、帰りにコーヒーとぶどうパンを買って朝食にしたんですね。それで少し休んでから道場に行ったら、ゴッチさんに「コイツ、酒飲んでる！」と言われたんですよ。

玉袋　あっ、ぶどうパンで。

椎名　ワインと同じ匂いがしたんですね。

北沢　「俺、酒飲まないんだけど」って言っても納得しないんですよ。それでゴッチさんが芳の里さんに電話をして、「若いヤツが酒を飲んで練習に来てる。どういうことなんだ！」って言ったら、芳の里さんも「そんなヤツは徹底的にしごいていいから」って言うんで、そこで自分はめちゃくちゃにしごかれたんです。ゴッチさんとのスパーリングでは、口の中は引き裂かれるわ、目の中に指を入れられるわで。

玉袋　ひでえ（笑）。

北沢　それで30分以上やりましたね。でもゴッチさんは俺のことを極められないんですよ。そうしたらミツ・ヒライさんがそばに来て「おい、参ったしろ！　参ったしろ！」って言うんで、腕を取られたときにギブアップしたら、ゴッチさんが「コイツは極まっていないのにギブアップした！」って、また始まっちゃって（笑）。

椎名　そんな人だったんですね（笑）。

北沢　芳の里さんは恩人だけど、そのことが頭にあって、芳の里さんが道場に来たときにリングに上げて、めちゃくちゃにやっちゃったんですよ。「練習、お願いします！」って言って、寝技で亀になってるところを持ち上げて、頭から落としたりして。猪木さんからも「何かあったら俺が全面的に責任を持つから、やっていい」って言われてたんで。

椎名　猪木さん、責任を取らなさそうですけどね（笑）。

ガンツ　でも、それで芳の里さんをスパーリングで仕返しするって、凄い武勇伝ですね（笑）。

玉袋　武勇伝だらけだよ。ちょうどいま、小林邦昭さんがスポーツ新聞で昔を振り返る連載コラムをやってるけど、そこにも「北沢さんに極められた」って書いてあったしね。

北沢　アイツはとっぽいところがあってね。トヨさんが旗揚げ当時の新日を手伝っていたとき、「相撲の稽古をするから、誰でもいいから相手を選べ」って言ったら、小林はトヨさんを選んだんですよ（笑）。

ガンツ　新弟子のぺーぺーが、豊登さんを逆指名（笑）。

北沢　もちろん、押しても引いても動きませんでしたけどね。それでやったあとに言うことがまたいいんですよ。「いやー、豊登さんは試合でモタモタしてるから弱いと思ったんですけど、強いですねー」って（笑）。

椎名　小林さんもけっこうなトンパチなんですね（笑）。

ガンツ　16歳の少年が、豊登さんとやってそれを言うって（笑）。

玉袋　ちびっこハウスの健太くんみたいなもんだよ。旗揚げ当時に猪木さんがよく言われていたことはありますか？　理想の団体とか。

北沢　ハッキリは言わなかったですね。みんなもわかってると思っていたんじゃないですか？　ただ、「俺たちは兄弟なんだから」っていうのはよく言ってましたけど。

椎名　旗揚げ当時のメンバーに対しては、猪木さんも「兄弟」っていう意識があったんですね。

ガンツ　だから初期の新日本は、お金はなかったけど、みんな一致団結していて、凄く雰囲気がよかったって言いますもんね。

玉袋　そうだよな。倍賞美津子が〝女将さん〟をやってるんだから。

北沢　新日本旗揚げ前、メキシコにいるときに柴田のところに倍賞さんから電話があったんですよ。「ふたりとも、変な契約は結ばずにすぐ帰ってきてね」って。それで自分がグアテマラに行かされる予定だったんですけど、キャンセルしたんです。

玉袋　でも、そうやって倍賞さんまで猪木派の選手をしっかり固めようと動いてるんだから、夫婦で必死だよ。初期の新日本プロレスは、倍賞姉妹が宣伝カーのウグイス嬢もやってたっていうんだからさ。

北沢　当時、倍賞千恵子さんが高倉健に会わせてくれるって言ってたけど、とうとう実現しなかったですね（笑）。

椎名　健さんに会いたかったですか（笑）。

玉袋　そりゃ健さんに会いたいだろ。俺だって会いたかったよ。でも、苦しいけど前向きで夢があったってことだよな。

椎名　だから新日本はうまくいったんですね。

ガンツ　初期新日本のメンバーはみなさん、「あの頃がいちばん楽しかった」って言いますもんね。

北沢　やっぱり若いときは楽しいですね。身体も元気だし。みんな燃えていましたよ。

玉袋　そこに若い衆もどんどん入ってくるわけですけど、当時の若手でいちばん印象に残っているのは誰ですか？

北沢　やっぱり藤原（喜明）ですかね。

玉袋　出ました！

北沢　アイツは新日に入る前、金子（武雄）さんのところで練習をやっていたんですよ。

玉袋　横浜のスカイジムですね。

北沢　金子さんに寝技なんかも習っていたんで、入門したらすぐにデビューして。試合運びなんかもうまいんですよ。それに料理もうまいし。ただ、ちゃんこ番のときは「さあ、メシを炊こうか！」って言いながら、ペッペッて手のひらにツバを吐くんですよ（笑）。

椎名　プロレスのときもそうでしたよね（笑）。

北沢　「汚いだろ！」って、クレンザーをつけて手を洗わせてね（笑）。

「マサ斎藤のデビュー戦の相手をしたとき、もし負けるようなことがあったら辞めようと荷物をまとめていたんです」（北沢）

玉袋　いまはとにかく手洗いがいちばん大事ですからね（笑）。その藤原さんと仲がよかった、（ドン）荒川さんっていうのはどうだったんですか？

北沢　アイツはおっちょこちょい。

玉袋　まんまですね（笑）。

北沢　おだてるとなんでもやるんですよ。ちゃんこのとき、どんぶりでメシを12杯食って、味噌汁をバケツに2杯入れたりして。

椎名　バケツで食べたんですか（笑）。

ガンツ　トンパチなイメージのまんまですね（笑）。

玉袋　グラン浜田さんなんかは体格が恵まれていなかったということで、練習も凄かったんですか？

北沢　練習はよくやりましたね。だけどあれにはすぐに「カネを貸してくれ」って言われて。

玉袋　またですか（笑）。

椎名　浜田さんもギャンブラーですもんね（笑）。

北沢　貸したのはいいけど、あれも忘れてるんですよ。

椎名　絶対に憶えてますよ（笑）。

北沢　だから返してもらうほうも気分が悪いんですよ。

ガンツ　「借りましたっけ？」って言いながら、不満そうに返してくるっていう（笑）。

玉袋　坂口征二さんの印象はどうですか？

北沢　日プロのときからよく知っていたし、斎藤の同級生なんですよ。

椎名　明治大学の同級生ですよね。

北沢　こないだも三澤整骨院で会って話をしたんですけど、柔道時代、東京オリンピック出場を決める全日本選手権の決勝で神永（昭夫）と試合をやりましたよね。あのときは勝っていた試合なのに最後の最後で大内刈りかなんかで負けて、オリンピックに行けなかったんですよ。だから「あれ、ガチンコだったの？」って聞いたら「いや、それなりに」って言ってて（笑）。

ガンツ　それなりに（笑）。

北沢　明治っていうのはそういうのがあったみたいですね。まだ若いからオリンピックは次でもいいだろっていう。

ガンツ　その神永さんがアントン・ヘーシンクに負けて、「日本柔道の敗北」って言われたじゃないですか。マサさんなんかは「坂口が出ていたら金メダルだったのに」って言ってました。「あれだけの体格があって、パワーでも外国人に対抗できるのは坂口だ」って。

玉袋　柔道の中でも格というか、そういうのがあったんだね。

北沢　腕相撲なんかも凄い強いですよ。

玉袋　レスリングのほうはどうでしたか？
北沢　レスリングはやっぱり合わないんじゃないですかね。
ガンツ　あとはあまり練習しなかったっていう（笑）。
北沢　まあ、そうですね（笑）。
玉袋　その伝説はホントだったんだな（笑）。マサ斎藤さんはどうでした？
北沢　マサ斎藤は、札幌で私がデビュー戦の相手をしたんですよ。道場で練習をやっていて大丈夫だなと思ってたから受けて、試合で腕を極めてやったんですけど、アイツは本当の力を出してないような感じがして。こっちは「もし負けるようなことがあったら辞めようかな」と思って、荷物をまとめていたんですけどね。いなくなろうと思って。
ガンツ　当時の日プロの前座っていうのは、いわゆるセメントだったということですか？
北沢　そうですね。
玉袋　相手がオリンピック選手であろうと、先輩である自分がデビュー戦の相手にセメントで負けたら、辞めようと思っていたってことですか。すげえな〜！
ガンツ　しかも、北沢さんは後輩のデビュー戦の相手をたくさんやってるじゃないですか。
北沢　先輩のマシオ駒さんが、「北沢とデビュー戦をやったら辞めていったり、逃げ出したりしないから」っていう変なジンクスを噂で流したんで、やたらみんなやりたがるんですよ（笑）。
椎名　縁起がいい相手として（笑）。
北沢　それで山形から出て来た高橋っていう新弟子がいたんですけど、親がお金を包んで「デビュー戦の相手をお願いします」と言ってきたんですよ。カネを取るわけにもいかないし、「自分が決めることじゃないから」って断りましたけどね（笑）。

「敵の会社のジャパンライフには第1次UWFを辞めたあとの新間さんがいたりするわけだもんな」（玉袋）

ガンツ　北沢さんは、山本小鉄さんのデビュー戦の相手もやられてますよね？

玉袋　小鉄さんのデビュー戦まで相手してるんですか。凄いなあ。

ガンツ　小鉄さんはどれくらい後輩だったんですか？

北沢　1年くらいだと思いますね。星野（勘太郎）が私とほぼ同期なんですよ。それで自分が東プロに行ったときはずいぶん心配してくれましたよ。いろんなスポンサーに「アイツだけはよくしてやってください」って言ってくれたりして、いいところもあるんです。星野とは普段は仲悪いんですけどね。性格が全然違うんで。

椎名　それはなんとなくわかります（笑）。

ガンツ　北沢さんは、新日本の絶頂期である1981年に引退されていますよね。引退の理由はなんだったんですか？

北沢　首を痛めて握力が全然なくなってたんですよ。ごまかしながらやってたんですけど、猪木さんにはすぐわかったんですね。「コイツはどっか痛めてるな」って。

椎名　首は練習でやっちゃったんですか？

北沢　試合か練習かはちょっとわからないんですけど、だんだん悪くなっていって、もう力も全然入らなくなったから、スパッと辞めたんですよ。ただ、辞めたあとも、いろんな仕事に恵まれて、いい思いをしましたよね。

ガンツ　辞められてからすぐ、ご自身で内装業を始めたんですか？

北沢　いや、内装業はもっとあとからですね。山口県に友達がいて、その人が磁気マットの仕事をやっていて「儲かるから」っていうのでやったら、けっこうおもしろい仕事だったんですよ。「これは宗教団体なのかな？」って思ったんですけど、そうではなくてですね。最初の1カ月目に給料が160万だったんですよ。

玉袋　すごーい！

椎名　磁気マットがそんなに売れたんですか。

北沢　いま話題のジャパンライフの敵の会社ですよ（笑）。

玉袋　そのジャパンライフは、第1次UWFを辞めたあとの新間さんがいたりするわけだもんな。

ガンツ　北沢さんは、その磁気マットの仕事をしながら第1次UWFのレフェリーもされていたんですか？

北沢　いや、仕事を辞めてレフェリーになったんですよ。UWFに吉田稔っていう社員がいたんですけど、そいつの奥さんとウチのやつが凄く仲よかったから、断りきれなくて。それでUWFは巡業もあったので、両方やることはできませんでしたね。それで「またプロレスの世界でがんばろう」と思ったとき、たまたま佐山（サトル）に会ったんですよ。

ガンツ　佐山さんが新日本を辞めたあとですか？

北沢　そうです。自分の借りている広い駐車場で、佐山が一生懸命キックの練習をしていたんですよ。それで話しかけて、ウチに呼んで一緒にメシを食ったら「じつは、これこれこういうわけで」って話をされて。その後、ショウジ・コンチャって男を紹介されたりして。だからUWFに佐山を引っ張ったのは自分なんですね。

玉袋　そうだったんですか！

椎名　たまたま駐車場で会っちゃうのが凄いですね（笑）。

北沢　佐山とはそんな縁があったので、のちにいろんな面で助けてもらいましたよ。こんな歳になるまで、いいギャラでレフェリーとして呼んでくれたりね。前田や藤波にも助けてもらいました。

ガンツ　その後、リングスでふたたびレフェリーをやることになるんですよね。

北沢　そうですね。UWFのあとには内装の仕事をやっていたんですけど、前田に頼まれたんです。たまたま益荒男の断髪式を国技館でやったとき、前田、髙田（延彦）、山崎一夫も来ていたから、一緒にメシを食ったら、なんだか雰囲気がおかしかったんですよ。そうしたらあとで前田から電話がきて、「髙田たちとは別れて、今度、自分でリングスという団体を立ち上げるので、レフェリーをやってください」と言われたんです。それで試合は1カ月に1回だと言うから、それなら大丈夫かなと思って引き受けたんですよ。

ガンツ　断髪式で会ったのは、ちょうどUWFが分裂したときだったんですね。

北沢　別れたなんてこっちは全然知らなかったけど、あとで前田の電話で知りました。それでリングスで7年間レフェリーをやって。最高で1日8試合裁いたこともありましたよ。

ガンツ　リングスで1興行全試合を裁くのは、大変ですよね。

北沢　また、試合によってルールが違うんですよ。

椎名　キックルールがあったり、バーリ・トゥードもありましたもんね。

北沢　それで社長の黒田（耕司）さんに「ギャラを10万下げてもいいから、もうひとりレフェリーを増やしてください」って言って、それで増やしてもらったんですよ。もともとレフェリーをやるときに前田が「ギャラは30万でいいですか？」って言うんで、「おまえ、レフェリーで30万なんて、ボクシングの世界タイトルマッチでももらうヤツいないよ」って言ったんだけど、「いいですから」って。それで税抜で30万払ってくれてたんです、7年間ずっと。

「前田さんが若い頃に世話になった北沢さんをレフェリーで使って、ずっと30万円払ってたっていう話はグッとくる」（玉袋）

玉袋　前田さんのそういうところが素晴らしいですよね。でも、リングスは世界中から札つきが集まっていたわけじゃないですか。オランダ勢なんてルールも守らないし、大変だったんじゃないですか？

北沢　そうそう。本当にオランダの連中は大変でしたよ。
ガンツ　誰がいちばん手がつけられなかったですか？
北沢　ヘルマン・レンティングですね。
玉袋　出ました、レンティング！
椎名　元祖・路上の王だよね（笑）。
北沢　レンティングを六本木に連れて行ったら、外国人とすれ違うたびにガンをつけるんですよ。
椎名　六本木に外国人なんていっぱいいるじゃないですか（笑）。
北沢　ウィリー・ピータースも生意気なヤツでね。あんまり悪いんで、道場でめちゃくちゃにやったら……。
椎名　えっ、北沢さんがやっちゃったんですか？
北沢　はい。そうしたらほかのヤツも見ていて、レンティングに「じゃあ、おまえもやるか？」って聞いたら「やらない」って言ってて（笑）。でも、やっていたら大喧嘩になってたかもしれないですね。やらなくてよかったですよ。
玉袋　ピータースを道場でシメちゃう北沢さんが凄すぎる！（笑）。
ガンツ　あと正道会館も入ってきて、佐竹雅昭vs長井満也の裁定で揉めたじゃないですか？
北沢　パンチでやったのに「パンチじゃない」って言い出してね。
ガンツ　あれは掌底の前にあきらかに素手でパンチを入れてましたよね（笑）。
椎名　だけど石井館長が抗議して佐竹のＫＯ勝ちにしたんでしょ？（笑）。

ガンツ　掌底でKO勝ちってことになりました（笑）。

玉袋　あとジェラルド・ゴルドーとかもパンチを入れちゃってさ。なんでルールを聞かねえんだよって。オランダは悪いよな。ディック・フライはどうだったんですか？

北沢　あれもよくなかったですね。

椎名　絶対によくないでしょ（笑）。ハンス・ナイマンもそうですよね？

北沢　よくないですね（笑）。

ガンツ　マシンガンで蜂の巣にされて最期を迎えた人ですからね。

玉袋　アウトレイジだよ（笑）。

椎名　意外とゴルドーがいちばんまともだったりして（笑）。

ガンツ　それと比べてロシア、グルジアは大丈夫でしたか？

北沢　グルジアは凄くよかったですね。ただ、ロシアとオランダがまた仲悪くてですね。

ガンツ　覇権争いが起きて（笑）。

椎名　そうだよね。最初はリングスはオランダの時代だったけど、そこにハンが来ちゃって、ロシアのほうが上になったもんね。

北沢　試合で腕を極められてるからレフェリーストップしたんですよ。もうこれ以上やったら折れちゃうと思って。そうしたら、完全に極められてるのに参ったしないんですよ。そんなので揉めたこともありますね。

ガンツ　リングスは、ロシアとオランダでホテルの場所も全然違ったんですよね。

玉袋　その後、ＫＯＫルールになって、ブラジルとかが入ってくるのか。
ガンツ　ＫＯＫの頃には、もう北沢さんはレフェリーを引退されていたんですよね？
北沢　もう内装の仕事がめちゃくちゃに忙しくなったので、１９９７年に辞めたんですよ。
ガンツ　それで途中から島田裕二さんが来て。
椎名　品が下がって（笑）。
ガンツ　そのあとに和田良覚さんが入ってきて、北沢さんは引退ですよね。
北沢　リングスは海外の試合もあったので、オランダとかロシアに行くと、１週間くらい仕事を空けなきゃいけなかったんですよ。それでもう無理でしたね。
玉袋　でもリングスはおもしろかったよな〜。また前田さんが若い頃に世話になった北沢さんをレフェリーで使って、ずっと30万円払ってたっていう話もグッときましたよ。

ガンツ　前田さんと仲違いするような形でリングスを出て行った長井（満也）さんは、その後、北沢さんのところで働いていたんですよね？

北沢　いまは違うところに行ってるんですけど、ずっと働いてましたね。

玉袋　そうなんですか⁉　知らなかったなあ。

北沢　長井は凄く真面目で、現場でも気に入られてましたよ。

玉袋　長井さんはそういうタイプですよね。

北沢　私も現役時代から、猪木さんに散々言われてたんですよ。「プロレスを辞めてからの人生のほうが長いんだから、何をやるにも一生懸命にやれ」って。それでまわりの人にも恵まれて、よそはなくてもウチは仕事をけっこうもらったりしてますね。

ガンツ　そういう姿勢で続けてきたからなんでしょうね。

「猪木さんも人間だからいいところもあれば悪いところもあります。猪木さんの魅力は強さでしたね。そして夢が大きいこと」（北沢）

玉袋　いまもドラディションやリアルジャパンで、たまにレフェリーをやられているんですか？

北沢　去年までやっていて、もう辞めたんですよ。さすがに動きが悪くなりましてね。「もう元気がなくなったんだから辞めたほうがいいんじゃないのか」って言ってくれる人が誰もいないので、自分から辞めました（笑）。もう猪木さんか新間さんくらいしか、自分を怒ってくれる人はいないんで。
玉袋　北沢さんの人生は本当に猪木さんに尽きますね。
北沢　猪木さんは素晴らしいですよ。
椎名　みんなに愛されてますよね。
ガンツ　いまになって弟子たちがみんな「猪木さん！」って、最終的には慕ってきてますもんね。
玉袋　また猪木さんは、自分を否定して出て行った弟子を受け入れてくれるからね。普通なら「なんだコノヤロー！」って話になるじゃん。
北沢　猪木さんも人間だから、やはりいいところもあれば、悪いところもありますよ。ただ、猪木さんの魅力は強さでしたね。そして夢が大きいこと。こないだのときも夢を語ってるんですよ。
玉袋　プラズマですかね？
北沢　ゴミかなんかを一瞬にして消すって。
ガンツ　プラズマですね（笑）。パッとゴミが消えるっていう。
椎名　仲間内でもそういう話をされているんですね（笑）。
北沢　やっぱり夢を持ってる人は元気なのかな？（笑）。
玉袋　その夢が一時はね、アントンハイセルっていうとんでもないことになったこともあるんですけど（笑）。
北沢　やっぱり根が正直だから騙されやすいんですよね。
ガンツ　北沢さんはハイセルの真っ只中で引退されていますけど、それは関係ないですよね？

北沢　あれがなかったら、引退後も会社には残ってましたよ。
ガンツ　そうだったんですか!?（笑）。
玉袋　やっぱり、いいところも、悪いところもですね（笑）。
椎名　ハイセルのせいで新日本が嫌になったんですか？
北沢　嫌になったというよりもキリがなかったんですね。いくらお金を注ぎ込んでも。
ガンツ　ここに残っているかぎりは、全部お金を持っていかれてしまうんじゃないかと思ったわけですね（笑）。
玉袋　ちなみに、新日本を辞めるときは退職金は出たんですか？
北沢　いや、もらってないですね。上田さんから「なんか1000万もらったらしいな」って言われたんですけど、「いや、俺はもらってないですよ」と。なんか新間さんが上田さんに言ったみたいですね。
椎名　1000万をあげたって？　新間さん、またもう（笑）。
玉袋　コレしたんじゃねえのか？（笑）。
北沢　引退式のとき、リングの上で猪木さんから封筒に入った30万円をもらったんですけど、あれが退職金だったんですかね（笑）。
ガンツ　もしかしたら、1000万は計上だけされてそのままハイセルに行ってたのかもしれないですね（笑）。
北沢　新日本を辞めたあと、税金の徴収がバーッと来たんですよ。「あれ、おかしいな。俺はこんなにもらってないのに……」と。なんか話を聞くと、ずいぶんギャラを払ってたふうになっていたみたいで。

椎名　それ、ひどくないですか。そのまま税金が来ちゃうって。ちょっとした犯罪だと思いますけどね（笑）。

玉袋　それでも北沢さんはグッと我慢をしていたわけですか。

北沢　いまさら言ってもしょうがないですからね。キラー・カーンみたいに「いくら取られた」とか、何十年も前のことをいま言ってもダメですよ。ただ自分の価値を落とすだけですから。

玉袋　カーンさんは凄いもん。お店に行くと、会うなりその話だからね。「訴えようと思ってるんだ」って、まだ言ってるからさ。

椎名　40年前の話ですよね？（笑）。

北沢　それをいま言ってもどうしようもないですよね。

玉袋　ホントそうですよね。

北沢　だからこないだ、初期新日本のメンバーが集まった「猪木さんを囲む会」にも呼んでもらえなかったんですよ。普段から猪木さんのことをボロカスに言ってるから。

ガンツ　そうですよね。あの会には、猪木さん、坂口さん、長州さんという、カーンさんが悪口言ってる人たちが勢揃いしちゃってましたし（笑）。

北沢　本人だって来づらいでしょ。長州なんか「オバケが来るなら、俺は行かない」って言っていたらしいですよ。

ガンツ　「オバケ」って、カーンさんのあだ名ですよね（笑）。

椎名　そうなんだ。凄いあだ名（笑）。

玉袋　でも、歳を重ねてそういう関係になっちゃうのも、なんか寂しいのは寂しいですね。

北沢　相撲取りでもそうだけど、親方の悪口を言ってるヤツって第二の人生でロクなことがないですね。どんな親方でも、親方は親方ですから。

玉袋　親ですもんね。

北沢　師匠のことを神様だと思っている人は多いですよ。やっぱり凄い人ですからね。

玉袋　もちろん猪木さんだって神だよ。あれだけ夢を与えてくれてね、俺たちにとっても神様なんだから、そこは違うや。いや〜、今日は本当に素晴らしいお話をたくさん聞かせていただいて、ありがとうございました！

新間寿

過激な仕掛け人

新間寿（しんま・ひさし）

1935年3月22日生まれ、東京都新宿区出身。元・新日本プロレス専務取締役兼営業本部長および元・WWF会長。大学卒業後、大手化粧品メーカー勤務を経て、東京プロレスの立ち上げに携わる。そこでアントニオ猪木と出会い、1972年に新日本プロレス入社、モハメド・アリ戦など数々のスーパーファイトを実現へと導いた。また初代タイガーマスクのデビュー実現やIWGP構想を提唱するなど、新日本プロレスに残した足跡は計り知れない。退社後も第一次UWF旗揚げやジャパン女子プロレスの経営関与、世界格闘技連合構想、ユニバーサル・プロレス設立への尽力など、現在に至るまでプロレス界に多大な影響を与え続け、2019年には日本人としてプロレスラー以外で初のWWE殿堂入りを果たした。現在は初代タイガーマスク率いるストロングスタイルプロレス会長も務めている。

［2022年1月収録］

新間寿

「新日本の会場で初めて超満員になったのは、旗揚げの大田区でもなければNETのテレビ放送第1戦でもない。猪木vs小林の蔵前なんですよ」（新間）

ガンツ　玉さん！　今回は新日本プロレスが旗揚げ50周年を迎えたということで、ゲストは〝過激な仕掛け人〟新間寿さんに来ていただきました！

玉袋　やっぱり新日本の歴史を語る上で絶対に欠かせない人だからね。

新間　そのわりには新日本からの連絡がないね。

椎名　あっ、そうなんですか。

新間　新日プロの歴史を語るんだったら、猪木vsストロング小林戦、猪木vsモハメド・アリ戦、そしてＩＷＧＰを実現させたのは誰なのかっていうことですよ！

玉袋　よく存じ上げております（笑）。

新間　こないだ亡くなったストロング（小林）なんかも新日本の大功労者だけれど、お通夜に行ったのは私だけだったね。

玉袋　そうでしたか。

新間　あの人はあれだけ一世を風靡したレスラーなんだから、何かもうちょっとマット界全体で送り出してあげたかったけどね。

玉袋　猪木vsストロング小林なくして、その後の新日本はないですよね。

新間　そうですよ。先日、「よし、いまの新日プロの試合を観てみよう」と、CSのテレ朝でやっている番組を観たんだ。そうしたらジュニアのタイトルマッチをやっていたんだけど、技はうまいし、動きもいい、試合運びもスムーズだ。ただ、あとひとつ、ほしいんだよね。一方でストロングの訃報が報じられたとき、東スポの一面になった猪木vs小林の最後のジャーマンスープレックスの写真。最後の力を振り絞り、自分の両足が持ち上がりながら首だけで支えてジャーマンにいった、あれこそがプロレスなんだと私は思うわけよ。

玉袋　いまのプロレスが高度だとわかりつつ、ボクもそう思っちゃうんですよ。

新間　いまのプロレスもたしかにプロレスなんだけど、道場で技の攻防の練習をしているんじゃないか？

椎名　ジュニアなんかだと、特に切り返し、切り返しですもんね。

新間　昔の道場はスクワットとか基礎体力運動以外は、もう腕を取る、足を取るのスパーリングですよ。藤原（喜明）とキラー・カーンなんか、（人差し指をバツ印に交差させながら）仲がいいもんだから、練習をやりながらケンカになったりね（笑）。

玉袋　組長とカーンさんは仲がよくて有名ですからね（笑）。

新間　グラン浜田なんて、盲腸が破裂する寸前でも山本小鉄に「道場に来い！」って言われて。あのまま練習させてたら浜田を殺してたよ。

ガンツ　盲腸になろうがなんだろうが練習は休めないと（笑）。

新間　それが新日本の道場だったんですよ。

新間寿

玉袋　ボクらもその道場に憧れたわけですからね。

新間　ただ、旗揚げ当時の新日プロはテレビ放送もないし、本当にお客が入らなかった。じゃあ、昭和の新日本の会場で初めて超満員になったのはどこかと考えると、旗揚げ戦の大田区体育館でもなければ、NETのテレビ放送第1戦の宇都宮スポーツセンターでもない。やはり猪木vsストロング小林の蔵前国技館なんですよ。

ガンツ　旗揚げから約2年間も観客動員に苦しんだんですね。

新間　視聴率だって、猪木さんは「俺と坂口が出ればすぐに20パーセントはいく」と言っていたんだけど、実際は13パーセントあたりをウロチョロしていたわけ。

椎名　観客動員だけでなく、視聴率も日プロ時代のようにはいかなかったわけですね。

新間　それで私は旗揚げ当初はまだ新日プロの社員ではなくて、営業の手伝いをしていたんですよ。

「熊谷と藤岡の営業を頼むぞ」と言われたもんだから、福田（赳夫＝第67代内閣総理大臣）先生に頼んで福祉団体協議会の責任者と一緒に、新聞販売店、魚屋、八百屋なんかに1軒1軒頼んでまわってね。

玉袋　どぶ板ですね。

新間　そうやって毎日顔を出すわけ。それでお金も工面しなきゃいけないっていうときは、知名度のあるトヨ（豊登）さんと一緒にまわってお願いに行ってね。あるとき、練馬の大地主を紹介されて、お金を出してもらえるように日参したんだけど、「新間、おまえとかトヨさんの顔は見飽きたよ。倍賞美津子を連れてこいよ。そうしたら貸してやるよ」って言われたんですよ。

椎名　そういうことを言ってくるんですね（笑）。

新間　そうしたらこっちも「社長、連れてきたら500万ですか？　1000万ですか？」って聞いたら、「最初は500万だな」って言われてね。で、「じゃあ、連れてきますから500万をお願いします！」って言って。次のときは倍賞さんも一緒に行ってくれて、倍賞さんが500万円を借りてくれたんですよ。

玉袋　大女優がそういうことまでやっているのが凄いですよね。

「新間さんが青梅にある小林さんの家まで日参したというのが凄いですよ。しかもホンダ360っていうちっちゃなクルマに乗って（笑）」（玉袋）

新間　だから倍賞美津子さんという人は、アントニオ猪木のためにいろんなことをやってくれたんですよ。あるときは宣伝カーのウグイス嬢をやったり、切符も売ってくれたりしてね。倍賞さんは新日プロのテレビ放送獲得にも一役買ってくれたから。

玉袋　そうなんですよねぇ～！

新間　私は新日本に入る前、テレビ朝日の三浦甲子二さんにけっこうかわいがってもらっていたんですよ。それで新日本で仕事をするようになったとき、三浦さんに「ＮＥＴで後援をお願いします」って言ったら「坂口と一緒なら応援してやる」って言われてね。

ガンツ　ＮＥＴは放漫経営の日プロを見限って、猪木さんと坂口さんを合体させて新日本に中継を鞍替えしたわけですよね。

新間　ただ、あのとき坂口さんは馬場さんとの関係もあったから、日プロを辞めて全日本に行く可能性もあった。それでどちらを選ぶかってとき、坂口さんの奥さんと倍賞さんが仲良かったわけ。馬場さんの奥さんは怖かったって（笑）。

玉袋　坂口さんの奥さんが、元子さんより倍賞さんを選んだと（笑）。

椎名　その気持ちはわかります（笑）。

新間　そういうことで猪木さんと坂口さんが合体して、新日本にもテレビがついたんですよ。

玉袋　それぞれの奥さんまで巻き込んでいるところがおもしろいですね。

新間　それで私は嘱託みたいな感じだったんだけど、坂口さんが入る前に正式に新日プロに入社して、営業部長という肩書きがついてね。要はそこからカネ集めをしたわけですよ。

椎名　重要な仕事ですね。

新間　山本小鉄なんかは、東村山のナカムラパンがスポンサーだってことで、「あそこから何千万でもすぐに引っ張ってこれる」って言ってたけど、あの人は1円も引っ張ってきてないよ。

玉袋　そうなんですね（笑）。

新間　だから山本小鉄は口ばっかり。それでいて「俺は猪木さんと一緒に新日本を始めたから、権利はフィフティ・フィフティだ」って言うわけ。だから猪木さんがキャデラックに乗ったら、小鉄ちゃんもキャデラックに乗ってね。

椎名　山本小鉄さんのキャデラックのエンジン音を聞くだけで、若手時代の前田日明が震え上がったという有名なエピソードがありますけど、そういう理由でキャデラックに乗っていたんですか（笑）。

新間　猪木さんと張り合ってどうするんだって。そのとき、営業部員が小鉄ちゃんをいさめたんだよ。「山本さん、猪木さんがキャデラックならクラウンにしなさいよ」って。

玉袋　ごもっともです（笑）。当時のCM「日本人だったらいつかはクラウン」ですもん。

新間　私なんかもそう思うもんね。やっぱり新日本プロレスの看板はアントニオ猪木なんだから。で、あの頃は会社の営業車としてトヨタのコロナかなんかを買ったんだけど、私が出張で秋田に行くとき、そのクルマに乗ろうと思ったらないわけよ。それで「おい、あのクルマはどうした？」って部下に聞いたら「（猪木）啓介さんが乗って行っちゃいました」って言うわけ。「なんで啓介が乗って行くんだよ。あれは会社のクルマだろ」って言ってね。
ガンツ　なぜか猪木さんの弟の啓介さんが、会社のクルマを私用で乗っていたわけですか（笑）。
新間　仕方がないから、私はホンダ360で秋田まで行ったよ！
玉袋　あのちっちゃいクルマ。あれで秋田まで行くのは大変ですよ（笑）。
新間　宇都宮あたりで雨が強まったらワイパーが飛んじゃってさ。だから当時の新日本は、猪木さんの身内が勝手なことをやったりとかが多かったのよ。
玉袋　パリダカを超えてますよ！（笑）。
ガンツ　で、そんな状況だった新日本が一気に業界トップに駆け上がるきっかけになったのが、猪木vsストロング小林なわけですよね。
新間　あの試合を実現させるために、私は誰にも言わずに3カ月間、ストロング小林さんの家に通ったからね。
玉袋　やっぱりそこが凄いですよね。新間さんが青梅にある小林さんの家まで日参したという。
新間　コロナに乗って行こうと思ったら、また啓介が勝手に乗って行ってたのでホンダ360に乗ってね。
玉袋　青梅にもホンダ360だったんですか（笑）。
新間　猪木さんにも告げず、相談したのは東スポの櫻井康雄とゴングの竹内宏介だけ。私が小林邸に通って2カ月目くらいに櫻井が東スポの井上（博）社長に話して、それで私が呼ばれたんですよ。「新間くん、これは実現できるのか？」って聞かれて「絶対にやります！」と答えてね。そうしたら「じゃあ、やるときには東スポを10円値上げして全面バックアップするから、なんとしてでもこれをやれ」って。

椎名　なんちゅう話だ。凄いですね（笑）。

新間　それで丸2カ月が過ぎた頃にやっと小林さんがオッケーしてくれて、そこで猪木さんに初めて話したんですよ。「えーっ⁉　本当か？　おまえ、あれは俺と似てるって言われてるんだぞ」なんて言ってね（笑）。

玉袋　そうなんですよ。ウチのお袋はいつも間違えてましたよ（笑）。

椎名　ボクも小さい頃は見分けがつかなくてわからなかったですよ。アゴともみあげのイメージで（笑）。

「ルスカをベビーフェイスで使う案もあったけど、『社長はタイツとリングシューズ、ルスカが柔道着でいいじゃないですか』って言って異種格闘技戦が生まれた」（新間）

玉袋　新間さんは小林さんの自宅に通うことによって、小林さんだけじゃなく小林さんのお母さんやお姉さんの信頼も勝ち得たからこそ、あれが実現できたわけですよね。

新間　お母さん、お姉さんだけじゃなくて、あの家の犬もそうですよ。マルチーズを飼っていたんだけど、最初はもの凄い勢いでキャンキャン吠えられたわけ。それが通っているうちに吠えなくなったからね。

椎名　犬にも家族として認められたんですね（笑）。

新間　それで小林さんとの交渉では「ウチに入ってくれ」とかそういう話はしなかった。「小林さん、国際で嫌な思いをしているんだから。ここらでひとつ地球を飛び出すような気持ちで、大宇宙へ猪木さんと一緒に舞い上がりませんか？」と言ってね。

玉袋　大宇宙って、凄い口説き文句ですね！（笑）。

ガンツ　国際というインターナショナルを超えて、ユニバースだと（笑）。

新間　国際を辞める前、小林さんはグレート草津さんと確執があったわけだけど、私と話しているとき、草津さんの悪口は一言も言ってなかった。あの人は本当に他人の悪口は言わない。

玉袋　ストロングな人格者ですね。

新間　あそこの家族はみんな人格者でしたよ。妹もそうだし、お姉さんもそうだし。こないだ私がお通夜に行ったときも泣いていたもんね。私も思わずもらい泣きしたけどさ。

玉袋　昔出た猪木vs小林の本には、猪木さんも試合が決まる前に小林さんの家に行ったという話が書いてあったんですけど、あれはどうなんですか？

新間　猪木さんは行ったのかな？　そこは私も記憶がないんだよね。ただ、小林さんがオッケーしてくれたあと、猪木さんに電話をかけてもらったんだ。そこで私が気をつけたことは、猪木さんに上から目線のような言わせ方をしないこと。「社長だから大丈夫だとは思いますが、小林さんのところはファミリーだから、言葉には気をつけてくださいね」と言ってね。そうしたら「新間、気をつけろっていうのはどういう意味だ?」って言うから「ランクが下のような感じで『おい、小林よ』みたいな言い方はしないように頼みますよ」って言ったら、「新間、初対面の人間にそれは言えないいだろ。俺はわかってるよ」って(笑)。

玉袋 でも馬場さんは違ったんですよね?

新間 『月刊プロレス』の藤沢(久隆=編集長)を通じて、馬場さんも小林さんを誘っていたようなんだよ。そのとき馬場さんは以前、全日本と国際の交流戦なんかもやったことがあるんで、歳下の小林さんに対して「おい、小林。頼むよ!」という感じで、上から目線というより親しみを込めて言ったんだと私は思うんだけど。その言葉遣いの違いが、小林さんの家族への印象の差として出た。お姉さんが「猪木さんは『小林さん』とさんづけで呼んでくれた」と言っていたからね。

玉袋 そこで明暗が分かれたわけですね。

新間 馬場さんに悪気はなかったと思うんだけど。私も当時は猪木vs小林を実現させたい一心だったから、「呼び捨てにするなんて、馬場さんは馬鹿にしてますね」なんて言ってね(笑)。

椎名 凄くデリケートな駆け引きだったんですね。

新間 小林さんファミリーというのは、そういう人たちだったからね。それで小林さんにオッケーの返事をもらって記者会見の段取りをつけたんだけど、本当に来てくれるかどうか心配でね。小林さんが京王プラザホテルまで来てくれたときはホッとしましたよ。そして蔵前国技館に超満員のお客さんが集まってくれて、実際の試合も技と技、力と力の素晴らしい名勝負だった。

椎名　新日が躍進するきっかけになったわけですよね。

新間　うん、きっかけになったね。そのあと大木金太郎戦なんかもあって、次に猪木さんの名声をさらに高めようと企画したのがウィリエム・ルスカ戦ですよ。

玉袋　異種格闘技戦は燃えましたよ。

新間　ルスカはアマレスの福田富昭（のちの日本レスリング協会会長）さんが紹介してくれてね。新日プロのリングに上がりたいということだったんだけど、その前に馬場さんのところにアントン・ヘーシンクが入ったんだよね。

玉袋　ヘーシンクは強いんだけど、プロレスラーとしてはダメだったな〜。

新間　最初はウチも馬場さんのところのヘーシンクと同様に、ルスカをベビーフェイスで使う案もあったんだけど、猪木さんから「新間、おまえだったらどうする？」って聞かれて「社長、プロレスvs柔道があるじゃないですか」って言ったら、「そうだよな。柔道なんて俺が道着を着ても勝つよ」なんて言うから「いや、それはやめてください。社長はタイツとリングシューズ、ルスカが柔道着でいいじゃないですか」って言ってね。それで「異種格闘技戦」というものが生まれたんですよ。

ガンツ　そのセンスが素晴らしいですよね。ルスカを大物ルーキーとして使うのではなく、プロレスの〝外敵〟として迎え撃つという。

椎名　結局、それがのちの総合格闘技になるわけだもんね。

新間　またルスカも盛り上げ方がうまいんだよ。記者会見で「俺は栄養たっぷりのオランダのチーズを食べてこの身体を作った。負けるはずがない」なんて言ってね。そうしたら猪木さんは「日本には納豆がある」って返してね。

玉袋　最高ですね、この発酵食品対決は（笑）。

新間　それを東スポが煽ったわけ。「納豆が勝つか、チーズが勝つか」って。そうしたら納豆協会からトラックいっぱいの納豆が送られてきたわけ。「ちょっと待ってくれ。道場にそんなもの送ってこられても」って。で、それをまた老人ホームに配ったわけだよ。

玉袋　トラックいっぱいの納豆っていうのが凄いな（笑）。

新間　その後、営業で水戸をまわったときなんかは凄かったよ。「納豆のためにも絶対に勝ってくれよ」なんて言われてね（笑）。

ガンツ　納豆の命運がかかってる（笑）。

新間　あのルスカ戦が大いに話題になったことで、その後、異種格闘技戦がシリーズ化されていったんですよ。

「90年代に入って石井館長もいろんな斬新な仕掛けで格闘技ブームを作っていったけど、新間さんは日本における最初の格闘技プロデューサーですよ」（椎名）

玉袋　でもストロング小林との大物日本人対決にしても、一連の異種格闘技戦にしても、馬場さんがやらない、できないことをやっていくっていうのが凄かったですよね。

椎名 新しい価値観を作っていきましたよね。

新間 ジャイアント馬場さんというのは、プロレス界において日本の最高峰である富士山だと思ったわけ。特にアメリカマット界での馬場さんの力は絶大だった。猪木さんはどうがんばっても2番目の高さの北岳なんですよ。そんなことを考えていたところ、パキスタンに行く機会があって、飛行機でヒマラヤの上を通ったとき、窓から見た景色があまりにも神々しくて涙が出てきてね。そのときに「馬場さんと同じことをやっていたら、猪木さんはいつまで経っても北岳だ。富士山にはなれない。だったらアントニオ猪木をヒマラヤのエベレストにしよう」と考えたんですよ。

椎名 なるほど。凄い発想ですね。

新間 そこから生まれてきたのが、プロレス界の外の強い選手たちを倒していく異種格闘技戦であり、NWA世界ヘビー級王者を馬場さんが独占しているのなら、アメリカだけじゃなく世界各国のチャンピオンを一堂に集めて、ウチが真の世界一を決めればいいじゃないかということで考えたのが、インターナショナル・レスリング・グランプリ!

玉袋 IWGPですね!

新間 そう、IWGPですよ。それを年に1回開催して、前年度の優勝者は予選会は免除でディフェンディングチャンピオンとしてリーグ戦トップの選手を迎え撃つ。そうすることで毎年世界一の男を決めようとしたんです。

玉袋　ＩＷＧＰは本当に夢がありましたよ。

新間　だから新日本プロレスが躍進するきっかけになったのは、ストロング小林戦、大木金太郎戦といった大物日本人対決。さらにルスカ戦、モハメド・アリ戦といった異種格闘技戦。そして最後に真の世界一を決めるＩＷＧＰ。これらを実現させたのが私の誇りですよ。だから昭和の新日本プロレスがあれだけおもしろかったのは、そういった企画をぶち上げる新間寿がいて、それをリングで成し遂げたアントニオ猪木がいたからですよ。

玉袋　その通りです！

新間　猪木さんを筆頭に坂口さん、藤波、長州、タイガーマスクなど、超一流のレスラーが揃っていたし、フロントも私を含めてみんな闘っていた。だからこそあの時代があったんです。

玉袋　ボクらもそれをリアルタイムで観られたのは幸せですよ。

新間　レスラーと違ってフロントの人間というのはなかなか評価されないものなんだけど、平成19年にＷＷＥから殿堂入りの表彰をしてもらってね。やっぱり見てくれている人はいるんだなって思いましたよ。

椎名　日本人でＷＷＥ殿堂入りって何人もいませんもんね。

ガンツ　日本人だとアントニオ猪木、藤波辰爾、獣神サンダー・ライガーの3人で、あとレガシー部門が力道山と新間さんですからね。

玉袋　力道山と並んじゃってるところが凄いよ（笑）。

新間　だから私は、いまの新日本プロレスにひとつだけ申したいことがある。いまの新日本でおこなわれている試合を観ると、技は昭和のプロレス以上にうまくなっている。タイミングもうまくなっている。いろんな部分においてすでに昭和の新日本を超えていると思う。しかし、昭和の新日本プロレスのほうが、私としては熱くなるものがあった。だからこそ大衆が熱狂し、あれだけの視聴率も獲得できた。

椎名　そうですよね。

新間　ああいう昭和の新日本プロレスがあったのは、アントニオ猪木と新間寿がいたから。その新間寿を尊敬しない人間たちがIWGPと名のつくベルトでタイトルマッチをやったところで、かつてのファンの関心を呼ぶものではない。そこで私からひとつ提案がある。IWGPにかぎっては他団体からの挑戦を受けたらいいじゃないか。『G1クライマックス』なんかじゃなく、他団体のトップ選手を含めたリーグ戦をやって、その優勝者とIWGP選手権試合を新日本の会場でやればいいじゃないか。

ガンツ　それこそがIWGPを開催するときの理念だったわけですもんね。

新間　新日本の中だけで防衛戦をやるのなら、何もIWGPじゃなくてNJPWヘビー級選手権でいいじゃないか。私はそう思いますよ。

玉袋　たしかに最初のIWGPは猪木さんはNWFヘビー級王座を返上するし、みんなチャンピオンがベルトを返上して参加したものだったもんな。

椎名　アブドーラ・ザ・ブッチャーも「IWGPに賛同」っていうことで、なんか知らないベルトを持って新日本に来たんだもんね（笑）。

ガンツ　カリビアンヘビー級王座ですね（笑）。

椎名　でも、そういうコンセプトがしっかりしてるのって大事でしょう。なんで闘ってるのかわからない状態じゃしょうがないもんね。闘う意味がなきゃ、観る意味もない。

新間　だからいま、IWGPと名のつく試合がたくさんおこなわれているだろうけど、それを立ち上げた人間たちの思いを今でも持ちつづけてくれると、OBとしては嬉しいね。

玉袋　新日本は築いてきた土台、礎、基礎工事がやっぱり凄いわけでさ。その上にいま立派な建物が建っているような感じがするんだよな。たしかにハイテクビルなんだよ。でも、それだって土台あってこそだから。

椎名　90年代に入るとK－1の石井館長が出てきて、いろんな斬新な仕掛けで格闘技ブームを作っていったけど、新間さんは日本における最初の格闘技プロデューサー。闘いを作った人なんだなって思いますね。

玉袋　PRIDEが出てきたときのプロレスvsグレイシー柔術とか、猪木軍vsK－1とか、ああいうアドバルーンの上げ方、のろしの上げ方のフォーマットはすべて昭和の新日本プロレスだもんな。

ガンツ　よくよく考えると、新間さんがいなければUWFも生まれなかったわけですからね。

椎名　ということはPRIDEだってなかったということだよ。

「タイガーマスクは梶原先生と一緒に作ったんだけど、劇画の中にしかいない架空のレスラーを本当のリングに上げてそれを超える人気を獲得しちゃったんだから凄いよね」(新間)

ガンツ　第1回IWGPの話で言うと、当時はまだ無名のいち若手だったヨーロッパ遠征中の前田日明をいきなりヨーロッパ代表として抜擢したのは、いま考えると凄い売り出し方だなって思いますよ。

新間　いいアイデアだったろ?

ガンツ　あれって新間さんのアイデアだったんですか?

新間　そう。ゴッチと相談してね。「ゴッチ推薦」っていう形にすれば箔がつくからね。

ガンツ　第1回IWGPには藤波さんも長州さんも出ていなければ、坂口さんも出ていないわけですからね。そこに颯爽と現れたら「これは凄い若手が出てきたぞ!」ってなりますよ。

玉袋　前田日明伝説はあそこから始まっているからね。

椎名　凄い新世代感があったよね。ルックスもカッコいいし、技も新しいし。

ガンツ　フライングレッグラリアート(フライングニールキック)がめちゃくちゃカッコよかったですよね。「七色のスープレックス」と呼ばれる12種類のスープレックスを身につけてきたっていうのも最高でした。

椎名　たしか凱旋帰国前に前田が道場でブリッジしている煽りVが流れたんだけど、あれが凄くいいんだよね。

玉袋 身体がやわらけえんだよ。

椎名 当時の新日本信者だと、ブリッジが綺麗だっていう、それだけで凄いって評価される感じがあったもんね（笑）。

ガンツ ジャーマンがうまいヤツは認めるっていう（笑）。

新間 でも前田にしても藤波にしても、凱旋帰国でチャンスを与えてそれをモノにすることができたのは、新日本の道場で培ったものがあったからですよ。やはり猪木さんの方針で、新日本がいちばんキツいトレーニングをしていたからね。だからアントニオ猪木、新間寿、どちらが欠けてもあの時代の新日本プロレスはできませんでしたよ。

玉袋 本当にその通りだと思います。

新間 それなのにクーデターなんか起こしてね。

玉袋 そこらへんでちょっと地盤がおかしくなったっていう（笑）。

ガンツ 結局、新間さんはクーデター騒動によって新日本を追われるわけですけど。その後、第1次UWFを作るとき、先兵隊のエースとして前田日明を選んだ理由はなんだったんですか？

新間 そりゃ前田しかいないでしょ。絶対に前田は凄いレスラーになると思ったもんね。だからユニバーサルの旗揚げ前、前田をニューヨークに連れて行ってWWFで試合をさせたときもビンス（・マクマホン・シニア）がビックリしていたもん。「マエダはいい！」ってね。その数年前、MSGで藤波にWWFジュニアのタイトルマッチをやらせたときも、ビンスは「こんな選手は観たことがない！」って言っていたからね。だから猪木さんは人を育てるのがうまいですよ。彼らをトップレスラーに育てたのは、ゴッチじゃなくてアントニオ猪木ですよ。

ガンツ　佐山さんのタイガーマスクがＭＳＧのリングに上がったときも、ニューヨークの観客を驚かせましたからね。

玉袋　ダイナマイト・キッド戦な。スタンディングオベーションだもん。

新間　タイガーマスクは梶原一騎先生と一緒に作ったんだけど、劇画の中にしかいない架空のレスラーを本当のリングに上げて、ある意味で劇画を超える人気を獲得しちゃったんだから凄いよね。

椎名　本当にそうですよね。いまだにあんなに凄い選手は出てきませんもんね。

玉袋　俺なんかも定期的にタイガーマスクのデビュー戦の映像を観直すんだけどさ。もちろん試合の素晴らしさにもグーッと引き込まれるんだけど、タイガーの技が決まって会場が盛り上がるたびに、リングサイドの新間さんの顔がどんどんニコニコしてくるのがいいんだよ。誰よりもよろこんでるんだから（笑）。あれが最高！

新間　タイガーマスクがデビューした頃は、私もいい歳になっていたけど、私の新日プロ時代というのは振り返ると青春時代のように思えるね。のちに『ゴング』の記者になる連中が当時はみんなファンクラブをやっていて、竹内の坊やの子分みたいな感じで、私は「少年探偵団」って呼んでいたんだけどさ。あとになって彼らに「新間さんは新日本の営業本部長時代、どういう気持ちでやっていましたか？」って聞かれたことがある。そのとき、私はこう答えたんですよ。「俺は

6メートル40センチ四方のリングの中はレスラーの聖域、神の領域だと思っている。死に物狂いのトレーニングをし、死に勝る苦しみを得ながら演じるプロレスこそファンがよろこんでくれるものだ。そのファンがよろこぶ姿を見てよろこぶのが俺たちの仕事なんだ。だからそういう気持ちで俺はやってきたんだよ」って言ったんですよ。

椎名　プロデュースする側の快感ですね。

新間　「ただし、そんな俺の気持ちがわからなかった人間が新日本にひとりだけいた」って言ったら、「誰ですか？」って聞くから「ミスター高橋だ」って言ったんだよ。

「アントンハイセルは莫大なカネが出ていくだけで収入がゼロっていうのが凄い。しかも新間さんはカネ集めに奔走したのに家を差し押さえられるっていう」(玉袋)

玉袋　レスラーでもない人間が、そんな〝聖域〟の話をするんじゃねえってことですね。

新間　我々はファンに夢を売るのが仕事。それを壊してどうするんだって！「少年探偵団」たちはそういう熱いファイトに魅了されて、ファンクラブの会報なんかを一生懸命に作ってね。当時はガリ版刷りだよ。コピーなんかないからね。

玉袋　ガリ版刷り(笑)。

新間　それで新日本が大阪府立体育会館で試合をするときなんかは、夜行を乗り継いで14時間かけて行っていたんだから。

ガンツ いまはなき大垣夜行ですね（笑）。

玉袋 ターザン山本が言うところの「密航者」の元祖が、ゴングの人たちだったってことだもんね。

新間 それで彼らが「新間さん、今晩夜行で大阪に向かうんですけど……」って、なんか困った顔して言ってくるわけ。私も「これはカネがねえんだな」って感づいて1万円くらい渡してね。

椎名 マジっスか⁉ 凄いですね、それは（笑）。

新間 「ありがとうございます！」ってね。まあ、アイツらはそれぐらい熱心だったから特別だよ。だから俺が女遊びをしたり、ギャンブルなんかで会社のカネを使い込んだとかっていうなら、業務上横領だと言われても仕方がない。でも、そんなことは一切やっていないんだから。それどころか30年の月賦で家を建てた途端、その家が差し押さえにかかっちゃったんだからね。猪木さんのためにカネを借りたおかげで。本当にあのときは女房もビックリしたからね。

玉袋 家のローンを組んだ途端に差し押さえって、そりゃ奥さんも怒りますよ（笑）。

新間 だから私が新日プロに在籍中、いちばん嫌だったのがカネ集めね。猪木さんのアントンハイセルのカネ集めは本当に嫌だった。レスラーや社員からもカネを集めてね。

椎名 プロレスと関係のない事業のために（笑）。

新間 だからクーデターで私が新日本をクビになったとき、みんなよろこんだみたいだよ。営業部員なんかは「本部長が私たちのところに来て『おまえ、カネ出せよ！』って言われなくなる。それだけでもボクらは気が楽になりますよ」って言っていたからね。全国のプロモーターからもカネを借りたし、もう大変でしたよ。
玉袋 当時の新日本プロレスの興行はドル箱だったから、プロモーターも無下にはできないでしょうしね。
新間 当時、新日本はあれだけ全国で超満員を続けて、テレビの視聴率も20パーセントを超えていた。でも、事務所は青山のビルの1室を賃貸ですよ。それなのに猪木さんが作ったアントンハイセルって会社は、ロシア大使館の向かいに事務所を借りてね。ひとりひとりが小部屋を持って、プライベートルームを作っちゃったんだよ。それだって何千万もかかったんだけど、カネ集めは私がやってね。アントンハイセルという会社は収入が一銭もない会社なんだから！
玉袋 莫大なカネが出ていくだけで、収入がゼロっていうのが凄いね（笑）。
新間 あんなことになるなら、もう死んだほうがマシだと思ったね。
玉袋 そこまでやって家を差し押さえられるわけですからね（笑）。
新間 それでカネ集めのために方々を走りまわって、それで会社に戻ってきたらタイガーマスクが辞めちゃっていたんだから。「シモノセキキエタ」って電報が届いてね。
ガンツ その3週間後にクーデターが起こるわけですもんね。
新間 ウチの営業部員が3年くらい前に『クーデター　80年代新日本プロレス秘史』という本を書いたけど、アイツの仲間には経理がふたりいたんだよ。だったら俺が使い込みなんてやっていないとわかるはずじゃない。たしかに5万ドルをハイセルに流用したことはあったけれど、あれは全額、アントンハイセルのところに行っているわけだから。それにもかかわらず、山本小鉄が「あなた、業務上横領ですよ！」なんて言ってきたんだよ。

ガンツ　小鉄さんはクーデターの中心人物でしたもんね。

新間　こっちは「だったらあなたがさんざん使ってきた会社のお金はどうなるんだ」と言いたい。あるとき、小鉄さんが「この頃、あまりいい外国人レスラーが来ないから、自分がアメリカに行って探して来ますから」と言って、女房を連れてひと月アメリカをまわってきたことがあったんだよ。それで帰国後、事務所でウチの営業が「山本さん、いい選手は獲得できたんですか？」って聞いたら、「バカ野郎！　いまのアメリカはろくでもねえレスラーばかりで呼ぶヤツなんてひとりもいないよ」って言ってね。

椎名　奥さんとひと月アメリカをまわって収穫ゼロ（笑）。

玉袋　ボウズだよ（笑）。

新間　それで営業部員が「いないって、ひと月も行ってきたんでしょ？」って言ったら、「うるせー、バカ野郎！」って。それで終わりだよ。何百万も使ってさ。

「ホンダとは切符を買ってもらうかわりに、マクガイヤー・ブラザーズがバイクに乗って入場するシーンをかならずテレビで流すって約束をしてね」（新間）

玉袋　いろいろずさんな時代だったんだな〜。

ガンツ　それにしても、新間さんはＩＷＧＰ開催をようやく実現させたわずか2カ月後にクーデターで新日本を追われてるんですよね。

新間　そうですよ。私がどれだけ苦労して実現させたのかも知らないでね。だから「新日本プロレスのため、アントニオ猪木のために私はこんなに死に物狂いでやっているのに、なんで恨まれるのかな」って。

玉袋　それもハイセルが原因になっちゃうんでしょうね。

新間　やっぱりあれがいけなかったね。でも考えてみれば新日プロを辞めた年に東スポからは特別功労賞を出してもらったし、アメリカのプロ空手協会から感謝状が英文で届いたり、アメリカの格闘技新聞協会からも表彰状が届いたりね。ちゃんと評価してくれる人はしてくれましたよ。

玉袋　それだけの功績は間違いなくありますからね。

新間　私は夢の対決を実現させるだけじゃなく、お金の工面も全部やったからね。『クーデター』っていう本を読んだら「自分が猪木社長と一緒に佐川急便に行って、猪木vsアリの10万円のチケットを１００枚売った」とかって書いてあったんだけど、佐川急便は私が開拓したんだよ。

椎名　佐川急便は猪木さんの大スポンサーになりましたけど、それも新間さんだったんですね。

新間　どういうきっかけがあったかというと、空手の鈴木正文先生が佐川（清）会長と懇意にしていて紹介してもらったんですよ。私がなんで鈴木先生を知ったかと言うと、ミスター高橋はボディビルをやっていたからレスラー以上に身体が大きかったりしたわけ。だけどレフェリーは小さい人のほうが選手がデカく見えるだろうってことで、鈴木先生にレフェリーを頼んだことがあったわけ。そこから親しくなっていろんな面で協力してもらったんですよ。

玉袋 佐川急便がスポンサーについたのは、新日本にとっても大きかったでしょう。

新間 凄かったね。あるとき、ストロング小林もそろそろ結婚したほうがいいんじゃないかと思って、佐川会長に仲人を頼みに行ったことがあるんだよ。そうしたら会長が「新間くん、ボクは人前に出るのが嫌なんだ。だから小林くんの仲人をボクはできない。誰か別の人を頼みなさい。そのかわりせっかく来たんだから、何か頼みたいことがあればしてあげるよ」って言うんで、「会長、そうしたら切符をお願いします！」と。

椎名 うまいですね（笑）。

新間 佐川急便は全国各地に営業所があるからね。佐川会長は「新日本プロレスの新間くんを紹介するから切符を頼む」って一筆書いてくれて、それをコピーして営業マンは全国各地の興行の際、かならず佐川急便の営業所に挨拶に行って、何百枚かずつ切符を買ってもらったんですよ。

玉袋 佐川会長の直筆とあれば、それはもう印籠ですね（笑）。

新間 それから三菱電機の大久保（謙）会長にも大変お世話になった。大久保会長は力道山時代からプロレスを応援してくれて、猪木さんの仲人でしょ。だから札幌大会に大久保会長が来場されたとき、リング上で花束を贈呈させてもらってね。

椎名 それもサプライズですよね。

新間 そうですよ。そして私がリング上でマイクを握って「大久保会長には日本プロレス以来、本

当にたくさんの花束を頂戴しております。今回は大久保会長ご夫妻に新日本プロレスの猪木、坂口から心をこめて花束贈呈をさせていただきます！」と言ってね。そして花束とともに、そのとき別に用意しておいた功労賞のトロフィーも贈呈してね。その札幌大会には三菱電機の社員が３００人来てくれていたわけ。そうしたら大久保会長が「みんな、見たか！　こんなにうれしいことはない！　みんなも一緒にありがとうを言おう。ありがとう！」って言ったら、社員たちも「ありがとう！」って。

玉袋　最高ですね。

新間　帰りに大久保会長から「新間さん。猪木さんと坂口さんと一緒に寿司屋に来てくれ」って呼ばれて行ったんですよ。そうしたら「猪木さん。私はいままで会社で何千本の花をプロレスのリングでさしあげてきた。でも今日は社員のいる前で花束をもらって、社員も喜んでくれたし、来てくれていた家内も喜んでくれた。こんなに嬉しいことはない。ありがとう」って言ってもらえてね。そして「今度から全国で少しずつ切符を買うようにしてあげるから」って買ってくれたんだよ。
玉袋　新間さんの気配りが素晴らしいですね。
新間　あとはホンダにも応援してもらった。ホンダにも切符を買ってもらうかわりに、マクガイヤー・ブラザーズがホンダのバイクに乗って入場するシーンをかならずテレビで流すっていう約束をしてね。
玉袋　あのバイクはホンダがスポンサーとして関わっていたんですか！
椎名　大人の世界ですね（笑）。
新間　太平住宅や殖産住宅にも応援してもらって。殖産住宅なんかは猪木さんの親族がブラジルから持ってきた蝶の羽根の額かなんかを500万で買ってもらったんだよ。
椎名　親族が蝶の羽根を売っていたんですか？
新間　猪木さんの結婚式の引き出物としても配ったんだけど。

「新日本を辞めたあともいまのプロレス界にいろんな影響を与えている。新間さんがいなかったら大仁田のブレイクもオカダ・カズチカも生まれていなかった」（ガンツ）

玉袋　ワシントン条約に引っかかるかもしれねえな（笑）。

新間　猪木さんなんか宝石を日本に持ち込むとき、税関に引っかからないようにガラガラヘビを入れた箱の中に宝石を入れてね。それを猪木さんが手荷物として持って帰国したんだよ。
玉袋　ガラガラヘビが手荷物（笑）。
新間　いまじゃダメだろうけど、あの頃は生き物を持ち込んでもよかったからさ。だから飛行機の中でもガラガラ音が鳴ってたんだけど、スチュワーデスたちは怖がって誰も寄らないわけよ。それで日本に着いて空港の税関で「猪木さん、その箱は何が入っているんですか？」って聞かれて「ガラガラヘビです。中を調べてみますか？」って言ったら、「いやいや、けっこうです。もう行ってください」って。
椎名　それでまんまと宝石を日本に持ち込むことに成功と。なんつー話だって感じですけど（笑）。
ガンツ　あと新間さんは、新日本を辞めたあともじつはいまのプロレス界にいろんな影響を与えているんですよね。まず新間さんが世界格闘技連合を作らなかったら、全日本を引退した大仁田厚がブレイクすることもなかったわけじゃないですか。
新間　大仁田なんてあのときだけだよ、私を頼ってきたのは（笑）。
ガンツ　そういうときにだけ「新間さん、お願いします！」って来るわけですね（笑）。
新間　それで大仁田に挑戦状を持たせてUWFの会場に行かせたら、神（新二＝UWF社長）に「大仁田さん、チケット持ってますか？」って言われて、すごすごと帰って来ているんだから。
椎名　あれも歴史に残るエピソードですね（笑）。
ガンツ　あと新間さんの息子さんの寿恒さんがユニバーサル・レスリング連盟を作らなかったら、

ザ・グレート・サスケもウルティモ・ドラゴンも生まれなかった。ということは、ウルティモの弟子であるオカダ・カズチカも生まれていなかったという。じつはいろんなきっかけを作っているんですよね。

新間　浅井（嘉浩）に関してはもっとスターになれる素材だったんだけど、息子の不手際もあって天龍のところ（ＳＷＳ）に取られちゃったんだけどね。でもそう言ってもらえると、やった甲斐がありましたよ。

椎名　いまはジャパニーズ・ルチャ全盛ですからね。

新間　でも振り返ってみると、やっぱり新日本プロレス時代がいちばん楽しかった。レスラーもフロントもマスコミも一体となって、あの時代を作っていたんだから。だからミスター高橋や高田（延彦）が暴露本を書いたときはみんなが怒ったわけ。ただ、こないだストロング小林さんが亡くなったということを教えてくれたのはミスター高橋なのよ。

玉袋　高橋さんから連絡が来たんですか。

新間　そう。そのときに世間話をしてね。「高橋さん、あなたは自分がなくしたものがどれほど大きいか、いま痛感しているんじゃないの？」って言ったら「いや、そんなことはありませんよ。いまだに私は本を出してます」って言うから、「あんたの本をよく出してくれるところがあったね」って言ったら「それ、送りますよ」ってね。それで普通の雑誌みたいな『「怒涛の怪力」伝説　ストロング小林の光と影』という本を送ってくれたんだけどね。

ガンツ　高橋さんが原稿を書いて、チームフルスイングが作った本ですね。

新間　そうやってストロング小林という名前がまた取り上げられるのはいいことですよ。それで今度、ウチ（ストロングスタイルプロレス）の後楽園で、ストロング小林追悼興行をやるから来てよ。
玉袋　あっ、追悼興行をやるんですか。
新間　テンカウントゴングなんてケチなことは言わないで、50人くらい集めてみんなにゴングを鳴らしてもらうから。
玉袋　50カウントですか（笑）。
ガンツ　ちょっとずつハサミを入れる断髪式みたいな感じですね（笑）。
新間　そうやってみんなに追悼してもらうのがいいんだから。アントニオ猪木vsストロング小林は素晴らしかった。そういう素晴らしいレスラーと新間寿がいたから、昭和の新日本はおもしろかったんだよ。繰り返しになるけどね（笑）。
玉袋　それは間違いないです！
新間　玉袋だけじゃ気持ちよくならない。竿があって初めて気持ちよくなるんだから。そうだろ？
玉袋　そうです！　それがあって子孫繁栄ですから（笑）。
新間　そういうことだよ。だから玉袋筋太郎だってもっと活躍しなきゃいけないよ。
玉袋　いけねー。竿が足りないのかな？（笑）。
新間　おもしろいことを発信していかなきゃ。じゃあ、またこのメンバーでメシでも食おう！
玉袋　はい！　今日はありがとうございました！

舟橋慶一
昭和の名実況

舟橋慶一（ふなばし・けいいち）

1938年2月6日生まれ、東京都出身。元日本教育テレビ・テレビ朝日のアナウンサー、現在特定非営利活動法人エコです環境応援団副理事長、環境省認定環境カウンセラー、自然との共生塾主宰。早稲田大学第一商学部を卒業後、1962年にテレビ朝日に入社。テレビアナウンサーとしてスポーツ中継、報道番組、ドキュメンタリーなどを担当。東京五輪からモスクワ五輪まで幅広く活躍。1976年格闘技世界一決定戦。アントニオ猪木ｖｓモハメド・アリの世紀の一戦で実況を担当。「燃える闘魂アントニオ猪木」というプロレス史に残る名キャッチフレーズを生んだ。現在は、未来の子どもたちに美しい地球を残すために、環境カウンセラーとして活動するなど多岐にわたり活躍をしている。

［2016年8月収録］

「古舘君には、いろんな思い出がありますよ。入社当時からね」(舟橋)

ガンツ　玉さん、今回のゲストは『ワールドプロレスリング』初代実況アナウンサー、舟橋慶一さんに来ていただきました！

玉袋　いや〜、うれしい！

舟橋　初めまして。今日はよろしくお願いします。

玉袋　こちらこそ、よろしくお願いします！　今日は本当に楽しみにしてきたんですよ。ガキの頃から舟橋さんの実況を聴かせてもらって、「アナウンサー」っていうのを最初に意識したのは、舟橋さんからだと思いますから。

舟橋　え！　そうですか、それはうれしいですね。

玉袋　そうなんですよ。彼（ガンツ）は俺より年下だから、古舘（伊知郎）さんが最初かもしれないけど。

ガンツ　ボクがプロレスをちゃんと観だしたのは1980年なので、古舘さんからですね。

舟橋　古舘君には、いろんな思い出がありますよ。入社当時からね。

玉袋　そうなんですか！

舟橋　そもそも古舘君が入ったのも、ボクがプロレスの実況から離れることになったのも、テレビ朝日がモスクワオリンピック（1980年）の放映権を独占したことがきっかけなんですよ。

玉袋　結局、日本や西側諸国がボイコットしちゃったオリンピックですよね（笑）。

舟橋　そう。だから大変でしたよ（笑）。これはその前のモントリオールのあと、社内のマル秘で知らされた話でね。当時、朝日新聞から来ていた三浦甲子二さん（元・テレビ朝日専務）に、「おまえら、黙ってろよ。モスクワ五輪の中継は、全部ウチでやることになった。だから舟橋、いま担当している番組は他のヤツに渡して、おまえはモスクワへ行け。おまえがモスクワのチーフだから」って、言われたんですよ。

ガンツ　舟橋さんがチーフアナウンサーだったんですね。

舟橋　で、ボクはモスクワで実況するアナウンサーを系列を含めて10数人選抜しなきゃならなくて、そのモスクワに行くアナウンサーを訓練するのもボクの役目なんです。ただ、アナウンサーを大勢連れていったら、他のスポーツを実況する人間がいなくなっちゃうわけですよ。

玉袋　そりゃそうですよね。スポーツの実況ができるアナウンサーが、上から20人近くみんな行っちゃうわけだから。

舟橋　それでボクは言ったんですよ。「専務、申し訳ないんですけど、現有戦力をみんな連れてモスクワに行ったら、野球もプロレスもボクシングも、すべてを新人で賄わなきゃいけなくなりますよ。そんなこと、できませんよね？」って。そしたら「それはおまえが、なんとか考えろ」って。

玉袋　ムチャぶりだよ～！（笑）。

舟橋　しょうがないから、「今度の採用試験で10人採ってください。あとは中途採用で地方局にい

る活きのいいのを探しますから、それを5人くらい採ってください」って言ったんだよね。だってモスクワに行くなら、最低でもその空いた分の15人くらいはいるから。そしたら「新人アナウンサーは10人くらい採ってもいい。ただし、女子アナも含めてだぞ」って言われて。それで77年に大量に採った中で、ボクが注目したのが古舘だった。

玉袋　おお〜、そうだったんですか！

舟橋　古舘と、佐々木正洋、渡辺宜嗣、吉澤一彦、あとはいまは報道に行ってる戸谷光照の5人を採って、あと4人は女子でね。それで女子アナはともかく、男はどうしたってスポーツの実況をやらせなきゃいけない。モスクワまであと3年しかないんだから。もう、そこから特訓ですよ。スポーツと言ってもいろいろあるからね。野球、プロレス、相撲、ボクシング、ゴルフなどやらなきゃいけない。ほかにもボウリングとかいろいろありましてね。

玉袋　ボウリングもブームでしたもんね。

舟橋　入社試験のときは、そういう
いろんなスポーツのVTRを見せて、6次試験まで通った20人くらいに実際にしゃべらせたんですよ。好きなものを2種目選ばせて。そのときに古舘はプロレスを選んだんですよ。

玉袋　お〜！　古舘さん、テレ朝の入社試験のときにプロレスの実況したんだ！

舟橋　あいつはプロレスが好きなんですね。ただね、そのときは、「ジャイアント馬場16文であります」みたいに落ち着いていてね、日本テレビの清水一郎さんとか、佐土一正さん、ああいう実況に近かった。

ガンツ　プロレスファンだっただけに、子どもの頃から観ていた『日本プロレス中継』スタイルの実況だったわけですね。

玉袋　古舘さんの落ち着いたプロレス実況、聴いてみてぇよ（笑）。

舟橋　だからボクはよく研修で「古舘君、選手の気持ちになって実況してみたら」って。それは、だいぶあとから言ったんですけどね。だけど受かった5人のなかで、彼はプロレス実況の評価が高かったんですよ。

玉袋　それで、プロレス実況アナウンサー古舘伊知郎が生まれるわけか〜。

舟橋　古舘以外も、あのとき入った新人はおもしろかったよ。佐々木なんかは水泳を選んだんですけど、「これからスタートです。ヨーイ……飛び込みました！　バシャ！　バシャバシャバシャバシャ！」って、そんな実況ないだろって（笑）。

ガンツ　効果音つきで（笑）。

舟橋　俺も呆れて、腹抱えて笑っちゃいましたね。（笑）。「こいつは実況になってないけどおもしれえヤツだな」と思ってね。それで、研修で大井競馬場に連れて行って「おまえ、その〝バシャバシャ〟じゃしょうがないから、競馬をちょっとしゃべってみろ」と。そしたら、「馬が4番目のコーナーを回りかけました。どの馬もみんな急に元気になり、一生懸命になりました！」って。

玉袋　「一生懸命になりました」って、全然実況じゃないよ（笑）。

舟橋　「すると一番後ろの馬がどんどん、ガンガン、外から外から、あっ、がんばって、がんばってこの馬が勝ちました！」って、おもしろいんだよね。それで、「おまえは慶応で何をやってたんだ？」って聞いたら、「いや、落研にいました」って（笑）。

玉袋　落研だったんですか（笑）。

舟橋　「落研にいたのか。これはおもしろいから採用しよう。訓練すればなんとかなる」ってことでね。

ガンツ　佐々木アナウンサーは「おもしろいから」採用だったんですね（笑）。

玉袋　それが10何年か後に、東京ドームの控え室で、猪木さんに「やるまえに、負けること考えるバカいるかよ！」って、ぶん殴られるわけだからね（笑）。

ガンツ　ああ！　そういえば、あの伝説の（90年）2・10ドームの控え室リポートは佐々木アナでしたね！（笑）。

玉袋　実際に、ああいうおもしろいことが起こるんだから。舟橋さんの目は確かだったよ（笑）。

舟橋　逆に渡辺なんかは真面目なんだけど変化がないというか。いまニュースをやってる感じと同じですよ。ニュースがおもしろいものだらけでも困るけど（笑）。

玉袋　たしかにおもしろ味はなかった。『トゥナイト』のときもそうでしたから（笑）。

舟橋　あと朝の番組をやっていた吉澤一彦君は体の弱いところがありましてね。2年目ぐらいに『おはようテレビ朝日です』っていう、朝のレギュラーを与えたんですよ。そしたらある日、「今日は息子が熱を出したので、休ませてもらいます」ってお母さんから連絡が来てね。「お母さん、申し訳ないけど、これは朝5時からの番組で、3時に連絡をもらっても代役はいないんですよ」って（笑）。

ガンツ　そりゃそうですよね（笑）。

玉袋　お母さんから電話って、学校休むんじゃねーんだから（笑）。

舟橋　ボクはそのたびに、急いで古舘の家に電話してたんですよ。あいつはなんの打ち合わせもなしに始まっても対応ができたから。

玉袋　へえ～！　そういう才能が新人の頃からあったんだな～。

舟橋　吉澤は身体が弱かったのでそのぶん古舘がけっこうカバーしてたんですよ。

玉袋　でも、そうやってテレ朝が全社一丸となってオリンピックに向かいながら、結局、ああいう結果になったわけですよね？（笑）。

舟橋　日本がボイコットすることになってね（笑）。それが正式に発表されたのが、岸記念体育会館。当時の外務大臣、伊東正義さんが代表選手みんなの前で、「残念だが、モスクワオリンピックには出場できなくなった」と告げてね。そうしたら、山下（泰裕）が泣き、瀬古（利彦）も泣きね。みんな大泣きですよ。山下は柔道だからそのあとのロサンゼルスでもがんばれたけど、マラソンっていうのはピークが短いんですよね。だから、あの瀬古の涙は忘れられないですよ。で、テレビ朝日のモスクワオリンピック中継の結果もさんたんたるもので、合計370時間放送したんだけど、誰も観ちゃいない（苦笑）。

ガンツ　日本人がひとりも出ないオリンピックって、まあ、観ないですよね（笑）。

玉袋　それも36年前だからね！

舟橋　まさに共産圏オリンピック。ボクも一生懸命しゃべったのに、全然反響がない。唯一、反応があったのは、マラソン中継のときに「この右側はソビエトの国防総省であります」って言ったら、三浦専務に怒られたぐらいで（笑）。

ガンツ　言っちゃいけないことを言ったときだけ反響があって（笑）。

舟橋　何がどこにあるなんて、軍事機密だからね（笑）。

玉袋　冷戦時代にそれを言っちゃう舟橋さんが凄いですよ（笑）。

舟橋　それで結局、370時間も放送したのに、ほとんどなんの反響もないまま、敗残兵のような気持ちでモスクワから帰ってきましたよ。

ガンツ　敗残兵（笑）。

玉袋　負けて帰る（笑）。

舟橋　でね、しかも帰ってきても家がないんだよ。ボクらにとって「家がない」というのは、自分の番組がないということ。モスクワ五輪で日本を離れるために後輩を育てて、それぞれの番組にあてがったら、「そこをどけ」とは言えない。

玉袋　なるほどな～！

「プロレスファンは、実況アナとか全部含めて好きになるからね！」（玉袋）

舟橋　それまでのアナウンサーっていうのはね、先輩が後輩の餌をみんな食っちゃうんですよ。たとえば、番組制作サイドから「あの新人アナウンサーに、これをやらせたい」ってオファーが来ると、「あいつは無理ですから、私がやります」って横取りしちゃう、そんなのばっかりだったから。昔の新人が育たなかったのは、そこなんですよ。ボクらが新人の頃のアナウンサーの先輩たちはそういう人が多かった。でも、ボクはそれをやりたくなかった。だから新人が育ち始めたのは古舘あたりの世代からですよ。大袈裟に言えば、そういう道を切り開いていったという自負はありますね。

玉袋　素晴らしい！　それで古舘さんは若くして『ワールドプロレスリング』のメインアナウンサーになって、あんだけ売れたわけですもんね。古舘さんもいい先輩、いい師匠を持ったよ！

ガンツ　番組の顔だった舟橋さんから古舘さんへのバトンタッチというのは、そういう理由で行なわれたんですね。

舟橋　当時、ボクはアナウンス部の副部長だったから一応の権限はあったけど、「彼らを応援して、次の世代を作る努力をしてみよう」ってことで、そういう仕事をするようになってね。それを4年ぐらいやっていたら、これでいいのかと思っちゃってねえ、「自分は営業へ行って一旗あげたい」って言ったんですよ。
玉袋　えっ……それは左遷なんですか？
舟橋　いや、左遷ではない。もともとボクが自分で「行きたい」って言ったの。なぜかって言ったらね、やっぱりテレビ局に入ったら社長になるしかねえなと思ってね（笑）。
玉袋　お〜、すげえ！（笑）。
舟橋　アナウンサーの社長はいないからね（笑）。そんなことは、人には言わないけどね。
玉袋　そんな野望を胸に秘めてたんですか！
舟橋　うん。アナウンス部で終わらないぞって、営業を志願してね。で、営業に行ったら半年くらいでスポンサーがどんどん増えていって、こんなこと言いたくないけどアナウンス部では副部長だったけど営業に行ったら営業部長になったわけですよ。
玉袋　すげえ！
舟橋　「そのかわり関西に行ってこい」と。それも嬉々として受け入れて。
ガンツ　野望に向けて（笑）。
舟橋　それで、46歳ぐらいになって関西に行ったんですよ。ボクにとって関西というのは未知の土地だったけど、関西のスポンサーはどこに行っても「いや〜、おひさしぶりですなぁ！」と言ってくれるんです。初対面なのに。だから「私、初めてなんですけど……もしかするとプロレスをご覧になられてました？」って聞くと、「猪木さん大好きです！　プロレスの舟橋さんでしょ？」ってね（笑）。

玉袋　じゃあ、プロレスの実況やってたことが営業にも凄く役に立ったわけですか！

舟橋　プロレスがもの凄く役にたった！　これがアマチュアスポーツとかじゃ、そうはいかない。やっぱりプロレスファンは凄いですよ。思い入れの度合いが全然違う！

玉袋　プロレスファンは、実況アナとか全部含めて好きになるからね！

舟橋　だから、関西のスポンサーもプロレス観てた人はみんなボクのことを知ってるから、営業の成績もどんどん上がっちゃうわけですよ。それで売り上げが2年で倍近くになっちゃってね。プロレスには本当に助けられましたよ！（笑）。

玉袋　いい話だな〜。プロレスファンとしてもうれしいですよ！　じゃあ、そろそろプロレス実況アナ時代のお話も聞きたいんですけど、もともとプロレスはお好きだったんですか？

舟橋　大好きだったんですよ。ただね、ミスター珍みたいなああいうのは嫌いだったんですね。

ガンツ　ミスター珍（笑）。

舟橋　要するに、おちゃらけのプロレスは好きじゃなかった。ボクが格闘技の好きなところは目と目で勝負するところですよ。レスリングでもボクシングでも、最初は目と目ですもんね。

玉袋　リングに上がった時点から、目で闘ってるわけですね。

舟橋　ボクはオリンピックでもレスリングの実況をよくやりましたけどね、花原勉さん（東京オリンピック・レスリング52キロ級金メダリスト）がよく言ってたのは、「フナさん、初めて対戦する外国選手でもマットに上がった瞬間に勝つか負けるかわかる」って。「相手の目が輝いているか、頬が紅潮しているか、筋肉が躍動してるか」、それで相手の状況がつぶさにわかるそうですよ。これを猪木さんに話したことがあって、「自分と全く同じだ」と言ってました。猪木さんの凄さは闘いのなかで全身の筋肉で表現しているんですね。

玉袋　そうですよね～。

舟橋　あの卍固めとかね。首筋から肩の筋肉、そして表情に至るまで、あれは鍛えられた筋肉のアドリブ（表現）ですよ。

玉袋　いま観たって凄いですよね。肉体のすべて、指先まですべてに神経を行き渡らせて。やっぱりしょっぺえレスラーはそれができてねえもんな。指先が遊んじゃうんだよ。やっぱり指先まで気が張ってる猪木さんっていうのは凄かったよね。

ガンツ　だからこそ、絵になるわけですよね。

玉袋　舟橋さんのプロレス実況っていうのは、新日からじゃなくて、日本プロレスからでしたっけ？

舟橋　昭和44年の日本プロレスですね。

ガンツ　ＮＥＴ（現テレビ朝日）が日本プロレスを放送し始めた最初からやってるんですね。

玉袋　日本テレビと2局で放送してた最初からか。

舟橋　最初は僕と入社時期が同じの吉岡晋也っていうＮＨＫから途中入社で来た相棒とテレコで

2人でやってたんです。当時は（NETは）猪木の試合は放送できたけど、馬場の試合は放送できなかったんですよ。これが後に功を奏するわけですがね。

舟橋 当時、馬場さんの試合は、日本テレビの独占だったんですね。

ガンツ 馬場、猪木に次ぐスターが坂口（征二）で。坂口は放送が始まったときはアメリカに行ってたから当然放送できないんだけど、帰ってきてからも、坂口の試合は日本テレビ独占でこっちは放送できなかった。

玉袋 馬場だけじゃなくて坂口の試合も放送できなくて、ホントに猪木だけだったんですね。

ガンツ となると、1時間番組の中で、猪木さんの試合以外は誰の試合を放送していたんですか？

舟橋 あとはヤマハブラザーズ（山本小鉄&星野勘太郎）ね。それと大木金太郎、小鹿雷三（グレート小鹿）とかね。

玉袋 グレートになる前だね（笑）。

舟橋 あとはミツ・ヒライとか。

玉袋 日本プロレス若手精鋭陣、いいですね～（笑）。

舟橋 でも、プロレスの実況で、地方巡業に付いていくとおもしろかったですよ。あれは前取材の時だったかなぁ、当時はスカル・マーフィーとか、ブルート・バーナードとかがいて。

玉袋 2人とも悲しい死に方したけど（笑）。

舟橋 東北巡業で青森の八戸に行ったとき、あの2人が寿司屋に行くって言い出して、沖識名が「よかったら君らも寿司屋に行くか？」ってね。「行くか？」っていうことは払わせられるわけでしょ？（笑）。

玉袋 そういうシステムなんですか（笑）。

舟橋 まあ、払うのはしょうがないかってことで、ディレクターと一緒に行ったんだけど、あの2人は凄かったね。寿司屋なのに「サラダをくれ」って言い出して、「ここは魚しかないんだよ」って言ったら、「これはなんだ？」って、寿司の下に敷く葉っぱを指さすんですよ。

玉袋 バラン（葉蘭）ですよね。

舟橋 それで「これをサラダにしろ」って言い出して。でも、その葉っぱは本物じゃなくて、ビニールとかプラスチック製でしょう、それなのに「それでもいい！」って言って。

玉袋 良くない、良くない（笑）。

舟橋 それで、ホントに食ったんですよ。

玉袋 ビニールを食ったんですか⁉

舟橋 ビックリしちゃうよね〜。それで今度は「生きてる魚をくれ」って言い出して、寿司屋の大将が「いや〜、生け簀がないので生きてるのは……」って言ったら、金魚鉢を見て、「これをくれ」って言うんですよ。

玉袋 寿司屋で金魚を？（笑）。

舟橋 食っちゃうんですよ、それが。

玉袋 バカだね〜（笑）。

舟橋 あれは、わざとやってるんですよね。ボクらだけじゃなく、雑誌社とか東スポの記者なんかも来てましたから。

玉袋　ああ！　そういうところへのアピールなんですね。

舟橋　そうでしょうね。「自分は常人とは違うんだぞ！」っていうところをね。それくらい徹底してるんだなと、ある意味でそのプロ根性に感心しましたよ。電球なんかもバリバリ食うレスラーも多かったし。

玉袋　じゃあ、その寿司屋っていうのも、スカル・マーフィーとブルート・バーナードにとったら、プライベートじゃなくて営業だったんですね（笑）。

ガンツ　他の店に行き直してるかもしれない（笑）。

玉袋　「記者の連中、早く帰らねえかな」って思ってるよ（笑）。

舟橋　そんなレスラーばっかりだったんでね、「俺はすげえところに入ってきたんだな」って思いましたよ。でも、猪木という選手に張り付いて毎日が充実していた。アントニオ猪木のレスリングを、自分の実況で表現してみたいなと思ったから。

「自分がいかに選手と一体になって、しゃべれるかどうかだから」（舟橋）

玉袋　やっぱり猪木さんっていうのは、アナウンサーにそう思わせる存在なんですね。

舟橋　結局アナウンサーっていうのは、その人になりきって実況をしないとホントの実況ができないんですよ。チャンスが訪れたのが、昭和44年12月2日、大阪府立体育会館。当時の世界チャンピオンだった、ドリー・ファンク・ジュニアとの試合です。

玉袋　伝説の猪木vsドリーか。

舟橋　あのとき、ついに猪木がNWA世界ヘビー級選手権に挑戦する機会を初めて得たんですよね。この試合こそ、ボクはベストバウトだと思ってるんですよ。

玉袋　舟橋さんが観た、猪木のベストバウトですか！　確かに、古いファンはみんなドリー戦が最高だって言うんだよな～。

舟橋　あの試合は、2人の技の応酬が続いて、動きが止まるところがなかった。それで3本勝負だったんだけど、60分闘って1本も決まらなかったからね。当時、猪木は26歳。

玉袋　うわ～！　一番動けたときだったんだろうな～。ドリーはいくつなんだろう？

舟橋　ドリーは27歳。

玉袋　絶好調同士だよ！（笑）。

ガンツ　若き世界王者に、日本の若獅子が挑んだ試合だったんですよね。

舟橋　もうね、大阪府立体育会館のお客さんが総立ちですよ。あそこはね、プロレスとか格闘技に対しての見方が凄く厳しい土地なのに。そういう試合をね、自分が猪木と一体になって実況できたというあったのでね。ボクにとって、あれがベストバウトなんですよ。

玉袋　そのときって、もちろん観たものをそのまま実況すると思うんですけど、たとえばフレーズとか、取材メモみたいなものを書いていたりとかするんですか？

舟橋　もちろん取材した資料は作るけれど、そういう技の応酬とか凄い試合になるとね、資料を作ってもダメなんですよ。自分がいかに選手と一体になって、しゃべれるかどうかだから。だから、アナウンサーっていうのは資料をたくさん作った人間ほどダメになっちゃう（笑）。資料に頼っちゃうから。

ガンツ　なるほど〜。最近のスポーツ中継とかは、自分が作った台本を読み上げてるようなのもありますからね。

舟橋　そうなっちゃうと、もう実況アナウンスじゃなくなっちゃうから。だから古舘を教育するときなんかは、毎日のように六本木の交差点や繁華街、神宮外苑などに連れていって、実況させたんですよ。こだわって教えたのは〝五感で実況するように〟ということです。眼で見た風景や人々との行き交いの中での動き、色、音、肌の感触（季節感など）、香りなどはどんどん取り入れること、事前に行き先がわかればその場所の歴史的背景なども調べておきそれを実況に生かすことなどを教えましたね。

玉袋　まさに、見ず知らずの人を、見たまんま実況する練習ですか。

舟橋　新人アナウンサー5人連れて実況させて、それをテープに録って、あとで焼き鳥屋で反省会をやってね。みんなでテープを聞きながら、「ここはこういうふうにしなきゃダメだ」「この表現はおかしいじゃないか」っていうのを毎日やってたわけ。

玉袋　へえ〜！

舟橋　だから古舘も最初の頃の実況はね、「私はいま六本木の交差点に立っています。向こう側、道路を渡るとアマンドがあり、左側を渡ると警察があります」なんて、そんな実況だったんですよ。「なんていう実況なんだよ。バスガイドだってもうちょっとマシなことを言うぞ。君の感覚には色がないのか？　音がないのか？　そして肌で感じるものはないのか？　五感で感じたことを伝えていかなかったら、聞いてる人はイメージがふくらまないよ」って教えてね。

ガンツ　なるほど！　だから古舘さんは、「アントニオ猪木が真紅のガウンを身にまとって、いま六彩色の紙テープの中、入場してまいりました。館内からはドーッという歓声！」とか、色や音を入れた実況をしてたわけですね！

舟橋　それで彼は変わってきたんですよ。そのときはまだ自分で作ったフレーズは使ってなかったんだけど、『広辞苑』を片手にいろいろ考えたんでしょう（笑）。

ガンツ　新人時代の古舘さんの特技は、広辞苑の丸暗記だって言われてましたもんね（笑）。

舟橋　ボクはよく彼を見つけたなと、自分でも思ってますよ。だから採用試験のとき、ボクは上層部に「三浦さん、この古舘っていうのを絶対に採ってください。こいつだけは採ってください。お願いします！　プロレスをこいつに任せたいのです！」って言ってね。そのことは古舘は知りませんよ。

玉袋　いや〜、ホントに舟橋さんなくして、〝過激なアナウンサー〟古舘伊知郎は生まれなかったんだな〜！

舟橋　だから、ボクが古舘君に教えたことは、「実況する人間は五感で感じたものを伝えろ」と。「格闘技であればその選手になりきって表現しろ」と。それから、その姿を見て自分がイメージしたことを実況に活かす。ヘラクレスでもなんでもいいんですよ。何かにたとえろと。

ガンツ　なるほど〜。「現代に蘇ったネプチューン（ハルク・ホーガン）」とか「黒髪のロベスピエール（前田日明）」、「ＵＷＦのカダフィ大佐（藤原喜明）」とか、古舘さんはレスラーに自分がイメージした人物を被せてましたけど、それも舟橋さんの教えだったんですね！

舟橋　あと、そういうフレーズひとつにしても、人のマネはダメだってことも言いましたね。だから彼は、プロレスの実況をやり始めてしばらくは、「燃える闘魂」っていうフレーズは使ってないんですよ。「燃える闘魂」というのはボクが作ったフレーズなので、ボクが実況で入れても、古舘君は使わなかった。使うときは必ず、「猪木の歴史を語るうえで、先輩が実況で使っていた〝燃える闘魂〟を使わざるを得ないので使わせてください」って、断りを入れてきてね。古舘君はそういうところは律儀だったね。

玉袋　シビれる話だな〜！　まず何より、舟橋さんが「燃える闘魂」というフレーズを生み出したってことがすげえよ（笑）。

ガンツ　古今東西のプロレスラーの異名でナンバーワンですよね（笑）。

玉袋　20世紀の新語流行語大賞ぶっちぎりの1位だよ！（笑）。すげ〜な〜。そういう名フレーズがあって、アントニオ猪木の名勝負がさらに光り輝くわけだもんな。その中には、モハメド・アリ戦みてえな突拍子もねえものもあって。俺なんか、いま横で子どもの頃から聴いてる舟橋さんの声を聴いてるだけでグッとくるというか。この舟橋さんのオクターブの声が、耳じゃなくて心に入ってくるんですよ。

舟橋　（実況口調で）「超満員の日本武道館であります！」

玉袋　お〜！　これだあ〜〜！（笑）。

舟橋　ボクは武道館でやるときは必ず、「皇居、北の丸、日本武道館です」って入れたんですよ。

玉袋　たまらんな〜。

舟橋　まあ、ボクも猪木さんの名勝負はいろいろ実況してきて、ビル・ロビンソン戦なんかも素晴らしかったけど、やっぱりベストバウトといったら大阪と福岡のドリー・ファンク・ジュニア戦なんですよ。というのはね、これは一部の人たちも賛同してくれたんだけど、猪木のピークっていうのは、昭和44年（1969年）から昭和48年（1973年）くらいかなと。そうすると、ロビンソン戦はギリギリ、そのピークから漏れたぐらいの時期なんですよ。だから、そのあとのウイレム・ルスカ戦とか、モンスターマン戦などの異種格闘技戦のときは、最後の力を振り絞ったという感じでしたね。だから、猪木vsアリ戦は、もう「猪木さん、何とかがんばって！」の試合だったんですよね。

玉袋　バリバリのピークに見えても、20代の頃のアントニオ猪木を観てる人からすると、そうだったんだろうな〜。

舟橋　だから、全盛期にやったドリーとの試合がベストバウト。それに次ぐのが、ロビンソン戦と、ストロング小林戦だね。

玉袋　小林戦も良かったですね〜。

舟橋　小林戦は実況ではそういうことを言えなかったけども、猪木さんは相当焦っていたと思いますよ。

玉袋　あっ、そうですか？

舟橋　だって早い段階のフックで失神しちゃったでしょ？

ガンツ　ナックル思いっきり入れたら、ホントにノックダウンしちゃったんですよね（笑）。

舟橋　カウント9までに、これをなんとか起こさないといけない、と（笑）。

玉袋　そこで終わったら、尺が余ってしょうがないですもんね（笑）。でも、あのときの会場の雰囲気っていうのは、独特なものがあったんじゃないですか？　国際プロレスのファンもいるし。

舟橋　新日本と国際のエース対決でしたからね。それで、判官びいきもいるから、応援は6：4でストロング小林のほうが多く聞こえた記憶がありますね。

玉袋　へぇ〜、そうだったんですか。あと印象に残ってるのは、同じ大物日本人対決の大木金太郎戦ですよ。猪木vs大木って、猪木が勝ったあと、試合後に2人が泣いて抱き合うじゃないですか。あのシーンが俺は好きなんだよな〜。テレビの放送も、試合が終わったあとも少し尺があって、抱き合ってる2人の様子を舟橋さんが実況してるっていうね。

舟橋　ボクは猪木になることはできないけど、あのときは猪木の気持ちになってしゃべってたんですよ。アントニオ猪木は、力道山にブラジルから連れられて来て、馬場の同期生として日本プロレスに入ったけど、猪木は力道山の付き人、馬場は最初からスター候補生と、格差があったわけですよね。その新人時代、若手で一番強かったのが大木金太郎なんですよね。

玉袋　馬場、猪木より少し先輩なんですよね。

舟橋　で、馬場さんの最初の試合は、あの温厚な、若手では一番弱いといわれた田中米太郎さんと20分1本勝負、それは馬場さんが簡単に勝ったわけで。

ガンツ　フィニッシュは股裂きですもんね（笑）。

舟橋　で、猪木さんの相手は、若手で一番強かった大木さんで、頭突きやられて負けるんだけど。試合後のあの瞬間に、新人時代の想いが去来したと思うんですよ。

玉袋　猪木、大木、両方にいろんな想いがあったでしょうね。

舟橋　そのデビュー戦だけじゃなく、2人にはいろんなことがありましたから。猪木にとって大木というのは、新人時代は仲のいい先輩だったわけだけど、猪木が日プロ幹部の経理不正を糾弾して追放されるとき、その急先鋒に立って、猪木が日プロに戻ることを許さなかったのも大木。そして、新日本と日プロが合併する話があったとき、それをご破算にしたのも大木。だから大木に対してはいろんな想いが猪木にはあるんですよ。その集合体が、あの猪木vs大木のNWF決戦であり、試合後の涙だと思うんですね。

玉袋　だから、あの試合をいまDVDで見返してみると、舟橋さんも乗っかってるんだよね。そういう2人のこれまでの歩みを全部知ったうえで、猪木になりきってるからこそできる実況なんでしょうね。

舟橋　あのときの猪木の想いっていうのは、一言では言えないですからね。

玉袋　「泣いてます」って言うしかないですよね。

舟橋　だからね、大木戦なんかにしても、「もっとこういう表現でしゃべりたかった」というような想いが、いろいろありますよ。これは芸を目指す人はみんなそうだと思うんですが……、とくにアナウンサーというのは、「これは最高の放送をした！」ということが一度もないといっても過言ではないと思うんです。少なくとも、ボクはひとつもない。もし「ある」っていうアナウンサーがいたら、それは嘘ですよ。ボクなんかは、「なんで、あそこでこういう表現ができなかったんだ！」「この次はもっと的確な心に響く表現を！」っていう想いばかりですよ。

玉袋　じゃあ、いまも昔の猪木さんの映像とかで、舟橋さんの実況がテレビだったり、DVDだったりでいっぱい出るじゃないですか？

舟橋　もう観るのも、というより聴くのも嫌ですね（笑）。

「振り返ってみると猪木さんがいないとボクの実況はなかったと思います」（舟橋）

玉袋　そうなんだ〜！

ガンツ　ボクらは逆に、何回も何回も観てますけどね（笑）。

玉袋　そうだよ。「最高の実況だな〜」って、聞き惚れてるんだから。

舟橋　でも、アナウンサー本人というのは、「なんでこういう表現ができなかったんだ！」「心を打つのはこうだろ！」っていう、その悔しさばかりですよ。

玉袋　すげえ！　榎本喜八ですよ！

ガンツ　いくらヒットやホームラン打っても自分のバッティングに納得がいかないというのと同じですね。

舟橋　競馬中継でもそうですよ。あの短い時間の中で、ドラマが詰まっている。それを完璧にしゃべるっていうことは、なかなかできない。一度、落馬した騎手を「再騎乗しろ！」って、馬を追いかけて行って再騎乗するわけないのに言っちゃったことがあって。これはウケたんですよ（笑）。

玉袋　再騎乗しろ！　馬を追いかけろ、と（笑）。

舟橋　だってね、「再騎乗しろ！」っていうのは、馬券を買ってる人たちの気持ちを代弁したものなんですよね。

玉袋　「バカヤロー！　こっちは買ってんだ！」ってね（笑）。

舟橋　だから、現役時代の実況は視聴者を代弁するというか、かなりのめり込んだ無茶な放送も多く、今聴くのも嫌だけど悔しさと反省ばかりですよ。

玉袋　そうだったんだな〜。

ガンツ　とくに当時のプロレスは、毎週生中継だから大変だったんじゃないですか？

舟橋　でも、楽しかったですよ。スリリングだけど、それを楽しんでましたね。

ガンツ　メインイベントなんか、毎回残りの放送時間が迫ってくるわけじゃないですか。あれってディレクターというか、タイムキーパーみたいな人がいるんですか？

舟橋　いや、全部自分で時計を見てしゃべってたんですよ。あとは、オンエアの画面を見ながらね。だから一番困るのは、地方に行くと全国生中継しているのに、その土地にＮＥＴのネット局がなかったりする場合があって、そうするとオンエア画面がないから、どこでコマーシャルが入ってるのか、わからないんですよね。ただ一つディレクターが本社とやり取りしている音声回線だけが頼りでねえ。

ガンツ　なるほど〜。

玉袋　そのＣＭ中の話で言うと、昔の猪木さんとか新日本のＤＶＤボックスなんかを観ると、ＣＭ中の会話がそのまんま収録されてたりして、それがおもしろいんだよな〜。解説の櫻井康夫さんと、素の会話をしてたりとかさ。櫻井さんとは、ずっと一緒にやられてましたよね？

舟橋　解説者ではやっぱり、阿吽の呼吸というか、櫻井さんが一番プロレスの実況がしやすかった人ですね。

玉袋 遠藤幸吉じゃなくて（笑）。

舟橋 遠藤さんは、もう造語が多かった。意味不明のことばに悩まされました。

玉袋 造語？

舟橋「これは一発百中です」とか、「ここで〝オスメス〟を決していただきたいですね」とか（笑）。

玉袋 雌雄（しゅう）だよ、雌雄！（笑）。

ガンツ それを生放送中に突っ込むわけにもいかないし（笑）。

舟橋 遠藤さんはおもしろいですよ。遠藤ファンも一部にいましたし……。

玉袋 あの頃の新日は、マクガイヤーブラザーズを呼んだりとかね、ちょっとインディー臭さも残ってて、あれはちっちゃい頃、俺も興奮したよ。小学2年生ぐらいだったんだけど。

ガンツ 昭和のガイジンレスラーは、普通の生活ではまずお目にかかれないような人たちばかりでしたからね。

玉袋 怪人だらけだからね！　だから、プロレスっていうのは元来、エンターテインメントという要素が強いんだけど、それを当時は完全なスポーツとして中継することに対して、舟橋さんはどう消化されてたんですか？　ちょっと、難しい質問になっちゃうかもしれないですけど。

舟橋 意外とボク自身はすんなり受けてたんですよね。それはもう日本プロレスの時代から、アントニオ猪木をどう表現するかと……。でも、プロレスには歌舞伎的な側面があるにしても、ボクはリング上の選手同士による、阿吽の呼吸のなかのアドリブ的反射動態だと思うんですよね。だから、舞台の脚本家以上にクレバーじゃないといい試合はできない。阿吽の呼吸のなかで相手との間合いを計りながら次の動きを決めていくわけだから。そういう意味で、アントニオ猪木は頭の回転が速く、相当な頭脳の持ち主ですよ。

ガンツ 観客の声を耳で聴きながら、身体で感じながら、観客の先をいくわけですもんね。

舟橋 だから、猪木以上のレスラーはいないですね。猪木さんは常にカメラも意識している。あの筋肉の躍動感、表情、全身で表現するものをどの角度でカメラが撮ってくれたら一番映えるのかっていうのをね。

玉袋 猪木さんは、常に見られていることを意識してるんですよね。だから、タッグマッチのときコーナーで待ってるときも、全然休んでない。だから、モニターを見ながら舟橋さんも、コーナーにいる猪木の実況ができたんだと思うんですよ。「猪木がいま鋭い視線を送ってます!」とかね。それを猪木はやるんだよ。ホンモノだよな〜。

舟橋 凄いレスラーだと思いますよ。ああいう人はもう100年に一度! なかなか出てこないでしょうね。

ガンツ 舟橋さんも、猪木さんの試合があるからこそ、プロレスを全身全霊で実況できたというのはありますか?

舟橋 もちろんですね、すべてですね! 猪木さんがいないとボクの実況はなかったと思います。

玉袋 猪木さんの闘いから舟橋さんの実況が生まれ、その舟橋さんの実況により、猪木さんの闘いがより輝くというね。最高だったな〜。当時、日本テレビの『全日本プロレス中継』に対するライバル意識とかもありましたか?

舟橋 それは、当然ありましたね。お互いが切磋琢磨して競い合う、そんな時代でした。全日本プロレスがあったからこそ、新日本があそこまでになったと同じように。ですから、全日本の役割は大きかったと思いますね。猪木さんもそうだと思いますよ。猪木さんのカリスマ性っていうのは馬場さんがいて引き立ったのではないかと思うんですよ。

玉袋 馬場さんを超えるために、自分を磨いていったわけですもんね。

舟橋 猪木さんは、常に馬場さんを意識していましたから。あの異種格闘技戦だって、馬場さんへの挑戦状ですからね。

玉袋 「馬場! おまえにこれがやれんのか、おい!」っていうね。

舟橋 当然、馬場さんも猪木さんを意識していただろうし……。だから、猪木vsロビンソン戦のときに、武道館をぶつけたわけでしょ?

ガンツ 国際プロレスを巻き込んで「力道山13回忌追善」大会を開催して、新日の蔵前があるのを承知で、「猪木、ここに出てこい」とやったんですよね(笑)。

舟橋 あれも馬場さんの計算としては、「猪木は卑怯者」というところに持っていきたかったんですよ。さんざん挑戦状を叩きつけておきながら、いざその機会があるのに出てこないというね。それで同日興行になったんだけど、猪木が試合内容で全日本と国際の武道館を凌駕してしまった。プロレスファンが、ロビンソン戦のほうを高く評価したんですよね。

ガンツ 猪木vsロビンソン戦は、いまだに名勝負として語り継がれてますけど、「力道山追善興行」のほうは、その同日開催されたっていう、こぼれ話程度ですもんね。

玉袋　そのあと、馬場がそのロビンソンを引き抜いて、猪木が勝てなかったロビンソンに簡単に勝っちゃったりしてさ。そりゃあ、猪木さんもカッカするよ。お互いが本気になってて、黄金時代だな〜。

「当時のプロレス番組っつーのは、大人がみんな本気になって作ってたと思うんだよね」(玉袋)

舟橋　ホントに毎日が躍動してましたね。楽しかったですよ。で、ボク自身は日本テレビの清水さんとか、徳光(和夫)さんとは仲間だったしね。徳光さんは競馬、競艇が好きでね。いや〜、楽しいですね、昔の話は。

玉袋　当時、海外の試合とかもけっこうありましたけど、舟橋さんも同伴して現地で実況されてたんですか?

舟橋　そうですね。いろんなところに行きましたけど、一番思い出に残っているというか、ヒヤヒヤしたのは、カナダのモントリオールでやったタイガー・ジェット・シン戦(75年5月19日)ですね。

玉袋　カナダはシンの地元ですけど、何かあったんですか?

舟橋　ちょうどゼネスト(ストライキ)があって、カナダとかアメリカっていうのは、労働者がみんなユニオンに加入してるから、交通機関だけじゃなく、あらゆることが全部止まってしまうんです。だからあの試合は、ボクと櫻井さんだけがモントリオールに行って、録画は現地のテレビ局にやってもらう手はずだったのに、会場にテレビ局の人間がひとりも来ない（苦笑）。

玉袋　それはつらいな〜！（笑）。

舟橋　問い合わせたら社員が誰もいないと……、そして管理職だけでは放送できないと……。契約違反なんだけど、そんなこと言っても仕方がないから、急遽、試合映像が撮れるフリーカメラマンを現地のプロモーターと探してね。間が悪いことに、プロデューサーやディレクターも同行してないから、ボクと櫻井さんと、通訳でニューヨークから来ていた支局長、あとは現地のプロモーターと4人で電話帳使って必死に探したんですよ。

ガンツ　見知らぬモントリオールで、実況アナと解説者、支局長がカメラマンを必死で手配してましたか（笑）。

舟橋　当時はフリーのカメラマンっていうのがなかなかいなくてね〜。それで18時からの試合だったんですけど、17時すぎにユニオンに入っていないカメラマンがギリギリ到着してくれたんですよ。ところがそのカメラマン、10分しか撮れない映画のフィルムを20本位持ってきてね、たぶん映画撮影のカメラマンだったのですね。ボクは真っ青になりましたよ。一度に最大10分しか撮れないのに、猪木vsシンは時間無制限1本勝負ですから（苦笑）。

玉袋　ワハハハハ！　それを入場も含めて10分で終わらせなきゃいけない。無理だよ！（笑）。

舟橋　それで急きょプロモーターと猪木さんに懇願して、60分3本勝負にしてもらおうってことになったんだけど。

玉袋 ロールチェンジの時間を作るために（笑）。

舟橋 60分3本勝負にするなんて、猪木さんもプロモーターもなかなか了承してくれないんだけど事情を話してね、「これを撮らなきゃ日本に帰れないという思いでやるしかない」って説得してね。だって映像を持ち帰らないとその週のワールドプロレスの放送ができませんから。

玉袋 番組に穴が空くことになるわけですもんね。

舟橋 だから試合前に猪木さんの控え室に行って、「ちょっと猪木さん、独り言なんですけど聞いてください」と。

玉袋 いいですね～、「独り言なんですけど聞いてください」（笑）。

舟橋 「今日、モントリオールがゼネストだっていうのはご存知ですよね？」猪木さんは「それはタクシーも何も動いてないからわかってる」と言ってあとは聞いている。それで、「ゼネストだからすべての労働者が休んじゃってる。テレビ局も主なニュースは管理職が担当しているくらいでほとんど動いてないんですよ」と僕は言って。

玉袋 独り言をね（笑）。

舟橋 さらに「独り言を続けますよ」と（笑）。「それでプロモーターや我々で仕方がなくユニオンに入っていないフリーのカメラマンに頼んだんですけど、10分しか撮れない映画のフィルムしか持っていなくて。もう他のカメラマンを探す時間もない。今日の試合映像を日本に持ち帰って、今週の金曜日に放送しなきゃならないので、本当に困っちゃいました」ってね。

玉袋　独り言で切々と訴えて（笑）。

舟橋　それで、ここからが独り言の本題なんですけど、「あの……10分でフィルムを切り替えるということは、8分くらいでこう……試合が決まるとうれしいんですよね。でも、無制限1本勝負でそんなバカなことはできないですよね？」って言ったら猪木さんが怒り出してね。

玉袋　ワハハハハ！

舟橋　「ふざけんなよ！　舟橋さん、試合はそんな甘いもんじゃないだろ。あんたも知ってるじゃないか！」「いや、もちろん知ってるんですが……独り言をもうちょっと続けますよ」と。もうボクも独り言をしゃべる機械になってるからね（笑）。「で、無制限1本勝負であることは重々承知しいるけど……、その試合を8分で決めるなんてことはできないでしょうかね。そのためには、8分くらいの試合を、3本勝負でやっていただけないかなあ……と」ってね。

ガンツ　3本勝負であれば、フィルムの交換もできるし、尺も埋まると（笑）。

舟橋　あのときはもう、ボクも張り倒されると思いながら〝独り言〟を言い終えて控え室を出たんですよ。で、櫻井さんが「どうだった？」って聞いてきたので、「どうもこうも相当怒ってましたよ、試合前の精神集中の時間ですからなおさらですね」と。もうプロデューサー、ディレクターは誰もいないからね。国際電話をかけて相談したところでしょうがないし。それで覚悟を決めてニューヨーク支局長と一緒にもう一度猪木さんの控え室に行って、「カメラマンもいちおう映画用のフィルムですがスタンバイしています。今日、ボクはこういったカタチで実況しようと思いますので、……たとえば、試合時間が6分を過ぎたら、ボクは立ち上がって実況をします」と。

玉袋　タイムキーパーだ！（笑）。

舟橋　「なので、ボクが立ち上がったら6分過ぎたと思っていただけたら……」って言ったら、猪木さんが一言。「舟さん、相手と闘っている最中に、舟さんのことなんか見ていられないでしょ！試合中にそんな指示をされても困る！」って。当然そんな指示されたくないよね（笑）。

玉袋　最高だな～（笑）。

舟橋　それでも、〝独り言〟を言うしかないから、さらに続けたんですよ。「8分50秒ぐらいまでは、ギリギリ収まると思うので、なんとかシンを仕留めてください。そして2本目もまた、6分過ぎたらボクが立ち上がって実況します」と言ってね。猪木さんは、最後まで「わかった」とは言ってくれなかったけど、これが失敗して撮れなかったらアナウンサーを辞める覚悟で実況席に座ったんですよ。そうしたら、3本とも見事に8分以内で終わって、すべて撮影することができたんです（笑）。

玉袋　凄い！　猪木が凄い！（笑）。

舟橋　当然だけど、そこから、ますます猪木さんを好きになっていく（笑）。しかも、その中継を金曜日に放送したら、視聴率が24パーセントを超えたんですよ。あの試合は、猪木がNWF王座をシンから奪回するために、敵地モントリオールに乗り込んでいった大事な試合だったんですよね。そもそもそのNWF王座は、猪木がアンドレの挑戦を受けるためにブラジルに行ったら、NWF本部が「次の挑戦者はタイガー・ジェット・シンだと決まっている。それを無視するなら剥奪する」と警告して、猪木がそれに反発して返上したものだった。そういうストーリー性というか経緯があったんですよ。だからボクは、ガチンコの勝負だけが好きっていうわけじゃないんです。プロレスはやっぱり、ストーリー性がないとダメなんですよ。

玉袋　そのストーリーがカナダで壊れそうになりながら、舟橋さんが立ち上がって立て直すっていうのがいいね（笑）。

舟橋　これは映像に残ってるかどうかわからないけど、あの試合、ボクが立って実況し始めると、猪木さんは放送席寄りのロープ際で闘い始めた。ボクの実況を聞きながら闘ってたんですよね（笑）。で、そうなると、こっちの実況もよけい乗ってきちゃうわけです。それでボクが、「さあ猪木、チャンスだ！　次はブレーンバスターか！」って叫ぶと、猪木はブレーンバスターをやるんですよ（笑）。

玉袋　すげ～！　最高だよ！（笑）。

ガンツ　でも、実力がなければできないことですからね。

玉袋　そうだよ。千代の富士が寺尾をぶん投げた、あのスラムと一緒だよ。「ふざけんじゃねえ、この野郎！」っていうね。

ガンツ　そうやって苦労しながら高視聴率を取ったんだから、思い出に残る一戦ですね（笑）。

舟橋　あれは海外遠征のなかで一番ですね。セミで坂口さんもよい試合をしましたね……。（ブル・グレゴリー戦）

玉袋　だから、当時のプロレス番組っつーのは、大人がみんな本気になって作ってたと思うんだよね。ボクもそういう放送をガキの頃から観ていたからこそ、50歳近くになってもいまだにプロレスを追いかけちゃう。それは舟橋さんが実況していた、猪木さんの試合の放送が楔をバチーンと小学生の自分に打ち込んでくれたから、まだその杭が抜けないんですよ。

舟橋　やっぱり感受性が高いんでしょうね。

玉袋　プロレスファンっていうのは、そんな変態ばっかりですからね。彼（ガンツ）もそうだし、みんなそうだと思うんですけど。それぐらいワクワクできる番組が、毎週金曜の夜観られたっていうのは、かけがえのない経験ですよ。

舟橋　ボク自身、あの時代のプロレスの実況ができて、幸せでしたね。

玉袋　で、そういう精神が、うまく古舘さんにバトンタッチされたというね。そうやって繋がっているからこそ、俺たちもプロレスから抜け出せなくなったわけだから。

舟橋　いいことですよ（笑）。

ガンツ　じつは今日の昼間も、猪木 vs アリのＤＶＤを観てから来たんですけど、放送席からも異常な緊張感が伝わってきましたね。

舟橋　あのときは、手探りなことが多すぎたから。最終的なルールだって決まってなかったし、その後の状況もこっちには伝わってきてないんだから。放送席にルールの発表がない実況なんて初めてでした（笑）。異種格闘技戦なんだから、放送席でフリップを出して、「このようなルールになっております」っていうのが普通でしょ。ところが放送が始まる前に、総合プロデューサーの永里高平さんが「舟橋、ルールのことはいっさい触れるな」って言うんだから。

ガンツ　視聴者には曖昧にしておけ、と（笑）。

舟橋慶一

舟橋　「それは放送にならないじゃないですか」って言ったんだけど、結局そのまま始まっちゃって。ボク自身もルールがもうひとつで、まるで真っ暗闇の太平洋に乗り出した羅針盤のない船のようなアナウンスでしたよ（笑）。もう試合そのものの見たままの実況しかないと……。

ガンツ　しかも、それが15ラウンド続いたわけですもんね。

舟橋　それで終わったら、「世紀の凡戦」って言われてね。一般紙はそう書くだろうなと思ってましたけど、NHKの磯村（尚徳）さんも『ニュース9』で、取り上げるまでもない世紀の茶番と言いだしてね。

玉袋　ニュースで「NHKが取り上げるまでもない」って言ったんですか。

舟橋　それで猪木は怒ったんだけど、あのあと4～5年は「世紀の凡戦」って言われてましたよ。

玉袋　猪木さんも、俺たちプロレスファンも、耐え難きを耐えてきたんだよな～。

舟橋　だからあのとき、ボクはみんなに聞いたんですよ。「あなたはあの試合に何を期待しましたか？　アリが再起不能になるのを期待したんですか？　猪木の顔面が割れるのを期待したんですか？　生きていても半身不随になるような、そういう試合を望みましたか？　異種格闘技戦というルール調整が難しい中、ルールに縛られたまま、鍛えられた肉体と持てる精神力をフルにぶつけ合って闘った試合だと思いませんか？　最後の15ラウンドが終わったときに猪木とアリが抱き合ったあの瞬間をどう思いましたか？　それでも世紀の凡戦って言いますか？」って聞いたら、みんなが黙っちゃってね（笑）。

玉袋　でも、いまはあの試合の名誉が回復されたからいいですよ。舟橋さんはその生き証人だし。

舟橋　ボクは当時から「猪木さんは難しい試合をよくやりぬいたな」と感動しましたし、それは世間から「世紀の凡戦だ」と言われても、その思いは変わりませんでしたよ。

玉袋　カ～、しびれるな～。あの試合からもう40年ですよ。アリも今年亡くなってね。

舟橋　あの試合のあとね、偶然アリと会える機会があったんですよ。ボクはあの悪夢としか思えない、ソビエトのアフガニスタン侵攻で世界の自由圏がボイコットしたモスクワ五輪のあと、営業で大阪に行った。そのあと、大阪で4年仕事をした後、秋田の仕事をした。そう、テレビ朝日独占での五輪放送という大きな目標が、失敗に終わってね、いまさら後輩が育ったプロレス放送には戻れないし……（笑）。それで秋田朝日放送の代表になった。その頃スポンサー20数人をお連れして、アトランタオリンピックの開会式に行ったんです。これは偶然なんですけど、アリが出てきたときは、もうびっくりしましたよ！

玉袋　舟橋さんのアリとの再会は、あのアトランタですか！

舟橋　でも、まさかアリが最後の聖火ランナーとして出てくるなんて、誰も思ってなかったからね。これも運命かなと思ってね。

玉袋　運命ですよ。

舟橋　あのあと、控え室やホテルでなんとかアリに会えないものかと思って、やるだけのことはやってみたんですけど、難しかったですね。

玉袋　でも、人生の大きな交差点ですよね。

舟橋　ああ、いいですね！　その言葉は。うん、そう！

玉袋　あの猪木vsアリのあと、舟橋さんもアリもいろいろあったなか、20年後にアトランタで、あのアリの姿を目撃するというね。素晴らしいなあ。その猪木vsアリ戦の実況をやった舟橋さんと、中野坂上の居酒屋でお酒を飲みながら話が聞ける俺っていうのも、相当儲けもんだと思いますけどね（笑）。

舟橋　いや～、玉袋さんとこういう話ができて、ボクも幸せですよ！

ガンツ　玉さん、プロレスファンも長いことやっておくものですね（笑）。

玉袋　やっておくもんだよ。プロレスってもんは、終わりのない大河ドラマなんだから。ずっと続いていくんだよ。

舟橋　そうですね。常にそのときを一生懸命に生きて、その継続ですよね。だから親鸞聖人の言葉にあるじゃないですか、「明日はどうなるか、わからない」ってね。「とにかくいまを一生懸命に生きなきゃダメなんだ」と。

玉袋　そうですよね～。猪木さんも「この道を行けば、どうなるものか。危ぶむなかれ！」って言ってますからね。舟橋さん、今日は本当にありがとうございました！

タイガー服部
Free as a Bird

タイガー服部（たいがー・はっとり）

1945年7月20日生まれ、東京都中央区出身。本名・服部正男。元プロレスのレフェリー。明治大学在学時の1966年、全日本レスリング選手権で優勝。卒業後に渡米し、コーチ業をしながら選手活動を継続して1971年の全米選手権優勝。その後フロリダのヒロ・マツダ道場でハルク・ホーガンらプロレスラーへの指導を始める。またフロリダ地区で活動していたマサ斎藤、高千穂明久ら日本人選手のマネージャーも務めてプロレス界に足を踏み入れることとなる。1982年に新日本プロレスに入団。レフェリーとしてだけでなく海外経験を生かして外国人レスラーの招聘にも手腕を発揮する。2020年2月19日の後楽園ホール大会をもってレフェリーを引退。

［2023年5月収録］

「マサさんは手錠をかけられたときに腕を振り回したら、おまわりさんふたりが吹っ飛んじゃったんだよ」(服部)

ガンツ　玉さん！　今回の変態座談会は新日本プロレス事務所での開催です。

玉袋　ライオンマークの前でやらせていただけるとはね。で、今回のお相手はライオンじゃなくて「トラ」だっていう（笑）。

ガンツ　というわけで、今回のゲストはタイガー服部さんに来ていただきました！

玉袋　服部さん、よろしくお願いします！

服部　ＹＯＵはビートたけしの弟子なんだよね？

玉袋　そうなんですよ。

服部　じゃあ、両国国技館の暴動のとき（１９８７年）なんかもいたの？

玉袋　いました！　まだ下っ端だったんで、リングには上がらなかったんですけど。

椎名　リング下から「(ガダルカナル・）タカ、ダンカン、帰れ！」とか野次を飛ばしてたんですよね（笑）。

ガンツ　そこで日頃の鬱憤を晴らして（笑）。

服部　あのとき、（ビッグバン・）ベイダーは俺とマサ（斎藤）さんが連れてきたんだよ。

玉袋　服部さんも関わっていたんですか！

服部　アイツはプロフットボーラーをやっていたでしょ。それでプロレスラーになってまだしょっぱいときに、俺はマサさんと一緒にベイダーとミネアポリスで最初に会ったんだよ。

ガンツ ルーキー時代にAWAにいたんですよね。

服部 それでマサさんが一度向こうの刑務所に入って出所したとき、猪木さんに「アメリカにこんなデカくて動けるヤツがいましたよ」って教えたら、猪木さんが「絶対に連れてこい」って言ってさ。その頃、ベイダーはアメリカを離れてヨーロッパにいたんだけど、俺がヨーロッパまで探しに行ったよ（笑）。

玉袋 猪木さんが「絶対に連れてこい」って言ってたっていうのがいいな。ベイダーはビートたけしが打倒・猪木のために連れてきたんじゃなかったんだな〜（笑）。

服部 マサさんが刑務所に入っているときは、俺も何回か面会に行って。光雄（長州力）とも2回くらい行ってるよ。

玉袋 長州力を「光雄」と呼ぶところがいい！（笑）。

服部 ミネアポリスからその刑務所まで行くのが大変でさ。すごい山の中にあるんだよ。

ガンツ マサさんが入っていた刑務所って、柵がないかわりに、逃げたところで自力では山から降りられないようなところなんですよね（笑）。

服部 そうそう。だから俺、マサさんに「ここから脱走したら絶対に死ぬよ。あの山は越えられない」って言ったからね。クマかオオカミに喰われるよ。ウィスコンシンかどっかの山の中だから。

ガンツ マサさんが捕まったのがウィスコンシン州ワカシャという田舎町で。

服部　そこで東洋人が暴れたから、1年半も入れられたんだよ。
椎名　マサさんは本来、ケン・パテラと警察官の乱闘に巻き込まれただけですもんね。
玉袋　人種差別的なこともあったんだろうな。
服部　マサさんは両手に手錠をかけられたとき、「ウォー！」って腕を振り回したら、おまわりさんふたりが吹っ飛んじゃったんだよ（笑）。
椎名　それ、捕らえられたキングコングですよ！（笑）。
服部　それで両手両足に手錠をかけられたらしいから。でも足に手錠がハマらないから、特別な鎖で縛られてね。
玉袋　すげえな〜。マサさんとのつながりっていうのは長いんですよね？
服部　俺がマサさんに初めて会ったのは大学時代だから。俺が明治に入ったときにマサさんが4年で、同じ東京出身だから気にかけてくれてね。

椎名　大学も同じなんですね。

ガンツ　マサさんはレスリングで東京オリンピックに出ていますけど、服部さんも全日本チャンピオンになっているんですよね。

服部　それで1969年にアルゼンチンで開催された世界選手権に行って、4位で優勝はできなかったんだけど、そのまま日本には帰らずにブラジルとか南米を転戦してアメリカに入って、最後にサンフランシスコに着いたらマサさんがリングに上がっていたんだよ。

玉袋　すでにマサさんはプロレスラーになっていたと。

「ニューヨークで柔道を教えながらレスリングの練習も続けてた。それで1971年に全米選手権に出て優勝したんだよ」（服部）

ガンツ　東京プロレスが潰れたあと、マサさんが単身渡米したときですね。

服部　そのとき、マサさんに「しばらくここにいろ」って言ってもらえたから、サンフランシスコに1カ月くらいいたのかな？　で、俺は最初からニューヨークに行くつもりだったんだけど、マサさんの同級生がたまたまニューヨークで柔道の先生をやっていてね。その人はレスリングもやりながら柔道もやっている人で「道場がひとつ空いてるから教えにきてくれ」って言われたんだよ。俺は高校までしかやってないインチキ柔道なんだけど、その頃は三段だったからさ。

椎名　三段ですか⁉　相当なものじゃないですか。

服部　インチキみたいなもんだよ（笑）。それでニューヨークに行ったんだけど、俺が教えていたのはブルックリンの悪いところなんだよ。夜なんか外を歩けないよ。そこは柔道だけじゃなくて空手も教えていたんだけど、そこで一緒に教えていたのが凄い人で、極真空手の四天王に入っていた中村忠さん。

玉袋　中村忠さんですか⁉　『空手バカ一代』の登場人物だよ。

服部　そこで1〜2年柔道を教えながら、ニューヨーク・アスレチッククラブという伝統あるクラブでレスリングの練習も続けて。１９７１年にフロリダのタンパで全米選手権があったから出場したら、57キロ級で優勝したんだよ。

玉袋　全米優勝ですか⁉　すげー！

服部　だってまわりは弱いじゃん。チビなんかいないんだもん。

椎名　でも全米選手権優勝は凄いですよ。

服部　たまたまだよ（笑）。でさ、当時のフロリダはプロレスが盛んで、アマレスの全米選手権のスポンサーが「チャンピオンシップ・レスリング・フロム・フロリダ」っていうプロレスの会社だったの。

ガンツ　いわゆるNWAフロリダですよね。

服部　そこのボス、エディ・グラハムから「フロリダに残らないか？　息子にレスリングを教えてくれ」って言われてさ。そこにはヒロ・マツダさんもいて、「キミ、何をやってるの？」って聞かれたから「いや、ニューヨークにいるけど何もやってません」って言ったら、マツダさんも誘ってくれてね。べつにニューヨークに戻ってもやることがないしさ、ニューヨークでもどうせ同じことをやってるわけじゃん。

ガンツ　それならフロリダのほうが気候もいいし、これはいいやと（笑）。フロリダに行った人たちはみんな「フロリダは最高だった」って言いますね。

服部　フロリダは住みやすいじゃん。ニューヨークより家賃が安いし、気候もいいしさ。フロリダってノースのほうから来ている人が多いんだよ。ニューヨークから飛行機で2時間半かな。時差がないじゃん。住みやすいし、女のコも綺麗だしさ。うっかり虜になって10年くらい住んじゃったけど（笑）。

ガンツ　マサさんは「フロリダは女がイージーなのが最高だった」って言っていましたね。

玉袋　気候がそうさせてしまうんだろうな（笑）。

服部　それで「いったんニューヨークに戻って整理してきます」って言って、それでニューヨークから24時間かけてドライブしてタンパに移ってきたんだよ。

ガンツ　アメリカ東海岸の上から下までですよね。

玉袋　すげー。

服部　そこからタンパでマツダさんと一緒に『ヒロ・マツダ・レスリング&ジュードー・スクール』っていうのを作ったんだよ。まあ、町道場だよね。俺はインストラクターになったんだけど、そこで出会ったプロレスラーはたくさんいるよ。ディック・スレーター、ポール・オーンドーフ、スティーブ・カーンとか。

椎名　それはプロレスラーも練習に来たんですか？
服部　俺はそういったプロレスラーにアマレスを教えてた。プロレスをやるにしてもベースは必要だからね。そこに習いに来たのが、プロレスラーになる前のハルク・ホーガンだよ。
玉袋　うわっ、そんな時代からホーガンを知っているんですか。
服部　ホーガンは最初、プロレスじゃなくてアマチュアレスリングを教えてくれってことで来てたんだよ。
ガンツ　ホーガンは服部さんの教え子ってことですね（笑）。
服部　アイツがまだ17歳ぐらいだよ。ボディビルをやっていて身体は大きかったけどね。
玉袋　昔はバンドをやっていたって話ですけど。
服部　だからホーガンがやっているバンドもよく聴きに行ってたよ。
椎名　観に行ってたんですか？（笑）。ヘヴィメタルとかですか？
服部　違う。カウボーイ・ミュージック。
椎名　ウエスタンなんだ（笑）。
服部　だから、もともとはボディビルが趣味のバンドマンだったんだけど、「それだけの身体をしてるんだから、バンドよりプロレスやれ」って勧められてレスラーになったんだよ。最初は凄くしょっぱかったけどな（笑）。

「反日感情をひっくり返して、それをビジネスにするってのが凄いよな。タフじゃないとできないよ」（玉袋）

ガンツ　服部さんのレフェリーとしてのデビュー戦って、ハルク・ホーガンVSウィリエム・ルスカなんですよね？

玉袋　えーっ！　ホーガンVSルスカですか⁉

服部　そうそう。マイアミとオーランドの間にある小さな街の体育館でね。ルスカもそうだけど、ふたりとも〝ヨカタ〟なんだよ。

椎名　ヨカタ（笑）。

玉袋　ルスカはどういうルートだったんですか？

服部　ルスカは猪木さんと異種格闘技戦をやったあとにプロレスラーになったんだけど、しょっぱいから坂口（征二）さんがフロリダに連れてきたんだよ。

ガンツ　プロレスを覚えさせるための海外武者修行として（笑）。

玉袋　でもホーガンVSルスカっていうのは、すげえマッチメイクだな。『レッスルマニア』級だよ（笑）。

服部　でもホーガンもまだグリーンボーイだったからさ、ホーガンもしょっぱいし、ルスカもしょっぱい、おまけにレフェリーもしょっぱいから、ひどい試合だったよ（笑）。

玉袋　レフェリーもしょっぱいって、オチをつけるところがいいね（笑）。でもアマレスと柔道のインストラクターだった服部さんがプロレスに関わるきっかけっていうのは、なんだったんですか？

服部　しばらくしたらマサさんがフロリダに転戦してきたんだよ。それでプロレスの会場で会って「おまえ、ここで何してんだ？」って言われてね。

椎名　「プロレスラーじゃないのに、なんでいるんだ？」って思いますよね（笑）。

服部　そうしたら、フロリダでブッカーをやっていたジョニー・バレンタインに「おまえは日本人だし、おもしろいからサイトーのマネージャーやれよ」って言われて、そっからスタートしたんだよ。そのあとテキサスから高千穂（明久＝ザ・グレート・カブキ）さんも来て、マサさんと高千穂さんの凄いチームになってね。

ガンツ　もの凄い売れっ子になったんですよね？

服部　めちゃくちゃ売れた。日本人であれだけ売れたの、ほかにいないんじゃないの？　高千穂さんはレスリングの天才じゃん。身体がやわらかくて、あの人ぐらいバンプが取れる人はいないよ。それでマサさんはゴツゴツしたパワーがあるのにタイミングが絶妙だから最高のチームで、エディが凄いよろこんでたよ。それで俺がマネージャーで、3人でフロリダ各地をずっと回って、ときどきジョージアに行ったり、テキサスに行ったり、ニューヨークに行ったりしてさ。1年365日のうち360日ぐらいブッキングされて、毎日仕事なんだよ。

玉袋　すげー！　毎日飛び回っていたわけですか。

服部　マイアミに行ったり、ジャクソンビルに行ったりするんだけど、毎週水曜日はタンパでテレビ録りがあるんだよ。それで向こうのインタビューは、マネージャーが英語でまくしたてるんだけど、俺の英語はインチキ英語じゃん。俺じゃ無理だと思ったんだけど、エディ・グラハムは「英語が下手だからおもしろいんだ。そのまま話してくれ」って言ってね。

椎名　なるほどね。デタラメな日本語をしゃべる外国人タレントとかおもしろいですもんね。

服部　英語がうますぎると、ロスから来た日系人じゃないかと思われるんだよ。でも、こっちは3人とも生粋の日本人だからさ。

玉袋　そっちのほうが価値があるわけですね。

服部　それでアリーナでは、俺が日の丸の旗を振りながら観客を煽ってね。もの凄かったよ。70年代だからまだ反日感情も残っていて、観客と毎日のように殴り合いのケンカしてたから。試合でも、負けたアメリカ人レスラーがリングで大の字になっているところに日の丸を被せて煽ったりするから、暴動が起きてアリーナから出られなくなっちゃう。本当に会場に火をつけられたからね。

ガンツ　命からがら会場をあとにすることも多かったんですか。

服部　3回か4回くらい殺されかけたことあるよ。マサさんに何回も助けられてたよ。ナイフで刺されそうになって「服部！　うしろ気をつけろ！」って（笑）。

玉袋　あぶねー（笑）。

ガンツ　服部さんはちっちゃいから狙われるってことですよね（笑）。

服部　アメリカ人の客が外で大勢待ちかまえていて、袋叩きにされたこともあるしね。一応、場内警備でポリスもいるんだけど、そいつも日本人嫌いだから、見て見ぬふりをするんだよ。それで俺とマサさん、高千穂さんで大立ち回りを演じて、過剰防衛で逮捕されたこともあるしね。裁判所まで行って、罰金を払ってさ。そういう時代だもん。

玉袋　そうやって反日感情をひっくり返して、それをビジネスにしてるって凄いよな〜。タフじゃないとできないよ。その一方でマサさんやカブキさんをはじめ、アメリカで活躍したレスラーはみんな「フロリダが最高だった」って言うんですよね（笑）。

服部　楽しかったもん。毎日お客は満員で、毎日飲みに行って。気候はいいし、食べ物はいいし、いい女もたくさんいるしね（笑）。

ガンツ　長州さんと出会ったのもフロリダなんですよね？

服部　そう。ルスカと同じで、坂口さんが連れてきたんだよ。坂口さんと俺も同じ明治大学で、俺が1年生のときに坂口さんは4年生なんだよ。それで坂口さんが「服部、これ置いていくから頼むよ」って、光雄を置いていって。俺は明治のレスリング部で光雄は専修で、生田のキャンパスが隣同士だから、俺の同級生とか後輩で共通の知り合いが多くてさ、あっという間に意気投合して凄く仲良くなったんだよ。

ガンツ　「正男」「光雄」と呼び合う仲ですもんね（笑）。

服部　光雄がまたフロリダにひたっちゃってさ。「サウスはイージーだ」って。

椎名　長州さんもサウスのイージーな女の虜になって（笑）。

服部　そうしたら「日本に帰らない」って言い出しちゃってさ。

「ゴッチさんは極めるのがうまいけどアマレスなら光雄（長州）のほうが全然強い。だから平気な顔をして道場から出てきたよ」（服部）

ガンツ　当時は長州さんも日本でブレイクできずにくすぶっていたから、開放的なフロリダにいたほうが気持ち的によかったんでしょうね。

玉袋　それを求めて、いま熱海に引っ越したんだろうな（笑）。

ガンツ　もともと長州さんは、フロリダはフロリダでもカール・ゴッチさんのところに行くはずだったんですよね？

服部　そうそう。本当はゴッチさんの道場に光雄を預けることになっていたんだよ。当時、ゴッチさんは個人的にマレンコ兄弟とか何人か弟子がいて、そこに光雄も入るはずだったんだけど、光雄はゴッチさんがやるような練習は手が合わないってことで、マツダさんのほうに来ちゃったんだよ。こっちにはアマレスタイプの選手がいっぱいいて、手が合うってことでさ。そうしたらゴッチさんが北向いちゃって。マツダさんとゴッチさんは仲悪くなかったんだけど、そこからうまくいかなくなったんだよ。

椎名　長州さんのせいでってことですか？

服部　まあ、光雄のせいではないんだけどさ。そのあたりからゴッチさんとは手が合わなくなっちゃった。

ガンツ　ゴッチさんと長州さんの密室の一戦っていうのもあったんですよね？
服部　あったよ。
玉袋　あれは本当なんですか？
服部　ゴッチさんが光雄を道場に呼んで、ドアに鍵をかけて30分くらい出てこないんだよ。俺はもう死んでるんじゃないかと思ってさ（笑）。そうしたら風呂に入ってたような感じで光雄が出てきたんだよ。「凄いな、コイツ……」と思ってさ。
ガンツ　中でどんなことがおこなわれていたかはわからないけど。
服部　極めっこだったら光雄も敵わなかったと思うんだよ。ゴッチさんは極めるのがうまいから。でもアマレスだったら光雄のほうが全然強いもん。だってオリンピックに行ってるんだよ？
ガンツ　ゴッチさんもオリンピアンですけど、当時は50代で長州さんは20代前半でバリバリですもんね。
服部　だから光雄は、本当に平気な顔をして道場から出てきたよ。
玉袋　すげーなー。
服部　あと、光雄とどっちが先だったか忘れたけど、天龍（源一郎）さんもフロリダにいたな。あの人はおもしろかったよ。あの人ほどアメリカで苦労した人はいないと思うよ。
玉袋　あっ、そうなんですか？
服部　だって基礎の基礎であるバンプから練習していたんだもん。あの人もそれを学ばなきゃいけないってことをわかっているんだよな。ちゃんと下からやってたよ。フロリダでは1週間に1

～2試合しかないんだから。

玉袋　トップのマサさんとカブキさんは毎日試合があるのに、駆け出しの天龍さんはせいぜい週に1～2回だったわけか。

服部　それで天龍さんは毎日バンプの練習をしてさ。本当に苦労したよ。それでおもしろいのがさ、同じ時期にタマ（・トンガ）の親父、トンガがいたんだよ。

ガンツ　キング・ハクですね。

服部　トンガもまだ駆け出しでお米（お金）がないからさ、同じウィークリーマンションに住んでいた天龍さんのところに行って「関取～！　ごっちゃんです！」って言うんだよ。そうすると天龍さんは自分もお米がないのに「うるせえな、コノヤロー」って言いながら小遣いをあげてたもんな。

玉袋　偉いなー。フロリダまで来ても兄弟子が小遣いを渡すという、相撲界のしきたりがまだ残っていたんだな（笑）。

椎名　それ、引退するまでずっと続けていましたもんね（笑）。

玉袋　服部さんは、桜田（一男＝ケンドー・ナガサキ）さんとは被っていないんですか？

服部　桜田さんも来たよ。あの人はもっとおもしろいよ。ケンカがすげえ強いんだよ。

玉袋　〝ケンカ最強〟って言われますもんね。

服部　タンパに『インペリアル・ラウンジ』っていうレスラー御用達のバーがあるんだけど、そこの客はみんなカウボーイとかレッドネックじゃん。気性が荒いのも多いからさ、そこで桜田さんは4人くらい相手にバッカバカやって。

椎名 酒場でアメリカ人4人を相手にしちゃうんですか（笑）。

服部 それをいつも安達（勝治＝ミスター・ヒト）さんが止めてたな。「もう警察が来るから逃げるぞ！」って言って、ふたりでしょっちゅう逃げてたよ。

ガンツ で、その『インペリアル・ラウンジ』が、フロリダに行った日本人レスラーのみなさんの青春のバーなんですよね（笑）。

椎名 当時フロリダに行っていたレスラーに話を聞くと、かならずその話題が出てくるよね（笑）。

服部 日本人だけじゃないよ。エディ・グラハム、ジャック・ブリスコ、ハルク・ホーガンとか、あの頃のレスラーはみんな来ていたんだよ。

玉袋 そういうところに女性ファンも集まるんですよね？

服部 座るところが、こっちはベビーフェイス、こっちはヒールって分かれて、ファンも分かれるんだよ。

玉袋 ヒールのファンの女の子っていうのはいいな～（笑）。

服部 俺たちはもちろんヒールのほうに座ってね。天龍さんなんか、試合は週に1回しか組まれないのに『インペリアル・ラウンジ』には毎日来てたから（笑）。

ガンツ 天龍さんは以前、「俺は『インペリアル・ラウンジ』で女性を食い散らかしすぎて、〝ドッグ・ジャップ〟って呼ばれてた」って言ってましたからね（笑）。

服部 まあ、毎日楽しかったよ。

「単身アメリカを渡り歩いて向こうにお孫さんが4人もいることも、お母さんが日本から嫁を連れてきたのも凄い(笑)」(椎名)

玉袋 服部さんはそのフロリダに10年間いたんだもんな〜。

椎名 じゃあ、服部さんはレスリングの世界選手権でアルゼンチンに行ったきり、そのままずっと日本には戻らずにアメリカにいたんですか？

服部 そう。南米を転戦してアメリカに入って、サンフランシスコでマサさんに会ったあと、ニューヨークのブルックリンで1年くらい柔道を教えて。全米選手権でフロリダに行ったとき、ヒロ・マツダさんと会って「あっ、ここがいいな」とタンパに住み始めて、プロレスという商売が気に入って、いまに至る感じだよ。

玉袋 すげえな。プロレスラーで海外武者修行に出たまま、アメリカに永住しちゃう人はたまにいるけど、アマチュアレスラーがそのままアメリカでプロレスのレフェリーになっちゃうんだもんな（笑）。

服部 そうしたらウチのおふくろがフロリダまで来たんだよ。

玉袋 そりゃ来ますよ。アルゼンチンに行ったっきり帰ってこなくて、単身アメリカに渡ってフロリダに住んでるなんていったら心配ですよ（笑）。

服部 それで「日本に帰ってきて結婚しなさい」って言われたんだけど、「いや、もうちょっと待ってくれ。まだ嫌だ」って言ってね。そうしたら、またしばらくしてからおふくろがフロリダに来て、今度は女を連れてきたんだよ。

玉袋　女を連れてきたんですか⁉（笑）。

服部　お見合い相手みたいなもんだな。それで結婚したんだよ。

玉袋　えーっ⁉

服部　血はつながっていないんだけど、ウチの姉さんの旦那の妹なんだよ。だから義兄弟同士で結婚したんだよ。

玉袋　そうだったんですね。

服部　それで俺はいまも勝手なことをやってるけど、子どもがふたりできちゃったからさ。孫が4人いるんだよ。

玉袋　あー、いいですねえ。

椎名　単身アメリカを渡り歩いて、いま向こうにお孫さんが4人もいるって凄いですね。

服部　めちゃくちゃだよ。

玉袋　本当にめちゃくちゃですよ（笑）。

椎名　お母さんも心配して日本から嫁を連れてくるって凄いよね（笑）。

服部　俺がラッキーだったのは、フロリダにいるときに一度ニューヨークに戻ってビザを更新しようと思ったら、その前に切れてたんだよ。だからアメリカ国外に出たらもう戻ってこられない。でもニューヨークでオニツカタイガーのレスリングシューズを販売していた会社がオリンピック・

コミッションに関わっていて、俺はニューヨークのレスリングチームにいるときにフロリダの全米選手権でチャンピオンになって表彰もされているから、弁護士を雇ってくれたんだよ。それでUSAオリンピック・コミッションのレターヘッドで「この青年はアメリカの青少年にアマチュアレスリングを教えている。いい教育の材料だから」っていう推薦状を書いてくれて、それをイミグレーションに持って行ったら、2週間くらいで永住権が取れたんだよ。

玉袋 すげえな〜! 国外追放の危機から永住権取得だもんな(笑)。

服部 まあ、ラッキーだったよ(笑)。

椎名 日本からは、お金はいくら持って行ってたんですか?

服部 お金なんていつもなかったよ。フロリダに住んでいた頃は、マイアミエリアにハイスクールが10校くらいあったのかな? そこを1週間くらい回って、クリニックしてたんだよ。技を教えてね。それに応募する人がいっぱい来るわけ。来るときは高校生や中学生が100人くらい来たよ。

玉袋 レスリングのセミナーですね。

服部 そう、セミナー。そうやってカネを稼いでいたらマサさんがフロリダに来て、エディとジョニー・バレンタインが俺に「マネージャーをやれ」って言ってきて。慣れるまでやっていたレフェリーが、その後の仕事にもなって、いまに至るんだよ。

玉袋 それから日本に戻ってくるきっかけはなんだったんですか?

服部 マサさんと一緒にミネアポリスに行ったときかな。たしか坂口さんが来て「外国人選手のブッキングの仕事をやってくれ」て言われて。それだけじゃなく、「どうせ動けるんだったらレフェリーもやれよ」って言われたからレフェリーをやりだしたんだよ。

ガンツ　服部さんはその前に全日本にも行ってましたよね？

服部　最初は全日本に行ったんだよ。

玉袋　それはどういう流れだったんですか？

服部　テリーとドリーのファンクスが当時、「チャンピオンシップ・レスリング・フロム・フロリダ」の契約選手だったから、『世界最強タッグ決定リーグ戦』の期間中3週間だけ日本に送って、俺も渉外担当ってことで一緒に全日本に行ってね。

玉袋　へえ～、ファンクスのエージェントは服部さんだったんですか！　ドリーとテリーはどんなタイプの人でした？　テリーはトンパチだって聞きますけど。

服部　ふたりともカウボーイだけど、テリーは本当にグーフィーだよ。

玉袋　グーフィー（笑）。

服部　アイツは計算ができないよ。酒飲んだらめちゃくちゃになるし。まあ、そんなヤツいっぱいいたけどね。バズ・ソイヤーとかさ。

椎名　バズ・ソイヤーは相当狂ってそうですね（笑）。

「光雄は家の壺に現金を入れていて、そこからお札を鷲掴みで若い衆たちに小遣いをやってたからね」（服部）

服部　当時、全日本とフロリダは関係が深かったから、ファンクスのほかにもいろんな選手を送り込んだよ。
椎名　どんな選手を送り込んだんですか？
服部　テッド・デビアスとかリッキー・スティムボート、ディック・スレーターとかね。
ガンツ　80年代の初頭に全日本に来た、若くていい選手はみんな服部さんブッキングじゃないですか！
服部　それだけフロリダにはいい選手が多かったんだよ。
ガンツ　そのフロリダを離れたときから、服部さんは新日本のほうに移ったと。
服部　でも新日本に移るときは馬場さんから凄いヒートを買っちゃってね。俺、馬場さんと元子さん（馬場夫人）には凄くよくしてもらっていたからさ。結局、裏切ることになっちゃって、あれ以来、元子さんは口きいてくれなくなったよ（苦笑）。
ガンツ　それで服部さんは1982年から新日本でレフェリーと外国人ブッカーの仕事を始めるわけですね。
服部　その前から光雄に誘われていたんだけどね。光雄ともそこからずーっと腐れ縁。一緒に新日本を辞めたり、また戻ってきたり。出たり入ったりしながらね（笑）。
玉袋　80年代半ば、人気絶頂の頃の長州さんは公私ともに凄かったんじゃないですか？
服部　凄かったよな。毎晩のように凄い額のお米を切ってたよ。あの頃は光雄とよく六本木に行ったけど、六本木も花の時代じゃん。後楽園ホールで仕事が終わると目で合図してくるからね。「早くすかそうぜ」って（笑）。

玉袋　さっさと切り上げて六本木に行くぞと（笑）。

椎名　〝六本木のインペリアル・ラウンジ〟に（笑）。

服部　だって俺がいつも先にタクシーに乗って光雄を待ってるんだもん。「クルマを停めておいてくれ」って。だから試合後のコメントなんか出さないし、すぐシャワーを浴びて1分で会場を出てきたよ（笑）。

椎名　せっかちですね～（笑）。

服部　それで持ってるカネを全部使ってたからね。一晩で何十万じゃきかないから。宵越しの銭は持たないって感じで使ってたよ。

玉袋　でも、いくら使っても使い切れないくらい稼いでたんでしょうね。

服部　稼いでたんだろうな。若い衆の面倒もよくみてたよ。アイツ、家の壺に現金を入れてて、そこからお札を鷲掴みで小遣いをやってたから。

玉袋　壺にお金が入ってるって、ドラクエだよ！（笑）。

服部　そうやってお米は全部使ってたから、朝になったら一銭も持ってなかったと思うよ。あれがオールドスクールのスタイルなんだよな。天龍さんだってそうじゃない？

ガンツ　天龍さんは飲みに行ったら、その場にいる全員分奢ってたって言いますもんね。

玉袋　アニマル浜口さんはどうだったんですか？

服部　浜口さんは飲むんだけど、浅草中心で、奥さんもちゃんとしている人だからさ。
椎名　バカ騒ぎとかしないんですね。
ガンツ　長州さんは、当時の新倉（史祐）さん、仲野（信市）さんとか、若い衆を連れて行っていたんですよね。
玉袋　ジャパンプロレスの頃か。
椎名　長州力は時代の寵児だったよね。
服部　池尻大橋にジャパンの事務所があったんだよ。あの頃はあそこでいろんなことがあったな。キラー・カーンもあの近くに住んでいてさ。まあ、いろんなことがあったよ。言えるような話ではないけど（笑）。
ガンツ　生々しい話が（笑）。
玉袋　服部さんは、そういうレスラーの素顔をずっと目撃されているわけですもんね。
服部　まあ、いろんな人と知り合ったけど、最後までずっと付き合ってるのは光雄だから。
椎名　引退後、70歳を超えてあんなに売れちゃうなんて凄いですよね。
服部　素晴らしいじゃないの。アイツはキャラクターを持ってるし、頭もいいからさ。
玉袋　そうですよね。
服部　光雄は人生が波瀾万丈じゃん。そりゃおもしろいよ。でも娘がいなかったらもう地獄だったんじゃないの？（笑）。孫だってもうかわいくてしょうがないだろうし。
玉袋　よかったですよね、角が取れて。

ガンツ　でも長州さんに言わせると、「正男の人生は映画になる」ってことですけど（笑）。
服部　アイツほどではないよ（笑）。
玉袋　『光雄と正男』でＮｅｔｆｌｉｘで映画化だな（笑）。
椎名　アルゼンチンから始まるロードムービー（笑）。
服部　光雄ほど波乱万丈なヤツはいないよ。
玉袋　服部さんは長州さんとＷＪプロレスにも行っているじゃないですか。あの団体は鳴り物入りで〝ど真ん中〟って感じで始まりながら、けっこうすぐに終わっちゃいましたよね。
服部　そうだよね。
玉袋　最初のうちは福田（政二）社長が資金をドーンと投入して、旗揚げ前から屋形船で忘年会をやったり、「おおっ、なんか始まったぞ！」って感じがあったんですけど。
椎名　ちょっとしたＳＷＳ感がありましたよね（笑）。
服部　まあ、言い方はよくないかもしれないけど、結局この世界、ヨカタには難しいよ。
玉袋　興行は素人が簡単に手を出せるもんじゃないと。
服部　みんな苦労してるじゃん。菅林（直樹＝現・新日本プロレス会長）なんかも凄く苦労したと思うよ。アイツは自分ではいっさい言わないけどさ。全国各地で興行を打つっていうのは、それは大変なことだよ。
玉袋　そうなんだろうな〜。そう考えると50年以上続いて、こんな立派なビルに事務所がある新日本は凄い。

服部　凄いよ。レスラーも社員もがんばっているしね。
ガンツ　服部さんは、80年代後半から90年代は新日本でレフェリーだけじゃなく、いわゆる外国人係もされていたんですよね？
服部　俺はアイツらの保護者だよ。何回、麻布警察署に行ったかわからないよ（笑）。
玉袋　身元引き受け人だよ（笑）。
服部　いまの新日本に来るボーイズ（外国人レスラーたち）は真面目なヤツが多いけど、昔はもうめちゃくちゃ。六本木ですぐケンカしちゃうしね。ロード・ウォリアーズのマイク（・ヘグストランド）とかね。
椎名　ホーク・ウォリアーですね（笑）。
玉袋　米兵とケンカしたって話もありますよね。
服部　憶えてるよ。アメリカの海兵隊と六本木でバッコバコやりあってさ。交差点のクルマが停まっちゃって。
椎名　いまだったら間違いなく報道されていますね（笑）。
玉袋　ホークもそうだけど、あとはテリー・ゴディもひどかったとかね。暴れちゃって。あとは南海龍か（笑）。
服部　ああ、あれもいたな。
玉袋　トンガ系はケンカっ早いというね（笑）。
服部　（キング・）ハクだって凄いよ。ハクはノースカロライナでバーを4つくらい壊してるからね。あれはもう手がつけられなかったよ。
玉袋　キング・ハク最強説があったもんな。
服部　息子たちは親父を反面教師にして真面目だよ（笑）。
ガンツ　トンガ、サモア系はファイティングファミリーが多いですよね。
服部　アイツらは生まれながらにしてレスラーみたいなもんだよ。
ガンツ　メキシコ系のレスリングファミリーだと、エディ・ゲレロなんかも凄かったんですよね？
服部　エディはトンパチだよ。凄いショートテンパー（短気）なんだよ。身体はちっちゃいのに、カーッとなると相手がデカくても誰とでもケンカして、六本木で大立ち回りをやってね。でっかいヤツに突っかかってジャンプして殴りに行ってるんだから。アイツは凄いよ。
玉袋　トンパチだなー（笑）。
椎名　向こうっ気が強いんですね。
服部　アイツは絶対に言うことを聞かないよ。本当にケンカが好きだったんだよ。アイツ、兄弟いなかった？
ガンツ　ゲレロファミリーですね。兄貴のチャボ・ゲレロ、ヘクター・ゲレロ、それと親父のゴリー・ゲレロもレスラーですし。
玉袋　プロレス一家だよな。
服部　いまはエディやホークみたいなのはひとりもいないもんな。みんな優等生だよ。いまはちゃんと型にハマった人生を送ってるんだけど、あの頃の連中は型にハマらないヤツらばかりだったから、おもしろい、ユニークなヤツらばかりだったな。バンバン・ビガロとかさ。ああいうネジが外れたような、めちゃくちゃなヤツが多かったよ（笑）。

玉袋 バンバン・ビガロはよかったな〜。

椎名 浅草キッドは昔、ビガロの炎の全身スーツを着てテレビに出ていましたもんね（笑）。

玉袋 憧れてたからね。ビガロリスペクトだよ。あとエル・ヒガンテな。

ガンツ 筋肉が描かれた全身スーツ（笑）。

「いまの新日本のトップはオカダ・カズチカですけど、90年代のトップは橋本真也だからレスラーの気質がずいぶん違う（笑）」（ガンツ）

服部 ビガロは地元がニュージャージーで、もともと刑務所に入っていたんだよ。

椎名 指名手配犯を捕まえる仕事なんかもしていたんですよね。

玉袋 バウンティハンターだよな。

服部 たしかそれで不法に働いて投獄されて、刑務所を出てからプロレスラーになったんだよ。それで会うたびに紋紋（タトゥー）が増えていってさ、全身はもちろん頭のてっぺんまで彫ってるから「おまえ、なにやってんの？」って。それでいて、アイツはワイフの言うことは「はい！」って正座して聞いてるんだよ（笑）。

玉袋 ビガロの奥さん、つえー（笑）。

服部　プロレスはめちゃくちゃうまくてな、身体がスポンジみたいでケガしないんだ。
玉袋　ゴムまりみたいでしたよね。また、あの巨体でトップロープから飛んじゃうからさ。
服部　でもベイダーには敵わなかったな。あれは策士だからさ（笑）。
玉袋　北尾（光司）がデビューしたばかりの頃、ベイダーとビガロがタッグを組んで、ボコボコにしちゃったことあったよなあ。
ガンツ　あと、ベイダー、ビガロ、スティーブ・ウィリアムスのトリオっていうのもありました。
椎名　いま思うと凄いよね。
服部　スティーブはなにやってるの？
ガンツ　10年ちょっと前に喉頭がんで亡くなりましたね。
服部　ベイダーもビガロも亡くなったでしょ。みんな逝っちゃったんだよな。
ガンツ　当時のトップ選手で健在なのは、スコット・ノートンくらいですかね。
服部　アイツも女房のいいなりだけどな（笑）。
玉袋　レスラーの奥さん、強すぎるよ（笑）。
ガンツ　ボクらぐらいの世代になると、90年代ってそんなに昔に感じないんですけど、新日本は会社の形態もレスラーの形態もだいぶ変わりましたよね（笑）。
椎名　だって六本木の交差点で暴れてたって、いまじゃ考えられないもんね。いい時代というかなんというか（笑）。
ガンツ　外国人だけじゃなくて日本人レスラーの気質も変わって。いまの新日本のトップはオカダ・カズチカですけど、当時のトップは橋本真也だから、ずいぶん違いますよ（笑）。

玉袋　オカダと橋本を並べちゃいけない！　オカダ・カズチカは間違っても空気銃で野良猫を撃ったりしないから！（笑）。

ガンツ　橋本真也といえば、服部さんは1999年1・4東京ドームでの橋本vs小川直也のレフェリーもされていましたよね？

服部　やったね。あのときの橋本は言うことを聞かなかったな。

ガンツ　あの試合は、なんであああいうふうになっちゃったんですかね？

服部　わかんないよ。いや、わかるけど説明できないよ。

ガンツ　いろんな状況が絡まりすぎて（笑）。

玉袋　まあ、新日本の内部がぐちゃぐちゃになっていたっていうもんな。服部さんの長いレフェリー人生で、いちばん忘れられない試合ってなんですか？

服部　いろいろあったけど、もうメモリーが消去されちゃってるよ（笑）。

椎名　HDの不具合で（笑）。

服部　でも忘れられないのは、北朝鮮でやった猪木さんと（リック・）フレアーの試合だな。

玉袋　おー！　猪木vsフレアー！

服部　猪木さんはやっぱり天才じゃん。フレアーもうまいしさ。あのふたりはそれまで試合したことないし、話したことだってほとんどないのに、あんな試合ができるなんてちょっと考えられないよ。

ガンツ　それでプロレスを観たことがない北朝鮮の観客を沸かせちゃうんですもんね。

服部　「この試合なら目をつぶってもレフェリーできるな」と思ったよ。プロレスのお手本みたいな試合だからさ。

玉袋　すげえな〜。

服部　猪木さんは、ほかの人ができないことを平気でやるよね。北朝鮮だって新潟から船で行ったんだよ。

玉袋　万景峰号だ（笑）。

服部　俺は3回くらい行ってるよ。

椎名　船で行くしかないんですか？

玉袋　あとは中国から入って行く空路もあるけどな。一団で行くときは船ってことか。

「永島（勝司）さんが『北朝鮮の大会では女子の試合も組みたい』って言っていたんで、ブルちゃんが北斗をメンバーに入れたんだ」（服部）

椎名　じゃあ、健介も北斗もそれに乗って行ったってことなんだ（笑）。

服部　ふたりはあそこでくっついたんだもんな。

椎名　タイタニック号ですね（笑）。

ガンツ　いや、沈んでませんから（笑）。

玉袋　あんときは新日本と女子プロレスが一緒にやるっていう、ある意味で画期的な大会でしたよね。

ガンツ　そういえばそうですね。いま新日本とスターダムが一緒にやるようなものの先駆けといいうか。

服部　あれはブル（中野）ちゃんがきっかけなんだよ。当時、ブルちゃんがニューヨークにいて、しばらくウチの近くに住んでいたからよく一緒に飲みに行ってたんだよ。それで永島（勝司）さんが「北朝鮮の大会では女子の試合も組みたい」って言っていたんで、俺がブルちゃんに言ったらさ、ブルちゃんが北斗（晶）をメンバーに入れたんだよ。

玉袋　そうだったんですか。

服部　あと豊田（真奈美）さんとかもいたでしょ。みんなブルちゃんが選抜したんだよ。

玉袋　あのとき、猪木vsフレアーの次に沸いたのが女子プロレスの試合だったもんな。

服部　ブルちゃんはいまは何をやってるの？

ガンツ　いまはＹｏｕＴｕｂｅｒですかね。

服部　光雄と同じようなことしてるんだ。

玉袋　『中野のぶるちゃん』は閉めちゃったもんな。俺たちもよく行ったけど。

ガンツ　あの頃、90年代半ばのニューヨークにはいろんな選手がいておもしろかったみたいですね。新崎人生、西村修、あとは山崎五紀さんなんかもいて。

服部　俺は五紀ちゃんとはいまでもよく会うよ。

椎名　まだニューヨークにいるんですか？
服部　ニュージャージーに引っ越したけど、どっかで店をやってるんじゃないかな。
椎名　服部さんのご自宅もまだニューヨークにあるんですか？
服部　あるある。
玉袋　いまの生活は、日本とニューヨークでどれくらいの割合なんですか？
服部　半々くらいかな。
椎名　マンハッタンに住んでいるんですよね？
服部　うん。
椎名　カッコいいなあ（笑）。
服部　4番街と5番街の間の12丁目。ユニオン・スクエア・パークっていうんだけど。
椎名　やっぱりニューヨークがお好きなんですね。
服部　いや、好きっていうか孫が4人いるんだもん。
玉袋　でも結局、海外のほうが水に合ったっていうことですよね。
服部　それもあったけど、子どもがフロリダで生まれて、まわりは日本人の子どもなんかいないから、このままだと完全にアメリカ人になっちゃうと思ってね。それでニューヨークに行ったんだよ。
ガンツ　人種の坩堝のニューヨークに。
服部　ニューヨークには日本人学校があったからさ。で、そこで育っているから、みんな結婚して孫までできちゃって。

椎名　ニューヨーク・クラムチャウダーってあるじゃないですか。あれって貝が違うんですか？

服部　違う、違う。クラムチャウダーは白いけど、ニューヨーク・クラムチャウダーは白くないんだよ。

椎名　あっ、白くないんですか？

ガンツ　ニューヨーク・クラムチャウダーはトマトベースなんですよね。ミネストローネっぽい感じで。

服部　そうそう。

「こんないいかげんな人生に憧れちゃダメだよ。でもプロレスっていうおもしろい世界に出会ったことで楽しく過ごしてるよ」（服部）

椎名　そうなんだ～。あと、長州さんもマサさんもアメリカンカジュアルでオシャレだなって思うんですけど、それって服部さんの影響なんじゃないですか？

服部　いや、そんなことないよ。だってマサさんはサンフランシスコにずっといたじゃん。

ガンツ　長州さんなんかは音楽の影響を受けたって聞きましたよ。服部さんがアメリカのポピュラーミュージックに詳しくて。

服部　昔の時代だからね。ジャニス・ジョプリンとかさ。俺はいまだにレコードを2メーターくらい棚に入れて持ってるよ。ニュージャージーにいる息子の家にあるんだけど。
椎名 じゃあ、ウッドストックも観に行ったんじゃないですか？（笑）。
服部 ウッドストックには行ってないけど（笑）。タンパ・スタジアムに光雄を連れて行ったことがあるよ。
ガンツ ウッドストックみたいな野外ビッグイベントが、タンパ・スタジアムでおこなわれてたと。
玉袋 夏フェスの原点だよな。
椎名 それに長州さんを連れて行ったんですか？
服部 何回も連れて行ったことがあるよ。
椎名 長州さんにそういうイメージがないので意外でした。
服部 好きじゃん、あれ。昔は好きじゃなかったんだけど。
玉袋 服部さんに影響されたんだな（笑）。
ガンツ 長州さんは服部さんの影響で、エリック・クラプトンもローリング・ストーンズも聴くようになったっていう。
服部 クラプトンはだいぶ観に行ってるよ。マジソン・スクエア・ガーデンでも観たし、日本でも観た。
玉袋 服部さんか金正日の息子かっていうくらいクラプトンの追っかけをやってんだな（笑）。
ガンツ でもマジソン・スクエア・ガーデンにコンサートを観に行くって、うらやましいですよ

ね。

玉袋　俺も行きてえよ。ニューヨークに行ったことねえもんな。服部さんの場合、アマレスの世界選手権でアルゼンチンに行ったのがきっかけで、そのままニューヨーカーになっちゃうっていうのが凄い。

服部　フロリダに行って、この商売を始めたのが運命だよ。プロレスって楽しいじゃん。この先、何が起こるかわからないし、みんな大概トンパチだしさ。

ガンツ　こんな刺激的で楽しいジャンルはないと。

服部　いろんなヤツと出会えたしね。

ガンツ　服部さんは、オカダ選手とも仲がいいんですよね。

服部　仲いいね。日本にいるときは、いつもアイツが迎えに来てくれて、クルマに乗っけてもらってるよ。オカダとはアイツが16歳のときにメキシコで会ったのが最初だから。

ガンツ　オカダ選手が闘龍門メキシコにいたときですね。

服部　「凄い選手がいるな」って思ったよ。それで凄くいいコなんだよ。アイツ、頭がいいじゃん。スマートかどうかっていうのは、学校を出てるかどうかじゃないんだよ。大学を出ても俺みたいなのもいるんだから（笑）。

玉袋　でも普通の大卒ではできない経験をしてるもんな（笑）。

ガンツ　アマチュアレスラーで全米を武者修行している人って、服部さんくらいしか聞いたことないですよ（笑）。

服部　武者修行はしてないよ。ただ、試合に出ていただけで。おととい俺と大学で同期のヤツらが6人集まって、函館に1泊旅行したんだよ。

椎名　いいですねー。

服部　50年ぶりに会って楽しかったよ。みんなジジイになってさ（笑）。

椎名　レスリング部ですか？

服部　レスリング部の同級生。もう何人か亡くなってるんだけどさ。みんないい歳の取り方をしてるんだなと思ってね。楽しかったよ。

ガンツ　当時のレスラーはバイタリティが違うんですかね。

玉袋　それも八田イズムなのかな？（笑）。

ガンツ　服部さんの世代は凄い人がたくさんいるんですよね。木口道場の木口宣昭先生とか。

服部　あの人は1個上だよ。木口さんともいろんなところに一緒に行ったよ。ロシア遠征にも行ったし、世界選手権にも行ったし。法政大学で、町田の洋服屋の息子だよ。
椎名 そうなんですか。
ガンツ あとは松浪健四郎さんが1個下でしたっけ?
服部 そう。俺の1個下。あれもよく知ってるよ。
玉袋 いまでは日体大理事長だもんな。
服部 おもしろい男だよ。
ガンツ レスリング人脈はおもしろいですね(笑)。
玉袋 なんか柔道人脈よりもレスリング人脈のほうがおもしれえっていうか、人間っぽい感じがするんだよな。
椎名 それとちょっとアメリカンも入ってきますよね。
服部 今日は馳(浩)と会うんだよ。メシを食うんだ。
玉袋 石川県知事と(笑)。
服部 おもしろいヤツがたくさんいるよ。おかげで俺もこんなジジイになっても楽しく過ごさせてもらってるよ(笑)。
玉袋 いや〜、服部さんの自由でバイタリティ溢れる生き様はカッケー!
椎名 憧れますよね(笑)。
服部 憧れちゃダメだよ。こんないいかげんな人生(笑)。でもプロレスっていうおもしろい世界に出会ったことで、楽しく過ごしてるよ。

玉袋　やっぱり『光雄と正男』映画化確定だな！　服部さん、今日はありがとうございました！

永田裕志

ブルージャスティス

永田裕志（ながた・ゆうじ）

1968年4月24日生まれ、千葉県東金市出身。プロレスラー。新日本プロレス所属。高校からレスリングを始め、日本体育大学在籍時に全日本学生選手権、全日本大学グレコローマン選手権で優勝する。1992年全日本選手権優勝後に新日本プロレスに入門して同年9月14日山本広吉戦でデビュー。UWFインターナショナルとの対抗戦での活躍、WCW遠征、2001年『G1 CLIMAX』優勝などを果たす一方で、総合格闘技にも出撃してミルコ・クロコップと対戦した。2002年4月5日、安田忠夫を破ってIWGPヘビー級王座を奪取。以降、10度の防衛を果たして〝ミスターIWGP〟と呼ばれるが、準備期間のまったくない中での総合再挑戦でエメリヤーエンコ・ヒョードルと対戦するなど、文字通り身体を張って命懸けでプロレスラーの宿命を背負って闘い続けている。

［2022年11月収録］

「夜8時になったら親に『二階に行って勉強しなさい』って言われてたから『カ、カテェ……』って」（永田）

ガンツ　玉さん！　今回の変態座談会は、ついに〝ミスターIWGP〟に来ていただきました！

玉袋　満を持して、俺たちのミスターが登場だな。

永田　よく言うよ。PRIDE派だったでしょ？（笑）。

玉袋　いやいや、もともとは新日ファン、ライオンマークですから！

ガンツ　というわけで今回は永田裕志さんに登場していただきました！

椎名　いやあ、うれしいね（笑）。

永田　これっていつもは居酒屋で一杯やりながらやってるんでしょ？

ガンツ　コロナ前まではそうだったんですよ。それこそ、ここ新日本プロレスの事務所がある中野坂上の『加賀屋』という素晴らしい居酒屋で毎回やっていて。コロナが完全に明けていたら、永田さんともぜひ一杯やりながら話を聞きたかったんですけど。

永田　でもウチの会社からストップがかかるでしょ？（笑）。

ガンツ　こういう時期ですから当然ですけどね（笑）。というわけで今回は新日本の事務所で、永田さんの波乱万丈のレスラー人生をうかがっていきたいと思います！

永田　わかりました。ただレスラー人生となると、なかなか一言じゃ語りきれないものがありますよ（笑）。

玉袋　マイ・ウェイ、ワインディングロードだよ（笑）。

ガンツ　もともとプロレスラーを目指したきっかけはなんだったんですか？

永田　子どもの頃からプロレスは好きだったんですよ。ただ、テレビで観ていたのはわりと全日本系だったんです。新日本は夜8時放送でしょ？　ウチの両親は教員だから夜にテレビを観させてくれなかったんで。

椎名　えっ、そんなに厳しかったんですか？（笑）。

永田　8時になったら「二階に行って勉強しなさい」って言われてたから。永島勝司じゃないけど、「カ、カテェ……」って（笑）。

玉袋　カテェ家庭だったんだ（笑）。

椎名　さすがですね（笑）。

永田　そういうことなんでわりと全日本系は観てたんですよ。ただ、新聞のテレビ欄に「タイガーマスク」って出てたら絶対に観るじゃないですか。それでたまに観ることができた新日本のほうが華やかでしたよね。ライトも明るいし。そんな感じでプロレスが好きではあったけど、まさか自分でやるとは思ってませんでしたよ。

玉袋　レスリングはその頃にもうやってたんですか？

永田　いや、高校からです。

ガンツ　それはプロレスとは関係なしに？

永田　関係はあったかもしれないですね。プロレスが好きだったのと、団体競技で連帯責任を取

らされるのが嫌でレスリング部に入ったようなものだったんで。

ガンツ　それで高校時代からレスリングを通じて鈴木みのるさんや髙橋義生さんは知っていたんですよね。

永田　そうですね。

玉袋　で、永田さんは高校からアマレスで結果を出していって、「プロでもいけるな？」とか思わなかったんですか？

永田　身長が高1で180センチあって、そこから2センチしか伸びなかったんですけど、プロレスラーの規定で「180センチ以上」っていうのがあったじゃないですか。だから「あっ、俺は規定に達してるな」と思ったことはありましたけど、具体的に行動を起こそうとは考えていなかったですね。

ガンツ　では大学で全日本王者になって、自信がついてプロを目指すようになった感じですか？

永田　ボクが大学3～4年くらいのとき、馳（浩）さんがよく練習しに来てた時期があったり、日体大の道場にプロレス関係の人がけっこう来てたんですよ。昔ウチにいらっしゃった片山明さんとかがレスリングを教わりに来ていたり、あとは佐山サトル先生がカール・ゴッチさんを連れて来たことがありました。

「大学でレスリングをやってたので従来のプロレスよりUWFのほうがすんなり入っていけるかなって」（永田）

ガンツ　田村潔司さんも出稽古に行ってましたよね？

永田　あれは俺のラインというか、1990年の東京の世界選手権にUWFの選手が観に来てたんですよ。そこで鈴木と会って「ウチの田村っていうのがレスリングをやりたがってるから、ちょっと稽古つけてくれない？」って言われて、そこで田村さんとお会いして。レスリング部合宿所の電話番号を教えたら連絡をいただいて、そのときボクは4年生だったんで練習を何度かやって。あの人、新生Uのときに目を怪我してたでしょ？

ガンツ　前田さんのヒザ蹴りで眼窩底骨折して長期欠場してました。

永田　あの復帰前に通われてましたね。だからプロレス関係者がよく来ていたということもあって、急に自分の中で「プロレスラー」というものが現実味を帯びてきていたんですよ。それで卒業して大学に1年残ってオリンピックを目指してるときに「死んだらどうなる？」ってことをやたら考えるようになって。そのとき「自分が生きた証を残せるようなことをしたい」と考えて、ちっちゃい頃から好きだったプロレスの世界への思いが急に出てきたんです。それが１９９１年くらいですね。

ガンツ　永田さんは当初、ＵＷＦに行こうと思っていたんですよね？

永田　そうですね。それこそ田村さんがよく道場に来てくれてたんで身近に感じたし。当時のＵＷＦって凄くオシャレだったじゃないですか。そこへの憧れもあったし。大学でレスリングをやってたので従来のプロレスより格闘スタイルのＵＷＦのほうがすんなり入っていけるかな、という思いもありました。

椎名　なるほど。すぐに自分の力を発揮できるだろうと。

永田　そういうのもあって「ＵＷＦに行きたいな」と思ってたら分裂しちゃったでしょ？　そうしたら田村さんがＵＷＦインターに行ったのでよく観に行きましたね。後楽園ホールとか。

玉袋　高田延彦vs北尾光司とか。

永田　あれはもう新日本に入ってからですね。あのときは天山（広吉）さんが仲のいい金原（弘光）さんから招待券をもらったんで、テンコジ、カシン、ボクの4人で行ったんだったかな？　武道館が凄い人でびっくりしましたね。

ガンツ　空前の超満員だったんですよね。

永田　ただ、ボクはもともとＵインターに行くはずだったんですよ。レスリングをやっていたときに安達（巧）先輩が宮戸（優光）さんを紹介してくれて。ところがボクは新日本に入って、天山の招待券で会場に行って宮戸さんから声をかけられちゃったんで、すげえバツが悪かったのを憶えてますね（笑）。

玉袋　逆転で新日本に入った決め手はなんだったんですか？

永田　馳さんですね。最後のオリンピック国内選考を兼ねた全日本選手権で優勝した翌日にお会いしたとき、「きのうはおめでとう。ところでオリンピックが終わったらおまえ、どうするんだ？」って感じで言われて、ちょうどそのときに悪魔仮面（ケンドー・カシン）がいて、ニヤッと笑ってUインターが表紙の『週刊プロレス』を見せてアピールしてくるわけですよ。

ガンツ　なんのアピールなんですか？（笑）。

永田　要するに「コイツはUインターだ」と。

椎名　なるほど（笑）。馳さんがスカウトしてる横でチャチャを入れてると。

玉袋　ホント、カシンは愉快犯だよ（笑）。

永田　そのときに馳さんが「おまえはそこに行きたいのかもしれないけど、もしウチを選んでくれたら一人前になるまで面倒をみるから、ぜひウチを選んでほしい」って言われて、「わかりました。ありがとうございます！」って言ってその場は終わったんですけど。それからアジア選手権でイランに行って、結果は振るわずオリンピックには行けなくてですね。やっぱり行けなかった選手っていうのはテンションも下がって「まあ、しょうがねえな……」って思いつつも落ち込んで自宅に帰ったら、ポストに馳さんからの手紙が届いてて。「アジア選手権、お疲れ様。残念だったけど次に活かしてくれ。ところで今月末にスーパージュニアの決勝戦が両国国技館であるから、ぜひ来てくれ」ってそのときに招待券が3枚くらい入ってたんですよ。
椎名　さすがマメな男ですね（笑）。
ガンツ　オリンピック出場が叶わなくて落ち込んでいたところに馳さんから「ぜひ！」っていう形で話が来たら、心の隙間が埋められますよね。
永田　ぶっちゃけそういうところですね。それで会場に観に行って、馳さんから長州さんを紹介していただいて。オリンピックへの未練はあったんですけど、最終的には決断しましたね。ボクみたいなオリンピック出場が叶わなかった人間を新日本が会社をあげて熱心に誘っていただいたことに感謝してます。

「藤原さんはムエタイスタイルで、素足でレガースは着けさせないし、マススパーをやるときも平気でパンチを入れてきた」（永田）

ガンツ　そしてデビュー後、永田さんと中西学さん、カシンさんとともに「アマレス三銃士」と言われましたけど、永田さんが蹴りを使い始めたのは、アマレスとは別の色を出したいっていうのがあったんですか？
永田　そういうことです。最初はレスリング的なものを使っていこうと思ったんですけど、中西さんがいるじゃないですか。
ガンツ　もろにレスリングのキャラクターですもんね。

永田　オリンピック選手とボクら全日本チャンピオンクラスの選手とでは見られ方が全然違うので、レスリングを売りにしても中西さんと被っちゃうっていうのはありましたね。それで何をやろうか考えたとき、自分はＵＷＦが好きだったので「蹴り技がいいな」と思って突然練習し始めたんですよ。

ガンツ　どこか出稽古に行かれたんですか？

永田　最初は巡業中、齋藤彰俊さんと青柳館長に習っていましたね。リングサイドに敷いてるマットが試合前に丸めて置いてあるから、それを蹴っ飛ばしてました。その後、藤原喜明さんがシリーズに参戦してきたのでキックミットを持ってもらうようになったりして。

ガンツ　藤原さんは蹴りのイメージがないですけど、じつはずっとキックのジムに通ってたんですよね。

永田　そうらしいですね。

玉袋　玉城会長のところだよな。

ガンツ　そうですね。東京北星ジムにずっと通われていて。

永田　だから通常だと藤原さんからは寝技を教わるんでしょうけど、きっかけがそういう感じだったのでボクはキックのほうをお願いしてましたね。

椎名　キックの藤原教室っていうのは新しいですね（笑）。

永田　藤原さんのやり方っていうのがムエタイスタイルで、とにかく素足でレガースは着けさせないんですよ。それでマススパーをやるときも平気でパンチを入れてくるんです。

椎名　マスなのに（笑）。
永田　ローを軽く蹴ってもカットされてスネにぶつけられるでしょ。あれは痛かったですね。あれで足の中指が脱臼みたいになって、それでもテーピングを巻いてやってましたからね。でも楽しかったですよ。
椎名　まわりからは「永田はキックをやるのか⁉」みたいな感じで見られていたんですかね？
永田　それはありましたね。レガースを着けるようになったら白い目で見られ始めたんですよ。当時はまだ新日本の中にUWFアレルギーっていうのがあったんじゃないですかね。「レガースを着けるのはプロレスラーとして亜流だ」みたいな。
ガンツ　社長の坂口（征二）さんや現場責任者の長州さんは完全にレガース否定派ですもんね。
椎名　船木（誠勝）さんなんか、「坂口さんにレガースを隠された」って言ってたもんね（笑）。
永田　だから最初に着けたのが1993年7月のシリーズ開幕戦で、そのときに「えっ？」って顔をされたんですよ。もちろん褒めてくれる方もいらっしゃったんですけど、わりと否定派のほうが多かったですね。
玉袋　暗黙の了解でタブー視されていたんだな。
永田　だから金本（浩二）さんは蹴りを使ってたけど、レガースを着けることに躊躇していたみたいですね。なのでレガースを着けたらまずいかなと思ったんですけど、「まあ、いいか」と思って作ってもらって。
椎名　それは蹴りを使うだけじゃなく、自分のキャラとして打ち出すためにっていうことですか？

永田　その前に道場で夜サンドバッグを蹴ってたら、後藤達俊さんがアドバイスをしてくださって。

玉袋　寛水流空手だ（笑）。

永田　そのときに後藤さんが「俺はレガースを着けたほうがいいと思う。自分のスネをケガしたり、相手をケガさせちゃうようだったら着けたほうがいいよ。だから1シリーズ、試しにやってみな」って賛成してくれたんですね。で、その言葉を後ろ盾にしてレガースを作ったんですけどね。

ガンツ　結局、長州さんから怒られなかったんですか？

永田　長州さんは何も言わなかったですね。ただ、怪訝そうな顔はしてましたけどね。

椎名　レガースは単なる防具ではなく、イデオロギーの象徴みたいなものがありましたもんね。

永田　だからか、長州さんの代わりじゃないんでしょうけど、ヒロ斎藤さんや保永昇男さんにはけっこう言われましたね。「おまえがそんなに頭がトチ狂うとは思わなかったよ」って（笑）。

「俺が生観戦した中では間違いなく横アリのUインターとの対抗戦がいちばん。暴力的な盛り上がりがあった」（椎名）

ガンツ　でも、そう言われながらのちに長州さんにUインターとの対抗戦の先兵に抜擢されるわけですよね。

永田　なんでボクだったんですかね？

ガンツ　それはもちろん、長州さんの中では永田さんが新日本の秘密兵器だったってことでしょう。

椎名　若手でまだ名前はないけど実力はあるっていう、隠し玉だよね。

玉袋　だから急に「永田」って名前が出てきたとき、「おっ、こう来たか！」ってワクワクしましたよ。

永田　あの頃、自分は同期の出世争いから遅れをとっていたんですよ。大谷（晋二郎）さん、金本さん、悪魔仮面なんかはスーパージュニアでもう活躍してたし。中西さんや小島さんは海外に行ってて、天山さんはすでに帰国して蝶野さんの狼群団でメインイベントに出てましたから。

椎名　天山さんはバンと出ましたもんね。

永田　あれは凄かったですよね。だから自分としては焦りがあったんですよ。「何かやらなきゃいけない」って。

ガンツ　Uインターとの対抗戦第1弾の横浜アリーナ（1995年9月23日）では当初、長州さんのタッグパートナーが「X」として発表されてたんですよね。

永田　だから試合前は「Xとして俺が出て行ったら、ファンはどう思うんだろう？」と思ってましたよ。なんか違うだろって。普通「X」だったらファンも大物を期待するじゃないですか（笑）。

ガンツ　当時の永田さんはまだ、いち若手ですもんね（笑）。

永田　そう思ったんですけど、「そんなの知らねえよ！」って感じで開き直って出て行きましたよ。

ガンツ でも、あの横浜アリーナでの長州&永田vs安生洋二&中野龍雄は異常な盛り上がりになりましたよね。

椎名 俺がこれまで生観戦した中では、間違いなくあれがいちばんだね。なんちゅう殺気立った会場だって感じで。普通の盛り上がりじゃなく、暴力的な盛り上がりだったもんね（笑）。

ガンツ 安生さんは「ブーイングの音量で本当に床が揺れてた」って言ってましたからね（笑）。

永田 そんな中で、安生さんは不敵な笑みを浮かべながら手を振って入場してきましたからね。あとで考えたら、あの人の手のひらにしっかり乗せられてましたよね。ああいう場面であんな顔ができるのが凄いと思って。

玉袋 垣原戦で仏頂面で入場してくるあの人とは違うと（笑）。

ガンツ あの試合、当時は永田さんにとっても一世一代の舞台だったんじゃないですか？

永田 気合いは入ってましたね。あの前、ボクは体調を崩してしばらく試合を休んでたんですよ。ちょうど新日本の興行と平成維震軍の興行に掛け持ちで出ていたんで。それで雑用とかもあるじゃないですか。だからたぶん疲労のピークだったんでしょうね。それで前のシリーズを休んで、長州さんのコンディション作りのための猪苗代の合宿に一緒に行くことになって、そこで「今度の横浜は、おまえか安田（忠夫）でいこうと思う」って言われたんですよ。

椎名 安田の可能性もあったんだ。

永田 それまで長州さんはボクがキックの練習をしてたら怪訝そうな顔をしてたのに、「おまえ、もし蹴りとかやるんだったら俺がミットを持ってやるぞ」って言われて「ウソだろ!?」って思ったんですよ（笑）。

ガンツ　あの長州力がキックミットを持ってくれると（笑）。

永田　それでも自分がUインターとやるっていうのは半信半疑だったんですけど、横浜アリーナの前日、ボクは名古屋で復帰戦をやったんですよ。相手はやっさん（安田忠夫）でシングルマッチをやってボクが勝ったんですけど、いま考えるとあれが決定戦だったのかなって。

ガンツ　なるほど。

永田　実際はわからないですけどね。

ガンツ　じつは永田さんは9・23横浜アリーナで第1試合にも出ていたんですよね？

永田　そうなんですよ。当日のカードを見たら「第1試合 永田裕志vs高岩竜一」って出てたんで、「あっ、今日は俺じゃなくなった……」って。残念な気持ちではあったけど、ちょっとホッとした部分もあって。それで高岩に勝って控室に戻ってきたら、長州さんから「よし、もうひとつ行け！」って言われて。

ガンツ　いきなりダブルヘッダー指令（笑）。

永田　こっちは高岩にデスバレーボムを2、3発喰らっちゃってるのに（笑）。

ガンツ　でも2試合目ながら凄い試合になりましたよね。永田さんと安生さん、ふたりとも顔が大きく腫れて。

永田　あれはずっとグレコばっかりやってたから、片足タックルを取ってやろうかと思ってやったんですよ。そのとき安生さんのローキックがたまたま顔面に入っちゃったんです。それで一瞬記憶がなくなって、急に苦しくなったんで「やべぇ！」と思ってエスケープしたんですよ。

「控室に戻る通路を歩いていたら、マスコミの方たちとWCWの選手たちがもの凄くエキサイトしていたんですよ」（永田）

ガンツ そして、そのお返しで永田さんは顔面に素手でマウントパンチを入れたんですよね。
永田 俺がお返しで？
ガンツ はい。
永田 誰にですか？
ガンツ 安生さんに。
永田 俺はそんなことしませんよ。たまたま入ったんでしょう。
ガンツ たまたまですか（笑）。でも本当にギリギリのところでの試合でしたよね。
永田 いま振り返ると、ほかのUインターの選手と比べて安生さんがうまかったんじゃないですか？
玉袋 だからこそ殺伐としているけど、ちゃんと試合になっていたと。
椎名 長州さんは安生さんのそういう部分を認めていたんですかね？
永田 いや、まだ半信半疑だったんじゃないですか。ただ、闘ってみておおよそのことがわかるわけじゃないですか。

ガンツ　そのあと東京ドームでシングルをやってますからね。最後は見事なリキラリアットでしたけど（笑）。
永田　安生さんは受け身もちゃんと取ってましたからね。
ガンツ　だから安生さんがそのあと売れたのもわかるというか。
永田　ゴールデンカップスだもんね。あれはあれでオーバーしましたからね。いっぱいテレビに出てましたから。
ガンツ　横アリの試合では永田さんの評価も一気に上がりましたよね。
永田　自分では興奮しちゃっててわからなかったんですよ。そうしたら控室に戻る通路を歩いていたらマスコミの方たちが「よかったよ！」って言ってきたんで、こっちは「えっ、マジで？」って感じでしたね。
ガンツ　ホーク・ウォリアーも「よくやった！」と声をかけてきたんですよね？
永田　そうそう。ＷＣＷの選手たちがもの凄くエキサイトしていたんですよ。「こんなに顔面を腫れさせるなんて、なんてヤツらだ！　次は俺が行ってぶっ殺してやる！」ってホークが言ってて。
椎名　やっぱりホークも興奮したんですね（笑）。
永田　ハグまでしてきて、「俺がやってやるから心配すんな！」って（笑）。あとはスティング、ウィリアム・リーガル、クリス・ベノワとかいっぱい来てたんですよ。
ガンツ　そうそうたるメンバーですね。
玉袋　アメリカのトップスターもああいうケンカは燃えるんだろうな。腕っ節にも自信があるん

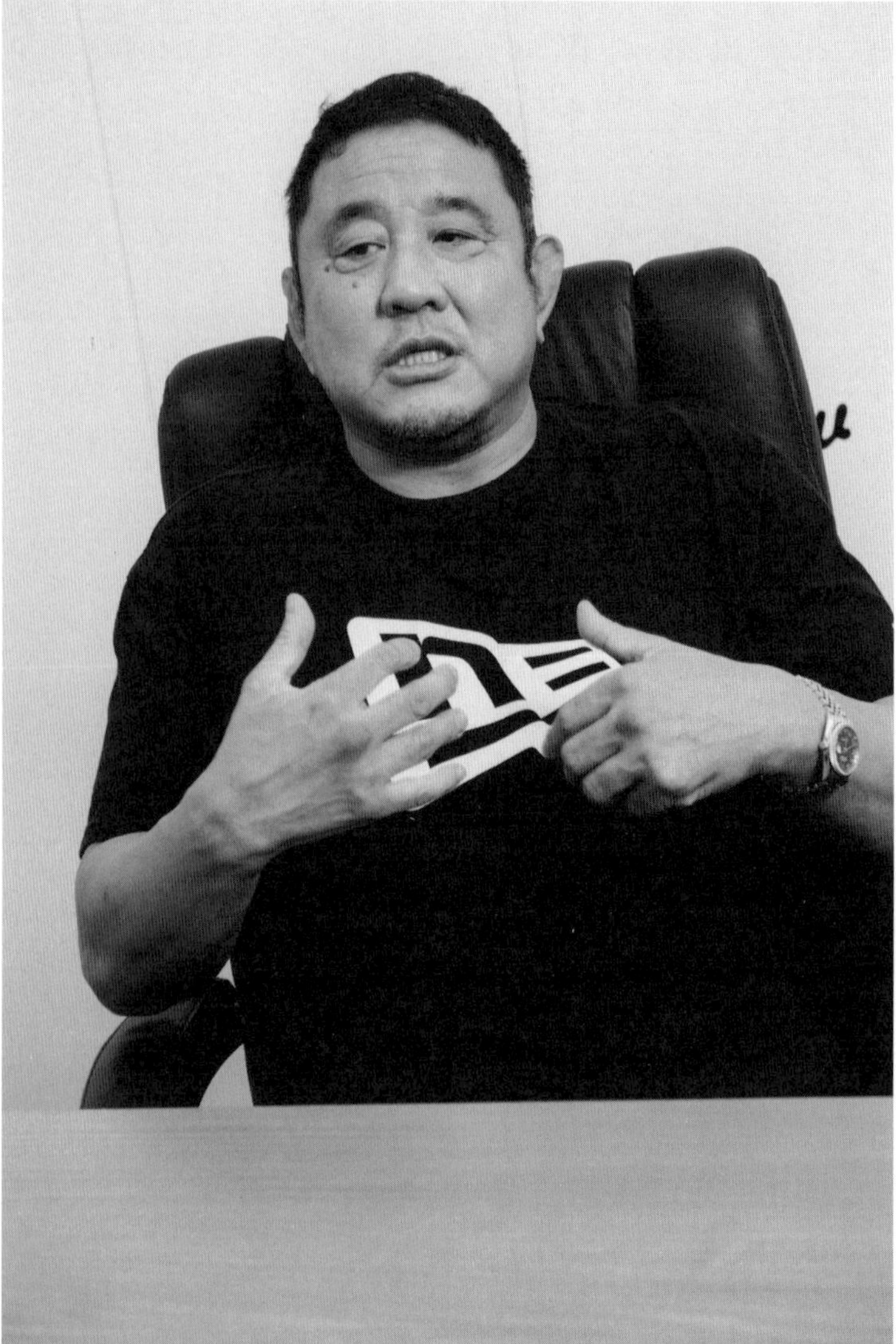

だろうし。

ガンツ　永田さんのことは猪木さんも褒めてたんですよね？

永田　らしいですね。その翌日くらいに山梨であった試合会場に猪木会長がお見えになられて、「おまえ、よくやったよ。アイツらなんかどうってことねえだろ」って言われて。長州さんが「会長、コイツ調子に乗るからあまり言わないでください」って言ったら、「いや、今日褒めないでいつ褒めるんだよ」って言ってくださって。ボクの腫れた顔を見て「たぶんおまえは顔が腫れやすいんだよ。骨は折れてはいないだろうから大丈夫だ」みたいなことをおっしゃっていたのを憶えてますね。

ガンツ　10・9東京ドームのあとも猪木さんは「第1試合（永田&石沢vs金原弘光&桜庭和志）がいちばんよかった」と言ってたんですよね。

永田　あれは実際に褒めていただけたのかもしれないですけど、メインの武藤さんと髙田さんの試合が気に入らなかったから、あえてそんなふうに言ったんじゃないかという気がしないでもないんですよ（笑）。

玉袋　武藤敬司への当てつけだったと（笑）。

椎名　武藤さんが入場するときに大見得を切ったのが、猪木さん的には気に入らなかったんですよね。

永田　ただ、武藤さんがああやって自分をアピールしたっていうのは、あれはあれでアリだとは思うんですけどね。

ガンツ　もの凄く盛り上がりましたし、いまの新日本ではステージの上で大見得を切るのは当たり前ですもんね。その先駆けになったという。

永田　ただ、会長的には20年近く経ってもあのことを言ってましたからね。ＩＧＦに行かれたあと、たまたま遭遇したときにもその話をお客さんの前でしていて。だからずっと根に持ってたんだろうなって。「あれはないだろ」ってずっと言ってましたね。

「自分のフィニッシュホールドを必殺技としてどう浸透させるかっていうのは、プロレスラーにとって大きなテーマ」（ガンツ）

ガンツ　そのくらい武藤さんが新日本を変えてしまったというか。

永田　会長の価値観と武藤さんの価値観が思いっきり違うでしょ。しかもふたりとも天才的なセンスの持ち主だから、会長からしたらあの価値観を認めるわけにいかなかったんでしょうね。

玉袋　猪木さんからすると、団体のトップ同士の禁断の一騎打ちなら、猪木vsストロング小林戦のような決闘感を出さなきゃっていうのがあったんだろうな。

永田　それはあったと思います。でも武藤さんはあれでえらいオーバーしましたからね。そのあとすぐ市原かどっかで巡業が始まって、ドラゴンスクリューをやって足4の字固めをやったら観客が大騒ぎですからね（笑）。もうムーンサルトをやる必要がないですもんね。

ガンツ　全国各地の会場で「ドームの髙田戦のフィニッシュをうちの地元でやってくれた！」っ

てなりますもんね。

永田　ボクはプロレスを30年やってますけど、武藤さんがあれを一瞬にして全国区にしたのを目撃したインパクトは凄かったですね。新しい必殺技を使い続けてオーバーさせたっていう選手はいましたけど、武藤さんのドラゴンスクリューからの足4の字は、本当にドームの次の大会からオーバーしてましたから。

玉袋　一夜にして足4の字固めっていう古典的な技を必殺技としてよみがえらせたわけだからな。

永田　シャイニング・ウィザードだって最初は「えっ？」って感じでしたけど、これは絶対にウケるなと思ったらもうすぐでしたよ。ひと月くらいですぐに浸透していて。そういう才能を武藤さんは持っているんでしょうね。

ガンツ　自分のフィニッシュホールドを必殺技としてどう浸透させるかっていうのは、プロレスラーにとって大きなテーマでもありますよね。

永田　ファンに浸透させるって凄く難しい作業なんですよ。武藤さんはそれが一瞬だったから。あれは凄かったなと。

ガンツ　永田さんはご自身のフィニッシュについては苦労されましたか？　最終的には最高の必殺技がバックドロップ・ホールドということで定着しましたが。

永田　グレコローマン出身なんで投げ技がいいだろうとは思ったんですけど、ボクは身体が固いですからね。それにみんなジャーマン系をフィニッシュにしてたんで、だったらバックドロップでホールドするのはいいだろうってことから生まれましたね。

ガンツ　あのバックドロップホールドは、ジャンボ鶴田さんがニック・ボックウィンクルを破ってＡＷＡ世界ヘビー級王座を奪取したときのフィニッシュからのインスピレーションですか？

永田　それはよく言われるけど違うんですよ。影響を受けたとすればダイナマイト・キッドですね。

椎名　キッドなんですか⁉

永田　昔ダイナマイト・キッドが、デイビーボーイ・スミス、ザ・コブラと三すくみでＷＷＦジュニアヘビー級王座を争ったとき、最後にザ・コブラに抱え込み式のバックドロップ・ホールドをやったんですよ。それがイメージにあったかもしれないですね。

ガンツ　たしかにありましたね！　１９８４年におこなわれたＷＷＦジュニア王座決定リーグ戦。最後、巴戦になってキッドvsコブラのフィニッシュがそれでした。キッドが抱え上げたあとに高速で落として、そのまま力ずくでエビに固めるっていう。

永田　ボクはブリッジで固めるのではなく、そのまま押さえ込むっていうのがスムーズにいけたんですよ。

ガンツ　あれは凄くいいですよね。

永田　あっ、そうですか？　本当に言ってます？（笑）。

ガンツ　本当に言ってますよ（笑）。ガッチリ押さえ込んでるっていう説得力もあって。

玉袋　キッド、スミス、コブラの巴戦はカテェ家庭でも観られたんですか？

永田　あれはちょうど高校生になってたから観られたんですよ（笑）。

椎名　もしそこで「二階に行って勉強しなさい！」って言われてたら、バックドロップ・ホールドは生まれなかったかもしれないんですね（笑）。
ガンツ　話は前後しますけど、10・9東京ドームの第1試合はどうでしたか？
永田　まあ、金原さんはイケイケで来るなと思ってましたけど、案の定レガースを着けないで来て、「俺の蹴りはムエタイ仕込みで固くて痛いんだよ」っていうのをアピールしたかったんでしょうね。コスチュームしかり。
椎名　ムエタイのトランクスで素足だったんですよね。
玉袋　ポンチョを着て入場しちゃってな。
永田　でもプロレスのリングで裸足だと滑るんですよね。だから蹴ったときにステーンと転んでましたけどね。
ガンツ　永田vs金原がスリリングでしたね。金原さんのムエタイと、永田さんのグレコローマンの投げの対決。
椎名　緊張感あったよね。
永田　ただ、掴まえて投げようとするとロープに逃げるんで、「なんだよ！」ってちょっとイライラしてましたね（笑）。

「WWEとWCWの視聴率戦争は、日本の土曜8時の『8時だョ！全員集合』と『オレたちひょうきん族』と一緒だよ」（玉袋）

ガンツ　本当にレスラーとキックボクサーの異種格闘技戦みたいな感じで。

玉袋　ファンとしては最高だよな。ひとつひとつの動きがドッカンドッカン沸いてたから。永田さんも「沸かせたぞ」っていう手応えはありました？

永田　沸かせたというか、「観客が勝手に盛り上がってくれた」っていうイメージがありましたね。それだけUWFの思想と新日本の思想が長年にわたって相譲れないものであったことをファンのみなさんも理解していたでしょうし。それがいざ闘うとなったとき、マニアとか熱心なファンだけじゃなく、一般の人たちも巻き込むようなムーブメントになったんじゃないかと。だからバーッと盛り上がったけど、収まるのも早かったですもんね。

ガンツ　そうでしたね。刺激がありすぎてというか。

永田　だって実際には1年ももたなかったでしょ？

ガンツ　そうなんですよ。1995年9・23横浜アリーナで始まって、翌1996年4・29東京ドームの髙田延彦vs橋本真也で、新日本vsUインターの対抗戦はいちおうピリオドが打たれましたからね。

永田　あとはUインターがWARとやったり、全日本の川田（利明）さんがUインターに出たりはしたけど、ウチとの対抗戦は半年ぐらいしかやらなかったんですよね。

椎名　そんなに短かったんだ。
玉袋　それで気がついたら髙田延彦がアブドーラ・ザ・ブッチャーとシングルでやってたんだから。もう、わけがわからなかったよ。
ガンツ　永田さんは対抗戦で名を上げて、あそこから一気に上で使われるかと思ったら、そうでもなかったんですよね。
永田　ボクもまだ身体がそこまでできていなかったですし、あれだけでは通用しないのがプロレスの奥深さというか。それを知らされたなと。そして1997年にようやくアメリカに行ったんですよ。
ガンツ　永田さんの修行先はいちばんいいときのWCWだったんですよね。
玉袋　最高じゃないですか！
永田　カネがいちばんあったときですからね（笑）。ボクは修行の身でそんなに稼いでないですけど、トップどころはとんでもない額を稼いでたらしいですよ。
ガンツ　メンバーもとんでもなかったですもんね。
永田　WWEからもいっぱい引っ張ってましたもんね。ハルク・ホーガン、スコット・ホール、ケビン・ナッシュ、マッチョマン（ランディ・サベージ）も来ましたし、ブレッド・ハートとかね。WWEとWCWが月曜夜の同時刻に生放送をやって、どっちも高視聴率でしたけど、一時期はずっとWCWが勝ってましたからね。
玉袋　80年代の日本の土曜8時、『8時だョ！全員集合』と『オレたちひょうきん族』の視聴率戦争と一緒だよ。

永田　ＷＣＷも一時期は勢いがあったんですけど、途中からスーパースターの足並みが揃わなくなって、グチャグチャになっちゃったんですけどね。

椎名　そのへんも『ひょうきん族』と一緒で（笑）。

ガンツ　向こうのスーパースターとの交流もあったんですか？

永田　ゴールドバーグとは仲がよかったですね。ボクが行った頃はパワープラント（ＷＣＷのレスラー養成所）にいてまだデビューしてなかったんですよ。アイツはけっこうＭＭＡが好きだったんですよ。

ガンツ　いちおうＭＭＡキャラでしたもんね。オープンフィンガーっぽいグローブを着けて、タイツもＭＭＡっぽいショートスパッツで。

永田　たぶん〝強い男〟をイメージしたときに黒タイツに黒シューズ、それとオープンフィンガーだったんでしょう。それであるとき、パワープラントに行ったらゴールドバーグが現れて、ビデオテープを持ってきてるんですよ。何かと思ったら向こうのＭＭＡのビデオで、モーリス・スミスvs村上和成だったんですよ。最初に村上が突っ込んでいって、モーリスからまさかのダウンを奪うけど、すぐ立ち上がったモーリスの強烈なパンチでＫＯされた試合。あのときボクは村上の存在を初めて知りましたから（笑）。

ガンツ　猪木さんがＵＦＯを旗揚げする前から、ゴールドバーグが持ってきていたビデオを通じて知っていたと（笑）。

永田　それでゴールドバーグが関節技のことを「サンボ」って言ってたのかな？
ガンツ　ヒザ十字を使ってましたもんね。
永田　そうなんですよ。ビクトル投げをやったりして。でもあの力で関節技をやったらぶっ壊れちゃうみたいなね。足首を極めてるようでヒザまできちゃうような。
玉袋　永田さんとゴールドバーグに親交があったっていうのはいい話だな〜。

「敬礼ポーズのイメージはエル・ヒガンテ！　俺たちもヒガンテと同じタイツを着て番組に出てたから原点が一緒だよ」（玉袋）

ガンツ　永田さんの代名詞である〝敬礼ポーズ〟もアメリカでやるようになったんですよね？
永田　そうですね。向こうでナガタロックをやるとき、手をかざして会場を見渡してから技を仕掛けたら観客の反応がドーンと来たんで、帰国したあとに日本でもやってみたんですけど、最初はうんともすんとも言わないんですよ（苦笑）。
玉袋　なんの反応もねえのはつらい！（笑）。
椎名　ノーリアクション（笑）。
永田　それこそ一時帰国したときの天山さんとの試合はナガタロックで勝ったんですけど、技をかけたときはドームがシーンとしていて、天山さんがギブアップしたらようやく会場が「うおー！」となったくらいで。だから試行錯誤でしたね。昔からよく教わってたのは「技は会場のいちばん奥で観ているお客さんをのぞき込むみたいな感じでやれ」と。
ガンツ だから、あのポーズはもともと「敬礼」じゃないんですよね。
永田 敬礼じゃないんですよ。手をかざして観客席を眺める仕草なんですけど、技をかける前に悠長に見てられないじゃないですか？ それでパッとスピード感がついた感じでやったら敬礼っぽく見えたんで、そのときに辻アナウンサーが最初に実況で言ったんですよね。
椎名 「敬礼ポーズ」は敬礼じゃなかったんだ！（笑）。
玉袋 辻アナの見間違いだったっていうね（笑）。
ガンツ 武藤さんが凱旋帰国当時、コーナーに登って客席をのぞき込むポーズをやってましたよね。
永田 だから武藤さんにのちのち「あれは俺のパクリだ」って言われましたけど、もともとアメプロの代表的なポーズですよ。ホーガンが耳に手を当てるのと同じで。だから、もし俺の中に誰かのイメージがあるとしたら、ファンの頃に観てたドームの花道を入場してきたときのエル・ヒガンテですね。
玉袋 おー、ヒガンテ！（笑）。
永田 会場の奥に向かってヒガンテがこうやってたんですよ。そのイメージが大きいですね。だから武藤さんのイメージはまったくなくて。なのでパクったんだとしたら、むしろヒガンテです。そこはアメリカンプロレスの第一人者である武藤さんの大きな思い上がりと言いますか。まあ、辞めて行く方にこういうことを言うのは失礼ですけどね（笑）。

椎名　敬礼ポーズの原点はエル・ヒガンテだったというのは意外な真実ですね（笑）。
玉袋　俺たちも昔、ヒガンテと同じタイツを着て番組に出てたからな。
ガンツ　たしかにそうでしたね。ボディスーツで（笑）。
玉袋　ある意味、永田さんも浅草キッドも原点が一緒なんだよ（笑）。
椎名　武藤さんにこれを読んでほしいですね（笑）。
永田　そうするとまたグチグチ言うんですよ（笑）。
ガンツ　常日頃から「俺にマージンよこせよ」とか言ってますからね（笑）。
永田　解説をやったらダメな人ですから。解説をやっていてすぐに「あれは俺のパクリだよ」って言いますから（笑）。
椎名　武藤さん自身は、藤田（和之）さんのフランケンシュタイナーからの腕十字固めというムーブをパクリながら、「俺がやると俺のオリジナルになっちゃうんだよな」と言い放つ人ですからね（笑）。
永田　あれは最初に藤田がやったとき、武藤さんが「俺の技、パクるなよ」って言ったら、藤田が「いや、ボクのオリジナルです。フランケンから腕十字っていう別の技ですから」って言ったら、それを武藤さんがやりだして。あの人は「俺がやったほうが広まるんだから。そうすれば俺のオリジナルなんだ」って言うんですよ。なんたる屁理屈を（笑）。だから自分がやられると散々言うんですけど、自分は平気でやりますからね。「これは使い勝手がいいな」って。
玉袋　「おまえの技は俺の技、俺の技は俺の技」っていうジャイアン理論だな（笑）。

永田　まあでも、天才って呼ばれてる方はそこまで自意識過剰じゃないとダメだってことですよね。

「(猪木問答は)いきなり中西さんが振られたから、あのときに『えっ、これ順番で来るのかよ!?』と思って(笑)」(永田)

ガンツ　永田さんのオリジナルといえば、腕折り固めから何かが降りてきて白眼になるのはどういうきっかけだったんですか？

永田　あれは新日本の30周年（２００２年）で、ボクが会社の屋台骨を背負ってるときに、追い風もけっこうあったんですけど。その一方で世相やオーナー（猪木）からの厳しい視線もあり、自分の中で鬱憤とは言わないですけど何かが溜まっていた中で、当時はとにかく「怒りを出せ！」「ストレートに自分の感情を出せ！」って言われていたときに自然と降りてきたんですよ（笑）。

ガンツ　なるほど。怒りの具現化だったと（笑）。

永田　怒りだったり、不満だったり、そういうものがガーッと出たのがあれですね。だからそういう話を聞かずに観てたら笑っちゃうかもしれないですけど、ボクからすると何を言われようが、あの時代の自分の感情が形になったものですから。

ガンツ　その「怒りを出せ」っていうものの元になったのは、同じ30周年の年にあった「猪木問答」（２００２年２・１札幌中島体育センター）じゃないですか？

永田　そうなんですけど、ぶっちゃけあんなの反則ですよ。あのとき「とにかくリングに上がってくれ」とだけ言われていて、武藤さんたちが新日本離脱した直後だったんで、みんなで決意表明みたいなことをするものだと思っていたんですけど、猪木会長が「俺は怒ってる！」って始まったじゃないですか。

ガンツ　それから「おまえらは何に怒ってるんだ？」と。

永田　それで、いきなり中西さんが振られたじゃないですか。あのときに「えっ、これ順番で来るのかよ⁉」と思って（笑）。あれは中西さんがかわいそうでしたね。

ガンツ　ひとり目でしたからね（笑）。

永田　その前に猪木会長が「武藤が出て行ったとか、そんなことはどうでもいい！」って言ってたんですけど、中西さんはああいう状態の中でどうしても武藤さんのことが頭に浮かんじゃったんでしょうね。それで「全日本に行った武藤です！」って言ったら「おめえはそれでいいや」って言われて（笑）。

玉袋　あれはフリからボケ、オチが完璧なんで、みんな笑っちゃいますよ（笑）。

永田　で、すぐ次はボクでしょ？　あの短い時間の中でボクもとっさに「俺は何にイライラしてるんだ？」って考えたとき、当時は新日本上層部がゴタゴタしていたんで「すべてに対して怒ってます！」って言ったら、会長に「すべてって誰だ？　俺か？　長州か？」って聞かれて「上にいるすべてです！」って言ったら、「ヤツらにわからせろ！」って言われて、結果的にボクの怒りの対象から猪木会長が消えちゃったんですよ。

椎名　猪木さんの言う「ヤツら」の中に自分は入っていないわけですもんね。

永田　でも猪木さんの前で「猪木さんに怒ってます！」とは言えないでしょう（笑）。まあ、正直猪木さんに対する怒りというより、本当にいろんなものに対する怒りがあったんですよ。年末の格闘技戦で負けた自分に対する怒りもありましたから。

ガンツ　大晦日にミルコ・クロコップにKOされた1カ月後なんですよね。

永田　あの負けで世相の向かい風が吹きましたからね。それで武藤さんたちが辞めていって新日本の心臓部がぶち抜かれた中、「自分たちがやっていかなきゃ」っていう思いに対する向かい風というものに腹が立っていたというか、癪にさわったっていうのがあって、それをあの短い時間の中で言いたかったんですよ。

椎名　でも急に「何に怒ってるんだ？」って言われて、リング上でみんな頭の中が混乱していたでしょうね（笑）。

永田　そりゃあ言葉足らずにもなりますよ。だから少し考える時間があったKENSO（鈴木健三）と棚橋（弘至）はいいことを言いましたよね。

ガンツ　KENSOさんは「明るい未来が見えませーん！」でしたけどね（笑）。

永田　でも、あれはあれで心の叫びだったじゃないですか。

ガンツ　たしかにそうですね。だからこそインパクトが残って。

永田　最後の棚橋も立派でしたよ。要するに「格闘技じゃなくてプロレスをやります」っていう、猪木さんの方向性に対して異を唱えたわけですからね。まあ、直接的ではなかったにしろ、あのキャリアであの言葉を堂々と言った棚橋は立派だったと思いましたよ。

ガンツ　棚橋ストーリーがあそこから始まりましたよね。

椎名　永田さんの場合、新日本の強さのイメージを守る立場として格闘技戦に出ていかなきゃいけなかったから、「プロレスをやります！」とはなかなか言えないですもんね。

永田　まあ、プロレスをやるんですけどね。

椎名　そうなんですけど、ミルコと1回やってしまった手前、格闘技をはなから批判もできないですもんね。

永田　だから俺はミルコとやる前から1回きりのつもりだったんですよ。あの試合でプロレス界を背負うつもりもないし、一か八かの大博打で「勝っても負けてもこれで1回きり」って言ってたんだけど、ああいう結果になるとなかなかそうはいかないというか。

「ミルコ戦は藤田さんと『週刊ゴング』のGKさんが煽ったんですよね。『絶対にいけますよ！』って」（ガンツ）

ガンツ　当時はプロレスラーが総合格闘技に出たときの勝ち、負けの影響がもの凄く大きかったですもんね。

椎名　そんな中で永田さんはオファーも急だったじゃないですか。すでに格闘技は試合に向けて2カ月くらい準備してやるのが当たり前になっていた時代に「おまえ、行け！」って感じでしたもんね。そこが衝撃的でしたね。

永田　1発目のミルコ戦のときは自分もまわりに乗せられたとはいえその気になっていたんですけど、急な命令だったのは2回目ですよね。

ガンツ　ミルコ戦の前は「これで勝って突き抜けて、闘魂三銃士を抜くぞ！」っていう気持ちがあったわけですよね？

永田　最初は自分でも難しいとは思っていたんですよ。競技としてレベルが上がってたのもわかっていたし、「いまさら付け焼刃でやっても無理だろ」って。

玉袋　そこはアスリートとして冷静だったんですね。

永田　だけど専門家から何から、まわりがやたら焚きつけてくるから「そんなに言うなら、じゃあやってみるか」って。

ガンツ　藤田さんと『週刊ゴング』編集長のGK金沢（克彦）さんが煽ったんですよね。藤田さんが「先輩、考えてみてくださいよ。髙田さんがタックルを取れるんですよ？」って言ったりして（笑）。

永田　そうそう。「ミルコは髙田延彦のタックルを切れないんですから」って（笑）。

ガンツ　「先輩だったら絶対にいけますよ！」って（笑）。

永田　で、GKは藤田のことが大好きなんで、ふたりで盛り上がってて、藤田からの電話を切ったらすぐにGKから電話がかかってきたんですよ。それで「今回ばかりはおまえを焚きつけるから。『ゴング』でキャンペーンを張って絶対にやるんで」って言ってて、それであいう結果になったでしょ？　そうしたら『ゴング』に「永田とともに私もこれから十字架を背負って歩く」って書いてたんですよ。

椎名　GKがそんな殊勝なことを書いてましたか（笑）。

永田　そう言いながら、それから何年か後にPRIDEが崩壊したあとDREAMにミルコが上がって。TBSの放送だから俺がやられた映像が煽りに使われていたんですよ。そうしたらGKから携帯にメールが来て、「ミルコに蹴られたあの映像が出てきて笑っちゃったよ」って書いてあるんですよ。「あんた、俺と十字架を背負うって言ったんじゃねえかよ！」って。本当に人間って信用できないなって思いましたよ（笑）。

ガンツ　さすがGKですね（笑）。

椎名　永田さんは、猪木さんに振り回された最後の世代でもありますよね？

永田　振り回されたと言えば最後のヒョードルとの試合ですよ。あれはもう2回断ってましたから。もともと話が来たのが12月のシリーズの終わり頃で、最初、日テレ版『猪木ボンバイエ』は高山（善廣）さんとミルコの試合で売ってたでしょ。それが消えたんですよ。

ガンツ　PRIDEと揉めてミルコ出場がなくなったんですよね。

永田　それでヒョードルを引っ張ってきて高阪（剛）さんがやるっていう話があったのかな？　何人か候補がいた中でなぜか急にボクのところに来たんですね。看板になる試合がちょっと弱いということで。

ガンツ　「新日本のトップがPRIDE最強のヒョードルと対戦」という看板がほしかったわけで

すよね。

永田　でもあまりにも急だから「なんでこのタイミングで来るの？」って思いながらも猪木事務所に行ったら、向こうの人たちが「新日本での試合もあるから気を使ってたんだ」とか適当な言い訳をされて。

ガンツ　そんなわけないですよね（笑）。で、ギリギリになって相手が（アントニオ・ホドリゴ・）ノゲイラに変わったんですよね？

永田　まずヒョードルの出場にストップがかかったんですよ。それで「『猪木祭り』消滅の危機」っていうニュースも出て。そのタイミングでモンゴルから帰国した猪木事務所の伊藤（章生）さんから電話がかかってきて、「明日記者会見をやるから出てくれ」って言われたんだけど、俺は断ったんですよ。「いや、これはもうやれないでしょ。ニュースにも出てますよ」って言ったら、「絶対にできるから」って言ってて。そのあと結局ＰＲＩＤＥからストップがかかって記者会見ができなかったんで「戻れ」って言われて。

玉袋　ズンドコだな～！

ガンツ　ボクもその土壇場で中止になった記者会見に行きましたけど、あの日はたしかクリスマスイブで、すでに大会まで1週間しかないという（笑）。

永田　それで「もうやめた！」ってことで、棚橋とテレ朝の『朝まで忘年会』みたいな番組に出て、酒を飲んで、カラオケも歌ってたんです。

ガンツ　そうでしたね（笑）。

永田　そのときですよ。終わってから帰ろうとしたら、「いまからオークラに来てください」って言われて「いや、行かねえよ。なに言ってんだよ、いまさら」って言ったら、「猪木会長が呼んでるから」って言われて。それで夜中にオークラに行って、そこで猪木会長から「ノゲイラはどうだ？」って言われて。「いや、そんなこと言われても……」って。もう対戦相手どうのこうのより裏のゴタゴタに巻き込まれたくなかったんですよ。

「ひとつ自信を持って言えるのは、俺は身体を張って命懸けで猪木会長をお助けしたことが1回あるということ」（永田）

玉袋　あのときはグッチャグチャでしたもんね。
永田　知ってる？
玉袋　まあ、なんとなくは。だからあのときは百瀬（博教）さんが防弾チョッキを着るとか言ってて（笑）。
ガンツ　大変だ（笑）。

永田　それでボクも「ちょっと考えさせてください」って言ったら、「いや、考えてる時間はねぇんだよ」って言われて。それも無茶な話でしょ（笑）。
椎名　もはや一刻の猶予もなし（笑）。
永田　それで仕方なく「やります！」って言って、会長から闘魂ビンタをされたんですけど。ところがすぐにノゲイラもダメになって「もういいだろ」と思ってたら、またヒョードルを引っ張り出そうとしていて。
ガンツ　最後の数日間でさらに二転三転したんですよね。
永田　結局、目玉カードがないなら日テレが土壇場で放送を取りやめて代替番組を放送するっていう話にもなってたんですよ。その目玉カードって俺とヒョードルの試合ですから、それをやらないとイベント自体が飛んでしまう。そうなると「これ、会長の顔に泥を塗るわけにはいかねぇよな……」って思ったんで仕方なく。
椎名　この身を捧げようと。
永田　そんな感じですよ。だからボクはリングに上がるところまでが仕事だなと思ったんです。なんとか気持ちを奮い立たせようと思ったんだけど、そんな状況じゃ奮い立たないよね。
ガンツ　なんで世界最強の男とこんなドタバタで準備もロクにせず闘わなきゃならないんだって思いますよ。
玉袋　義理を通すってだけだもんな〜。
永田　当時は「ざまあみろ」って思ってたでしょ？（笑）。

玉袋　いやいや（笑）。

永田　いーや、ウソばっかり（笑）。でも、どっちかって言うとアンチ新日本だったでしょ？　PRIDE側だったでしょ？

玉袋　アンチ新日本ではないけど、PRIDEは応援してましたね。

永田　でもボクが出たのは『猪木祭り』なので、PRIDE側から見れば敵のほうだったんで。

ガンツ　あのときの選手は敵も味方もなく、みんなゴタゴタに巻き込まれた被害者って感じですけどね。その中で、永田さんは身体を張って猪木さんを守ったということですよ。

玉袋　そうですよ！

永田　まあ、世の中はそうは見てくれませんでしたけどね（笑）。でも人間として強くなりましたよ。もう世の中のすべてが敵みたいな感じで俺に向かってきたからね。

玉袋　いやー、凄かった。

永田　よく言うよな～（笑）。

玉袋　いやいや、俺も新日ファン育ちですから（笑）。

ガンツ　いまのレスラーでそういう凄い経験をしている人はもういないですからね。

永田　でも「おまえがこの試合を受ければテレビ放送が成立する」って言われたらお助けするしかねえじゃん。だからボクは猪木会長から怒られることばっかりでしたけど、ひとつ自信を持って言えるのは俺は命懸けで猪木会長をお助けしたことが1回あると。

玉袋　そりゃあもう！

永田　たしかにレスラーとしての永田裕志については会長も気に入らない部分もあっただろうし、会長から反対されていたコレ（敬礼ポーズ）もいまだにやってますけど（笑）。でもボクは命懸けで身体を張って会長を一度だけお守りしたと。それだけはまわりがなんと言おうと、胸を張って自信を持って言えますね。

玉袋　『猪木祭り』20年目の真実。やっぱ、それを言える永田さんはすげえ。今日はありがとうございました！

村上和成
平成のテロリスト

村上和成（むらかみ・かずなり）

1973年11月29日生まれ、富山県婦負郡出身。プロレスラー。拓殖大学を卒業後、1995年8月、『真・格斗術トライアル・トーナメント』で総合格闘家としてデビュー。バート・ベイルやモーリス・スミスと対戦したのち、1997年10月11日『PRIDE.1』に出場してジョン・ディクソンを破る。所属だった和術慧舟會を辞めて順道会館を設立して館長となるも、アントニオ猪木率いるUFO所属となりプロレスラーに転身する。その後は新日本、ZERO—ONE、プロレスリング・ノアなどに参戦。また2023年10月には左坐骨神経損傷から2年ぶりとなる完全態でリングへの復帰を果たし、殺気溢れる喧嘩スタイルで熱狂的なファンから熱い支持を獲得している。近年ではNHK「鎌倉殿の13人」への出演など、俳優、タレントとしてもマルチに活躍中。

［2020年6月収録］

「もともとボクは素行が悪くて、小学校1、2年のときから校長室に自分の机があったんですよ」（村上）

ガンツ　玉さん！　今回は変態座談会に〝平成のテロリスト〟が乗り込んできましたよ！
玉袋　ついに東京にテロリストが現れたか！　緊急事態宣言が解除されたけど、また東京アラートを出さなきゃいけねえんじゃねえか⁉
椎名　いま頃、都庁とレインボーブリッジが赤くなってるかもしれない（笑）。
ガンツ　というわけで今回のゲストは、村上和成選手です！
玉袋　いやー、ホントおひさしぶりです！
村上　おひさしぶりです！
玉袋　村上さんとは、なんかちょいちょいすれ違うんだよね。まだ俺のセガレが小さかった頃、杉並の和田堀公園にトンボを捕まえに行ったら、原っぱで野稽古してるでっけえ男が2人いて。「誰だ？」と思ったら、村上さんと小路（晃）さんなんだよ（笑）。
村上　一時期、あそこがボクらの道場でしたから（笑）。
椎名　和術慧舟會時代ですか？
村上　いや、そのあとですね。小路も慧舟會を抜けて、まだ練習場所がなかったんですけど、「公園でやりゃいいじゃん」って（笑）。
玉袋　あとは中野の島忠で買い物していたらバッタリ会ったりね。な〜んか、平和な街でテロリストと会ってたんだよ（笑）。

椎名　都内はどこにテロリストが潜んでるかわかりませんね（笑）。

玉袋　考えてみれば、村上さんは小路さんとも古い付き合いですよね？

村上　アイツとは富山の高校時代からの同級生ですね。同じ柔道部だったんですけど、アイツは昔からプロレスマニアだったんですよ。でもボクはまったく好きじゃなくて（笑）。

玉袋　あっ、好きじゃなかったんですか⁉

村上　テレビですら観たことなかった。だから先輩に「こっちに走ってこい！」って言われて、意味もわからずに走って行ったらラリアットを喰らわされて「コイツ、将来絶対にぶっ飛ばす」と思って。

椎名　じゃあ、ラリアットも知らなかった？

村上　知らなかったんですよ。

ガンツ　だから予測もできなかったと（笑）。

村上　でも小路は部室でも週プロをずっと読んでましたよ。

椎名　てっきり2人ともプロレスが好きなんだと思ってました。

村上　ボクは全然ですね。富山にプロレスが来たとき、アイツが出待ちをするために授業を抜けていったときも、「バカじゃねえのか」って思っていたし。猪木会長が選挙で富山に来たときなんか、俺も付き合わされたんですけど、猪木会長が目の前に来たら、アイツ、感動して泣き出したんですよ（笑）。

ガンツ　小路さんにとったら神様が目の前にいる感じで（笑）。

村上　俺は意味がわかんなくて、「なんで泣いてんの？　頭がおかしいんじゃないか？」と思って。

玉袋　そういう人がのちにUFOに入るんだから、人生わかんねえな〜。

椎名　小路さんが柔道を始めたのはプロレスが好きだったからってわかりますけど、村上さんはなんで始めたんですか？

村上　昔、柔道をやっていた親父の影響ですね。小さい頃から「柔道はいいぞ〜」って暗示をかけられて。もともとボクは素行が悪くて、小学校1、2年のときからほぼほぼ教室にいなくて、校長室に自分の机があったんですよ。毎日呼び出されていたんで（笑）。

玉袋　マンガだよ（笑）。

村上　毎日のように校長室に呼び出されて、ぶん殴られて、みたいな。いまだったらダメですよね。

それで担任にも嫌われてたんで。

玉袋　それはもう武道をやるしかないと。

村上　でもウチの親父は「何事も区切りのいいところまでかならずやれ」って言うんですよ。だから小学1年から始めたら6年までやれと。

玉袋　縛りが長いよ。携帯だって2年なのに、6年だもん（笑）。

村上　だから習い事とかやりたいって言うと、「そこまで続ける自信があるのか？　だったらやっていいぞ」って言われるから、途中で妥協するのは絶対に許されないんですよ。もし妥協しようもんならボッコボコにシバかれるんで。

「食いすぎて上を向いてたって、フォアグラを作ってるんじゃねえんだから。それ、ガチョウだよ」（玉袋）

玉袋　そんな星一徹タイプのお父さんだったんだ。まあ、柔道本来の「精力善用」ってことだよね。

村上　それで中学のときは柔道部に入ってたんですけど、ボクはほとんど相撲をやっていたんですよ。まあ、半ばやらされてたんですけど。

玉袋　富山はこないだ、朝乃山という大関がひさびさに生まれたけど、もともと相撲が盛んだったんですか？

村上　盛んですね。富山と石川は盛んなんです。

ガンツ　輪島さんは石川出身ですもんね。

村上　ボクが住んでいた街っていうのは、ちっちゃい部落がいっぱいあったんで、10校以上の小学校が同じ中学に行くんですよ。で、そこの中学校の相撲場を借りて毎年お盆に相撲大会をやるんです。

椎名　中学にちゃんと土俵があるんですね。

村上　で、中学に上がって柔道部に入ったんですけど、監督がもともと相撲をやっていた人で、仮入部初日に「おまえとおまえとおまえ、まわしをつけろ！」って言うんですよ。意味わかんないですよね？

椎名　柔道部なのに（笑）。

村上　それでボクが「嫌です」って言ったら、おもいっきり殴られて。

玉袋　座談会が始まってまだ10分ぐらいなのに、何回殴られた話が出てくるんだよ（笑）。

村上　それで富山は雪国だから、冬場は通学するのが大変な子たちには寮が用意されて、そこから通ってたんですけど。だんだん交通事情がよくなってきて、寮が使われなくなってくると、監督が相撲部の寮みたいな感じにしちゃって。それで夏休みだろうが、普通の学期中だろうが「よし、明日から合宿だ！」って言うんですよ（笑）。

ガンツ　1年を通じて、定期的に合宿生活を送らされると（笑）。

村上　それで練習中は「水は飲むな！」って言われるし。ボクはまわりと比べて身体が大きくなかったんで、食事も監督の隣に座らされて「おまえ、今日ごはん7杯、ちゃんこ10杯な」って言われて。

椎名　中学生にですか？　凄い世界ですね（笑）。

村上　2時間ぐらいかけて食べたあとは、いっつも上を向いていましたよ。そうじゃないと口から出ちゃうんで（笑）。

玉袋　フォアグラを作ってるんじゃねえんだから。それ、ガチョウだよ（笑）。

村上　練習も地獄、メシも地獄で。

ガンツ　中学生なのに、相撲の新弟子生活みたいな感じだったんですね（笑）。

玉袋　村上さんの世代で角界に入った人はいるんですか？

村上　同級生だと出島ですね。ボクはデジと同級生で。

椎名　「デジ」って言うんですね（笑）。

村上　合宿も一緒にしてたんですけど、アイツはそこまで強くなかったんですよ。でも中学3年の途中から突然化けたんですよね。あと大学の同級生で、学生横綱になった栃乃洋がいます。

玉袋　村上さんが角界に行く話はなかったんですか？

村上　あったんですけど、ボクは中学3年のとき、身長180センチ、体重100キロぐらいだったんですよ。食いまくって3年間で40キロ増やしたんですけど、相撲取りに聞くと「130の壁」っていうのがあって、130キロを超えたらそこからさらに大きくなっていくけど、超えられないヤツはそこからなかなか伸びないらしいんです。

椎名　将来、さらにデカくなれるかどうかがだいたいわかるんですね。

村上　監督もそれがわかっていたので、「とりあえず高校に行け」と。それで柔道で富山県2位の高校に推薦で入って、そこで小路と出会うんですけどね。

玉袋　その後、拓殖大学に入ったのも柔道の推薦？

村上　そうです。大学には特待生で入ってるんで。でも、そこでもいじめられるんですよね。

玉袋　拓大柔道部だもんなあ（笑）。

村上　練習の厳しさはいいんですけど、コーチから凄い嫌われてて。

ガンツ　それは面構えがよすぎたんですかね（笑）。

村上　それはあるかもしれない。あるとき、人相の悪いプロレスラーから「俺たち、学生時代から何も悪いことしてねえのに、なんか『おまえ、生意気だな！』とか言われるよな」って、言われたことがあって。「そのとおりです！」って答えたんですけどね。

「木村政彦先生は、ロープ登りで使う吊るされたロープで首を吊っていたことがあったらしいんですよ」（村上）

ガンツ　それ、蝶野（正洋）さんですか？

村上　いや、『風になれ』の人です（笑）。

玉袋　ああ！　そりゃ、あの男も言われるわ。2人並んだら凄いツートップだよ（笑）。

椎名　ビーバップですね（笑）。

村上　で、あの人が「でも俺は村上みたいに人相悪くないけどね」とか言うから、「何を言ってるんですか。俺よりも人相が悪いっスよ」「おまえに言われたくねえよ！」みたいなやりとりをしたことがありました（笑）。

玉袋　最高だな（笑）。拓大柔道部と言えば、木村政彦先生の指導も受けてるんですか？

村上　ボクのときはもう木村先生はご自宅のほうにいらっしゃっていて、ほとんど練習には来られていなかったんですけど、監督が岩釣（兼生）先生で。まあ、狂ってましたね。

玉袋　出た、岩釣兼生！　岩釣先生も狂ってたんですか（笑）。

村上　狂ってましたね。拓大の近くに凸版印刷があって、坂があるんですよ。雨の日だろうとなんだろうと、そこを下から上までウサギ跳びをしろって言うんですよ。ホントにアホな練習しかしてないです。

玉袋　昭和だな～！

村上　木村先生の論理も凄いですよ。木村先生がいらっしゃったとき、1日の練習が終わったあとにソープに行ったらしいんですよ。それで帰ってきて寝たら、夢精したって。

椎名　もういい歳なのに、どこまで元気なんですか！（笑）。

村上　それで「俺がこんな元気なんだから、若いキミらはもっと元気なはずだ」って、きのうよりさらに練習が厳しくなるんですよ。「はい、いまからウサギ跳び！」って（笑）。

玉袋　すげえ、木村イズムだよ（笑）。

村上　でも木村先生が凄いのは、けっこうなお歳なのに一緒にやって、ホントにトップぐらいで上がってくるんですよ。

椎名　ソープに行って、帰って夢精したあとに（笑）。

玉袋　すげーなー（笑）。

村上　あと、これは先輩から聞いた話なんですけど、ロープ登りのトレーニングで使う吊るされたロープで、首を吊っていたことがあったらしいんですよ。

玉袋　えーっ⁉

村上　それで「先生！　大丈夫ですか！」って言ったら、「もう1時間半こうやってるけど、まったくキツくありません」って（笑）。

ガンツ　なんでそんなことを（笑）。

椎名　レフトフック・デイトンだ（笑）。

村上　「ウソでしょ？」って話ですよね。ボクらも先輩に「いや先輩、盛ってるでしょ」って言えないから、「お……押忍！」って言ったら、「おまえ、信用してねえだろ！」って言われて、「押忍、押忍、押忍！（いえ、いえ、違います！）」みたいな（笑）。

ガンツ　先輩に対して「押忍」しか言えないから、口調で否定するんですね（笑）。

村上　あの時代の人がやることは、いまなら全部アウトみたいなことばかりですね。

玉袋　もうスポーツじゃないもんな。

村上　だから拓大で何が鍛えられたかといったら、精神を鍛えられましたよ。

ガンツ そこから総合格闘技に出るようになったのは、どういうきっかけがあったんですか？

村上 それも拓大柔道部の関係ですね。大学4年のとき、ボクが寮にいたら拓大の監督から「ちょっと銀座に来い」って電話がかかってきて。「なんだろう？」と思って行ったら、そこに西良典先生と、守山（竜介）さんと久保（豊喜）さんがいて。みなさん、拓大柔道部OBなんで先輩なんですけど、そのときが初対面だったんです。それで「おまえか、喧嘩ばっかりしてる村上っていうのは」って言われたんですよ。べつに喧嘩なんかしてねぇよ、と思ったんですけど（笑）。

玉袋 やっぱ顔で判断されるんだ（笑）。

村上 売られた喧嘩は買うけど、自分から喧嘩はしてねぇよって思いながら、「おまえな、喧嘩しても褒められないだろう？　でも喧嘩して、相手の腕折ってカネもらえるようになったらいいだろ？」って言われて。わけのわからない話だけど、先輩には「押忍」しか言えませんから、「押忍」って答えたんです。その流れで西先生が九州でやっていた大会を東京でやるって話をされて、なぜか俺が出ることになっちゃったんですよ。

「〝和術慧舟會所属、西良典の秘蔵っ子〟とか書かれたけど、西先生は初対面だったし、慧舟會って名前も初めて知りましたよ（笑）」（村上）

ガンツ 「普段から喧嘩してるんだから、その延長で出ろ」と（笑）。

玉袋　その頃の格闘技界っていうのは、どういう流れだったんだろ？
椎名　グレイシーは出てきてました？
村上　いや、格闘技界のことはまったく知らなかったんで、わからないです（笑）。
椎名　あ、そっか（笑）。
玉袋　じゃあ、西さんがロブ・カーマンとやった頃かな。
ガンツ　いや、もっとあとですね。第1回の『バーリトゥード・ジャパン・オープン』（1994年）で、西さんがヒクソン・グレイシーに負けた翌年だったと思います。
椎名　じゃあ、総合格闘技の波が来てたってことね。
村上　なんか九州でやっていた、道衣を着てグローブを付けた総合のトーナメントみたいなのを東京でやるって話だったんですよ。
ガンツ　『真・格斗術トライアル・トーナメント』ですよね。
村上　ああ、そんな名前です。
椎名　なんでガンツのほうが詳しいんだよ！（笑）。
ガンツ　熱心な格通読者でしたから（笑）。
村上　でもボクは全然知らなくて、「相手はトーワ杯3位のヤツだ」って言われたんですけど、そのトーワ杯がなんだかわからないんですよ（笑）。そんな状態で、柔道着姿に初めてグローブを付けて出場して。わけもわからず、これまで自分がやってきた柔道と相撲、あとは喧嘩のつもりで闘ったら、優勝できちゃったんですけどね。

玉袋　うお〜、そこで優勝しちゃうのが凄いよ。

村上　そうしたら試合後に記者に囲まれて、「これから慧舟會のエースとしてどうのこうの」って言われたんですけど、まず慧舟會を知らなくて「それ、なんですか？」って（笑）。

ガンツ　知らぬ間に慧舟會のエースにさせられてた（笑）。

村上　格闘技雑誌に「優勝したのは和術慧舟會所属、西良典の秘蔵っ子の村上」とか書かれちゃって。でも西先生は銀座が初対面だったし、慧舟會っていう名前もそのとき初めて知りましたからね（笑）。

玉袋　巻き込まれてるな〜。

村上　結局アレですよ、ボクが拓大柔道部だったんで、木村先生がいて、西先輩がいて、その秘蔵っ子が打倒グレイシーとして担ぎ上げられることになってしまったんですけど。

ガンツ　なるほど。西良典の弟子にして、木村政彦の孫弟子が打倒グレイシーに立ち上がった、というアングルですね（笑）。

村上　ボク自身は、ヒクソン・グレイシーの名前すら知らなかったんですけどね（笑）。

椎名　ホントに何も知らなかったんですね。

村上　だから大会前、ボクが打撃の練習をやったことがないんで、「おまえ、ちょっと打撃の練習に行ってこい！」って言われて行かされたのが黒崎健時先生の黒崎道場だったんですけど。

玉袋　出たー！　また鬼が出てきたよ（笑）。

村上　でも、〝鬼の黒崎〟とか全然知らなかったですからね。のちのち「そういえば、鬼だったな」と思ったくらいで（笑）。2時間ずっとつま先立ちとかやらされましたけど、ボクにとっては、拓大の先輩ってみんなそんな感じだったんですよ。「おまえら、これやっとけ！」って言ったあと、「やめ！」って言うの忘れちゃうような人ばかりだったんで。それで黒崎道場もまた、水を飲んじゃダメだったんですよ。

ガンツ 90年代に入ってるのに（笑）。

村上 で、内弟子の人から「うがいだけだぞ」って言われて、うがいをしに行ったんですよ。そうしたら「おまえ、いま水を飲んだだろ！」って言われて「えっ、何この雰囲気……」と思って。「俺は黒崎先生のところに行ってこいって言われただけで、おまえたちの弟子じゃねえよ」って思いながら、いつかやってやろうと（笑）。それで黒崎先生のところに大会前までずっと通ってたんですよ。

「先輩に言われたら『押忍』しか言えないから出ていただけで、総合格闘家になるつもりはなかったわけですもんね」（ガンツ）

椎名 それは大学のときですか？

村上 大学のときです。でも4年生のときで部活はほぼ引退してるんで。

椎名 就職活動は？

村上 総合格闘技をやらされたおかげで全然やっていないですよ。

玉袋　もともと大学を卒業したあとのビジョンとか考えてたんですか？

村上　ボクのなかでは富山に帰って公務員になろうと思ってました。実際に刑務官とかでお声はかかっていたんで。

玉袋　あっ、やっぱそうなんだな。

村上　親父がサラリーマンだったんで、「公務員になれ！」って凄いうるさかったんですよ。まあでも、そこでも柔道はできるし、そんなんでいいやと思ったんですけど。

玉袋　刑務官になるはずが囚人扱いされて（笑）。ちなみに最初に「人を殴ってカネをもらえる」って言われたわけじゃないですか。お金はもらえたんですか？

村上　もらえなかったです（笑）。

玉袋　出た（笑）。

村上　そのかわりに焼肉を食わされて、「なっ、いいだろ？」って、何がいいかわからなかったです（笑）。ボクはべつに格闘技が好きでもないから。

ガンツ　「押忍」としか言えないから出ただけであって（笑）。

村上　その後、「今度は『トーナメント・オブ・J』に出ろ」って言われて。「何それ、意味わかんねえな」って思ってたら、雑誌に〝優勝候補大本命、村上一成〟とか書いてあるんですよ。「おいおい、知らねえよ」って。

ガンツ　すっかり慧舟會のエース扱いで（笑）。

村上　で、前の大会と同じような感覚で出たんですけど、今度は1回戦で郷野（聡寛）選手にK

Oされちゃったんですよ。

ガンツ　郷野選手がまだアマチュアで、コマンドサンビストとして出ていたんですよね。

村上　しかもハイキックで負けたんです。喧嘩でハイキックでやられることなんかないじゃないですか？　だから、そんな技で負けた自分にすげえ腹が立って、「これ、リベンジしねえと納得いかねえな」と思って、就職活動もせずに総合格闘技の練習を本格的にやることにしたんです。

椎名　『トーナメント・オブ・J』に出てるってことは、もう黎明期の総合格闘技シーンの登場人物になっていますもんね。

ガンツ　また『トーナメント・オブ・J』は、有名選手もけっこうたくさん出ていて、ファンの注目度も高かったんですよね。TK（高阪剛）もここで優勝して一気に注目度が増して。

玉袋　エンセン井上の兄貴のイーゲンが出たりな。

ガンツ　決勝がTK vsイーゲンでしたからね。

村上　それで翌年、第2回大会があるっていうんで、「頼むから次もアイツと1回戦で当ててくれ」って言って、ボクはなんとかリベンジしたんですよ。だから、そこでもう総合格闘技は辞めようと思っていたんです。

ガンツ　もともと、先輩に言われたら「押忍」しか言えないから出ただけで、総合格闘家になるつもりはなかったわけですもんね。

村上　だから郷野選手にリベンジした時点で、ボクのなかでは終わってるんですよ。ところが今度は、久保さんに「アメリカで試合しろ」とか言われて。それが『エクストリーム・ファイティ

ング』だったんですけど。

ガンツ　総合格闘技黎明期の大きな大会ですよね。

村上　その大会はバート・ベイルっていう選手が看板だったんですけど。

玉袋　ああ、藤原組か。

村上　そのバート・ベイルの噛ませ犬になる日本人の柔道家、柔術家を探していて、巡り巡ってボクにオファーが来たみたいなんですよね。それで久保さんに「村上、おまえアメリカ行ってこい。タダで行けるからいいだろう」って言われて、「マジっスか。タダでアメリカ行けるんスか?」って。アメリカに行けるのがうれしくて、試合まで3週間だったんですけど、観光気分で「行きます」って言っちゃったんですよ。

椎名　無茶しますね〜(笑)。

村上　なんか、当時はグレイシーが有名になってたんで、柔道家、柔術家を倒すのがどんなヤツを倒すよりも箔がつくって感じだったんですよ。だから「柔道の日本チャンピオン」って言われて試合に出てますからね、全然日本チャンピオンじゃないのに(笑)。それで、いざケージの中で向かい合ってみたら「コイツ、ホントにでけえな……」と思って。

ガンツ　バート・ベイルって身長190センチ、体重120キログらいありますもんね。

村上　筋骨隆々で凄いんですよ。そのときに「あっ、コイツを殺さなかったら俺は殺されるな……」って本能ですよね。あの大会に出てるのはヤバいヤツばっかりでしたから。みんなムショ上がりみたいなヤツらばかりで、ルールミーティングとかでも「俺はこれまで5人殺してる。おまえも殺すぞ」とか言ってるヤツがいて。

椎名　よく5人でムショから出てきたよね（笑）。

村上　ルールミーティングが前科自慢大会みたいになってるんですよ。

「慧舟會にまだ道場がない頃、大宮で佐山さんにマンツーマンで教えていただいた時期があったんですよ」（村上）

ガンツ　初期バーリ・トゥードはそんなヤツらばっかりだったんですね（笑）。

村上　それでレフェリーもストップするタイミングも知らなきゃ、どこまでやると危ないかもわかっていないですからね。だから負けた人はほぼ全員救急車ですよ。なのでボクがバート・ベイルとやったときも「殺らなきゃ、殺される」と思って頭が真っ白ですよ。あとで映像を観ても完全に喧嘩ですよね。しこたまぶん殴ってるだけなんですけど、運よく勝てちゃって。その流れでボクが次の大会でモーリス・スミスとタイトルマッチをやることになったんですよ。

玉袋　めちゃくちゃ険しい山が出てきたな、おい（笑）。

椎名　でも村上さんはモーリス・スミスを知らなかったんですよね？（笑）。

村上　全然知らなかったですね（笑）。知らなかったからこそ、怖いもの知らずで向かっていけて。モーリスはボクがタックルにくると思ったんでしょうけど、いきなりパンチで殴りにいったら、モーリスがドーンて尻もちをついたんですよ。

玉袋　いきなりダウンを奪ったんだ！

村上　そこでボクは「いける！」と思って、そのまま打撃でいったんですけど、モーリスは冷静でしたね。そこからの切り返しがうまくて。それで自分の懐に引っ張り込んで、自分の射程距離内に入ったところで一発KOですよ。

ガンツ　以前、モーリスにインタビューしたときも言っていました。「まさか俺のことを殴ってくるとは思わなかった」って。

椎名　あっ、そうか。それで当てられちゃったのか。

ガンツ　「ダウンを奪われたから頭にきて、もの凄い勢いでぶん殴ってやった」って。そうしたら失神KOだったんで、「やべえ、殺しちゃったかも……」って心配になったらしいですよ（笑）。

村上　実際、そのまま救急車で運ばれましたからね。

玉袋　でも凄いよね。いきなりモーリス・スミスだもんな。

ガンツ　モーリスはその次の試合でUFCに出て、（マーク・）コールマンに勝って世界チャンピオンになってるんですよ。だから、あの時点で世界一に近い選手と闘ってたんですよね。

村上　その流れで今度は「PRIDEに出ろ」って言われて『PRIDE・1』に出てるんですよ。

椎名　もう就職のことはなんにもなくなってますね（笑）。

村上　久保さんとも大学の先輩後輩の関係なので、先輩が「行け！」って言ったら行くだけなんですけど、やっぱり「生きるか、死ぬか」「殺すか、殺されるか」というつもりで続けていたんで、

『PRIDE・1』が終わった時点で辞めようと思って、慧舟會とも話をして辞めたんです。

ガンツ　『PRIDE・1』が終わった時点で、格闘技から足を洗ったつもりだったんですね。

村上　そのとき、まわりに仲間が何人かいたんで、「とりあえず、次にやることが決まるまで一緒にやろうか」って感じで、ゴールドジムで格闘技を教えるはしりなんですけど、順道会館というものを設立して、一般の人に格闘技とかトレーニングを教え始めたんですよ。でも、こういう格闘技の世界なんで、あとから「俺に挨拶なしか」みたいに言われそうだから、名刺をいただいていた人に片っ端から「慧舟會を辞めて順道会館を始めました」っていうFAXを流したんですね。そうしたら、すぐ佐山（サトル）さんから連絡をいただいたんですよ。

玉袋　出た！　佐山さんとは前から顔見知りだったんですか？

村上　慧舟會にまだ道場がない頃、大宮のシューティングジムで佐山さんにマンツーマンで教えていただいた時期があったんですよ。

玉袋　さすがにタイガーマスクの存在は知ってましたよね？

村上　最初は知らなかったんですよ。「タイガーマスクって、マンガじゃなくてホントにいるんだ」みたいな（笑）。

玉袋　そこまで知らねえのも凄いよ（笑）。

村上　その縁があったんで、FAXを送ったときにも連絡をいただいて。電話で「あ、村上ちゃ〜ん」って。

椎名　「村上ちゃ〜ん」（笑）。

村上　それで「ちょっと六本木にある事務所まで来て。会長を紹介するから」って言われて。「会長って誰だろう？」と思って行ったら、猪木さんがいらしたんです。

玉袋　おー！　でも「事務所」で「会長」って言ったら、「誰だ？」と思うよな（笑）。

村上　でも、ボクはわけがわかっていないんで、「あ、アントニオ猪木だ」と思って、普通に「どうも、はじめまして」って挨拶したら、佐山さんが「彼ですよ、ボクが2年前から言ってたのは」とか猪木会長に言ってるんですよ。そうしたら猪木会長から「そうか、一緒にがんばろうな」って言われて。そのときは広い意味で同じ格闘業界だから、お互いがんばろうって意味だと思ったんですよ。ボクのイメージだと猪木さんはプロレスラーで、自分とはまったく別世界の人だと思っていたんで。

ガンツ　まさか「UFOで一緒にがんばろう」という意味だとは思いもせず（笑）。

村上　そういう団体があることも知りませんでしたから。

玉袋　巻き込まれるね～、しかし（笑）。

「猪木さんから『おまえアマチュアだな』って言われたのが、凄く恥ずかしく感じたんですね」（村上）

村上　その後、1週間くらいしたらまた佐山さんから連絡が来て、「村上くん、オーちゃんがロスに行くことになったから、一緒に行ってくれない？」って言うんですよ。「オーちゃんって誰だ？」

って思ったんですけど。

ガンツ　「佐山さんの友達かな」みたいな（笑）。

村上　それで行ったら、あの小川（直也）さんがいるんですよ。「うおーっ！」って思って、ボクも柔道出身だから直立不動になっちゃって。

椎名　猪木にもタイガーマスクにも感動しなかったのに（笑）。

村上　それで佐山さんが「オーちゃんさぁ」とか話しかけてて、「え〜、オーちゃんって小川直也のことなんだ!?」ってそこで初めて知ったんです。

玉袋　小川&村上の暴走コンビはそこで出会ったんだ。

村上　それで「村上くん、ロスにはいつから行ける？」って、もう行く前提の話になっていて。ボクはお金もないし、バイトも休まなきゃいけないしとか思っていたら、「大丈夫、大丈夫。給料も出すからさ」って言われて、よくわからないまま「わかりました」って言ったんですよ。そうしたら佐山さんがスタッフに「チケット取って〜」って言って、「じゃあ、オーちゃんが空港まで迎えに来てくれるよね？」って聞いていて、小川さんが「あっ、行けます。エアの時間だけ教えてください。到着時刻に俺が行くんで」って。それをボクは横で聞いていて、「小川直也が俺を出迎えるって!?　ありえねーよ！」って（笑）。

ガンツ　柔道で考えたら、雲の上の存在なわけですもんね。

村上　だからボクはプロレスラーになるっていうんじゃなくて、小川さんとマンツーマンで練習できるってことで「ラッキー」って感じでロスに2週間くらい行ったんですよ。

椎名　向こうではどういうところで練習したんですか？
村上　サイモン（猪木）さんが探してくれたいろんなジムに飛び込みみたいな感じで行ったんで、道場破りみたいなもんですよ。それでボクが打撃なしでスパーリングして、いい選手がいたら日本に呼ぼうみたいな感じで。
ガンツ　ＵＦＯの選手発掘方法は道場破りだったんですか（笑）。
玉袋　安生（洋二）さんもビックリだよ（笑）。
村上　それでボクが勝ったら、向こうは「コイツがこれだけの強さなら、うしろに控えてるヤツはどんだけ強いんだ？」って思うじゃないですか。そうすると、交渉もうまくいくんですよね。だから、小川さんからは「おまえ、負けんなよ」ってプレッシャーをかけられるし、けっこう大変でしたよ（笑）。まあ、ボクとしてはそれ以外は体育館みたいなところで小川さんと一緒に練習ができたんで、「貴重な体験させてもらったな」って気持ちだけだったんですけどね。
ガンツ　その時点ではまだ、ＵＦＯに入ったつもりもないわけですもんね。
村上　まだ全然ですね。ところがロスの最終日ですよ。猪木会長と食事をさせていただく機会があって、そこでボクの運命が変わってしまったんですよね。そのとき、突然「おまえ、リングに絵を描いたことがあるか？」って聞かれたんです。
玉袋　出たー、謎かけだよ（笑）。
村上　「なんだ？　絵を描くって」って思ったんですけど、「リングに絵を描くって意味がわかるか？」って聞かれたんで、とっさに「勝ち負けです」って答えたら「おまえアマチュアだな」って言われて。その「おまえアマチュアだな」って言われたのが、凄く恥ずかしく感じたんですね。

ガンツ　意味はわからないけど、甘さを指摘された感じがしたわけですね。

村上　「それじゃ、メシ食えないだろ」って言われて、そこからいろいろ教えていただいたんですよ。「おまえ、パンチとキックが来たらどうする？」「ガードします」「そうだろ？　でもプロレスはガードしねえんだよ」。「じゃあ、喧嘩で殴られて『来いよ！』って言われたらどうする？」「『そんなの効かねえよ！　オラ、殴ってこいよ』って言い返します」「そうだろ？　それがプロレスだよ」って言われたとき、なんか「うわっ、プロレスってすげえな」って感じちゃったんですよね。

椎名　そうやってプロレスを説明するんですね。

村上　「格闘技の試合で負けそうになったら、引き分けに持ち込もうとするだろ？　でもプロレスは危険を顧みず、ガードをしないんだ。打ってみろと顔を出す。そして殴られて倒れても、そこから立ち上がってきて、また向かって行ったら、お客さんはどう思う？」「盛り上がります」「それがプロレスだよ。格闘技は倒れた時点で止められるんだ。でもプロレスは倒れてからがプロレスなんだよ。倒れて這い上がり、また倒れて這い上がる。その姿にお客さんは声援を送るんだ。しびれるぞ」って言われて、なんか感動しちゃったんですよね。「うわっ、プロレスすげえ！」と思って。その話のあとに「じゃあ、これから一緒にがんばろうな」って言われたときは、もう素直に「よろしくお願いします」って言えましたね。

玉袋　そこでプロレスラーになったわけか。もしかすると猪木さんは小川さんにも同じような説明をしてたのかね？

村上　いや、小川さんにはしていないんじゃないですかね。小川さんはもともとプロレスラーになりたかった人なので。それもＷＷＥみたいな。

玉袋　あっ、そうか。ハルク・ホーガンになりたかったんだもんな（笑）。

椎名　その勘違いぶりもおもしろい（笑）。

「格闘技マスコミの連中はすぐ村八分にしようとして本当にどうしようもない（笑）。大人げないですよね」（椎名）

ガンツ　村上さんの場合、まっさらだったからこそ、猪木さんの言葉が素直に入ってきたってことなんですよね。

村上　ガキの頃から「プロレスって八百長だろ？」ぐらいの認識しかなかったんで、逆に凄く新鮮だったんですね。だから、そのあともいろんな関係で総合格闘技の試合に出ざるをえないときも、なんとか断ってたんですよ。もう自分はプロレスラーだっていう認識だったし、本気で総合格闘技やってるヤツらは、メシが食えなくてもその舞台に出たくて必死になって、仕事しながらがんばってることを知ってたんで。「俺が抜ければそいつらが舞台に上がれる」っていう感覚だったんです。でも、そこでケイダッシュの川村（龍夫）会長に言われたんですよ。「おまえが出るってカードを発表したら、チケットがドーンと動いたんだよ。商売ってそうなんだよ。夢じゃねえんだ」って。

玉袋　川村さんからそういう言葉をいただいたってのがすげえな（笑）。
村上　「おまえの気持ちはわかる。たしかにみんな夢を追ってる。でも、みんながみんな夢を叶えられるわけじゃないんだぞ。そこに入るべき者しか入れないいんだから、そこはおまえもわかれよ。おまえはある意味でノーとは言えないんだ」って。
ガンツ　その時点ではもう小川さんとタッグを組んで新日本に出たりとか、プロレスラーとしての名前がすでにあったんですよね。だから東京ドームの『ＵＦＯ ＬＥＧＥＮＤ』でも必要だったっていう。
玉袋　リングに絵を描いていたんだね。
椎名　村上さんがプロレスラーになって、小路さんはうらやましがったんじゃないですか？
村上　いや、アイツはもう総合のほうで名前が売れちゃってたんで自分の世界でしたね。それで尾崎豊になりきっちゃってて（笑）。
玉袋　ずいぶん寸足らずな尾崎豊だな（笑）。
ガンツ　入場テーマ曲が尾崎豊なんですよね（笑）。
村上　それで試合後も尾崎豊になりきったようなマイクパフォーマンスをやって、川村さんに「おい、小路！　もういいんだよ。おまえ、下がれ！」とか言われて（笑）。
玉袋　マイクが長いんだよ。「みんな～、夢はあるか～い？」とか言ってさ（笑）。
村上　川村さんがわざわざ俺に電話をしてくれるんですよ。「俺は言ってやったんだよ。『おまえのマイクパフォーマンスなんて誰も聞きたくねえんだ』って。おまえからもアイツに言っておけ！」って（笑）。

玉袋 さすがエンターテインメントのトップ！　川村さん、すげー！（笑）。でも小路さんもPRIDEで人気があったよな。

村上 逆にアイツは総合のほうが向いていたんですよ。

ガンツ プロレスファンだけど、総合にハマったんですね。そしてじつは、プロレスにまったく興味がなかった村上選手のほうがプロレスラーに向いていたという。

村上 そうなんですよ。ただ、ボクは格闘技からプロレスに行ったことで、凄い嫌われたんですよね。UFOでプロレスをやり始めた頃、修斗の大会に行って記者の人たちに「おはようございまーす！」って挨拶したら、みんながシカトするんですよ。

椎名 そうなんですよ。格闘技マスコミの連中はすぐ村八分にしようとして本当にどうしようもない（笑）。

村上 それを2人目にもやられて、3人目にもやられて。

椎名 大人げないですよね。

村上 「あっ、これシカトか。なんだよ、これ」と思って、それで誰かに聞いたんですよ。「なんかさ、格闘技からプロレスに行くのってタブーなの？」って。そうしたら「タブーです」って言われて（笑）。業界では裏切り者みたいなことだって言われて、「村上さん、知らなかったんですか？」って言うから、「知るか、そんなこと！　興味ねえし！」って（笑）。

玉袋 村上さんはプロレスに行ってよかったよ。UFO時代とか、俺らもしびれまくったからね。

椎名　小川さんと組んでいる頃は、東スポでも毎日おもしろい記事が出ていましたよね（笑）。

村上　東スポの記者と毎日会ってましたからね（笑）。

玉袋　なんか楽しそうだったんだよな。

ガンツ　で、そうこうしているうちに橋本vs小川の〝1・4事変〟があるわけですよね。

玉袋　あれはどうだったの？

村上　あの件についてでは、ボクはまったくわからないんですよ。結局、ボクは小川さんと一緒にいますけど、プロレス界についてもよくわかっていなかったので。小川さん情報しかないわけで。

ガンツ　小川さん経由の限られたプロレス情報しかなかったと（笑）。

村上　で、1・4のときは当日の朝、小川さんに「村上さ、後輩とか何人か呼べない？　こっちは人がいないじゃん。人がいないと箔がつかないから、こないだの道場のヤツとか来れないかな？」って聞かれて。

玉袋　兵隊集めだ。

村上　「あっ、いいですよ」って言って、自分の道場の仲間とか後輩を集めたんですよ。それでドームの近くの喫茶店で「今日はよろしくね。ちょっとさ、慌ただしくなるかもしれないけど、みんなで入場してくれて試合中にセコンドでいてくれたらそれでいいからさ」っていう感じで。

「猪木さんが『村上にはプロレスを教えるなよ。本能のままで闘わせろ』って言っていたみたいなんです」（村上）

椎名　そこまでおかしなムードじゃなかったんですね。

村上　ただ、控室に入ったら、佐山さんが試合に出るわけでもないのにテーピングをグルグル巻いていて、いきり立ってるんですよ。「なんなんだろ？　今日はちょっと機嫌が悪そうだな」と思って。あとは控室の入口まで坂口（征二）さんが来て、小川さんと何か言い合いをしているんですよ。小川さんが坂口さんに「それは会長に聞いてください！　俺は会長の言われたことしかできませんよ！」とか言ってて。なんの話をしているのかわかんなかったですけどね。で、坂口さんが出ていったら、小川さんのマネージャーだった沢野（慎太郎）さんが控室の鍵を閉めてるし。

椎名　けっこうな予兆はあったんですね。

村上　いま思えばそうなんですけど、あのときは特になんとも思っていなくて。その流れのままリングに行くわけですよね。それでボクらはいつもとテンションが変わらないんですけど、普段から「セコンドが緊張感を持たないと意味がない」と。「おまえらも試合をするんだ、いつでも行けるようにしておけ」って言われてたんですよ。猪木さんからも小川さんからも「なんかあったらすぐに飛び込んでいって、選手の盾になるのがセコンドだぞ」っていうことを教え込まれていて。

椎名　橋本戦にかぎらず、そういうふうに言われていたんですね。

村上　だからボクは普通にリングに飛び込むし、結局それしか教えてもらっていないんで。それで両方のセコンドがリングに上がって、（ジェラルド・）ゴルドーが殴ったのを合図かなんかに乱闘が始まって、そっからはもうグチャグチャですよね。結局、向こうからしてみたら、俺らなんか知らないわけじゃないですか。だから殴るとすればいちばんいいわけですよ。得体が知れないから。

ガンツ　「やっちゃっていいヤツ」って感じで村上選手たちが集団でやられたわけですか。

村上　それもきっかけがあったんですよね。一度、小川さんをリングから下ろして自分もついていったんですけど、こっちのセコンドだった4代目タイガーマスクがエプロン際で小原（道由）さんとやり合っているうちに、向こうの連中に捕まっちゃったんですよ。それでマスクを剥がされそうになっていたから、ヤバいと思ってボクは行ったんです。それで「やめろ、こら！」って行った瞬間に、平田（淳嗣）さんが突っ込んできたんですよ。そうしたらボクは平田さんを投げちゃったんですね。これが1対1の喧嘩なら、投げて上からボコボコにすればいいんだけど、相手が大勢だったから、その状態のままバッカバカに蹴られまくって、そこからあとはもう記憶がなくて気がついたら病院だったんですよ。

玉袋　危なかったよな、あれは。

ガンツ　リング上でいびきをかいていたんですよね。

村上　顔がもの凄く腫れてて、1カ月くらいちゃんと記憶が戻らなかったですから。

玉袋　うわっ、やべえ……。

村上　日常生活の中でも、「あれ、メシ食ったかな？」とか「あれ、トイレに行ったかな？」とか、ホントに一瞬のことでも忘れてしまうんですよ。それが日に日に落ち着いてきたら、今度は怒りが来るわけですよ。「俺をこんな目に遭わせたヤツ、絶対に殺してやる!」って。

玉袋　そうなりますよね。

村上　でも、誰がやったかわからないわけですよ。それで映像を確認させてもらったら、カメラの角度から見えた俺を蹴ってるヤツは飯塚(高史)さんだったんですよ。そのときは飯塚さんの名前も知らなかったんですけど、「コイツは誰ですか?」って聞いたら飯塚さんだと。そこから「絶対にコイツ殺してやる」と思って。その瞬間は恨みだけだったんですけど、おもしろいことにボクのなかで猪木さんの言葉が強く残っていて、「これを試合に活かさない手はないぞ」と思ったんですね。

玉袋　凄い!　飯塚選手との因縁として使えるって考えたわけだ。

村上　単に恨みを晴らすだけなら、どこでぶっ飛ばしてもいいけど、俺はプロなんだから客の前で喧嘩したほうがおもしろいんじゃないかって思ったんですよ。

玉袋　そこに見てるほうも乗っかったよね。

ガンツ　だからあの因縁を受けて、2000年の1・4東京ドームで橋本&飯塚vs小川&村上っていう試合をやりましたけど、めちゃくちゃおもしろかったんですよね。ホントに喧嘩だし(笑)。

村上　だからその試合の話があったときも、猪木さんに「村上、おまえどうだ?」って聞かれて、「そりゃ殺したいと思ってますよ。でもボクはプロなんで、これを活かさないことには何もないでしょう。プロレスラーはリングで闘うだけなんで俺は全然いいっスよ。やりますよ」って言って。プロレスの試合としてやりますけど、「殺してやる」っていう気迫がないと緊張感もなくなると思ったので。

玉袋　うん、プロだ。

村上　だから小川さんがよく言ってたのは、「刀を磨いておけよ」っていうことでしたね。「いつでも刀を抜けるようにしておけよ」っていう。それは自分を守る防御にもなるし、相手への緊張感にもなるんで。そういうのは磨いておかないとお客さんにバレるんですよね。ボクらが見せるところってそこだけなんで。だってプロレスのロックアップやロープワークは基本的に習ってないんですよ。

ガンツ　プロレスを習ったことがないプロレスラーなんですよね（笑）。

村上　猪木さんが「村上にはプロレスを教えるなよ。本能のままで闘わせろ」って言っていたみたいで。だからロープワークを習ったのは、ホントにのちのちになってからですよ。一緒に魔界倶楽部をやっていた柴田（勝頼）に「おい、柴田。ロープワークってどうやってやるんだ？　なんかロープにぶつかると痛えんだけどさ」とか言って（笑）。

玉袋　でもプロレスに染まり切らない、そのスタイルがよかったんだよな。

村上　だからボクは、昔の新日本の人たちに凄くかわいがってもらったんですよ。バトラーツの駒沢大会（２０００年11月26日）に出たとき、山本小鉄さんが観に来られていて、試合前に控室に突然入ってきて「おう、村上！　おまえは最高だよ。俺はおまえのこと応援してるからな。今度、メシ行こうな！」って声をかけていただいて。ただ、ボクはその時点で山本小鉄さんのことを知らなかったので、石川（雄規）さんに「誰ですか、あのハゲ？」って聞いちゃったんですけど（笑）。

玉袋　ガハハハハ！　あのハゲって、そのまんまだよ。

椎名　豊田真由子元議員ですね。「あのハゲ〜！」って（笑）。

村上　石川さんには「おまえ、山本小鉄さん知らないの？　俺のことからかってない？」って言われて（笑）。それぐらいプロレスのことを知らなかったんですけどね。「あの人はヤマハブラザースだよ」って言うんですけど、「なんですか、ヤマハブラザースって？」って。

椎名　聞けば聞くほどわからないですよね（笑）。

「小川さんとはもう20年近く、会ったこともなければ、すれ違ったこともないんですよ」（村上）

ガンツ　小鉄さんは、村上さんが新日本で喧嘩マッチみたいな闘いをしていたのを気に入ってたんでしょうね。

村上　だからその後、新日本に上がったときも、小鉄さんには「おう、村上。あれでいいんだよ！あれを貫き通せよ！」って言っていただいて。そのあとは星野（勘太郎）さんから「村上がいなかったら魔界倶楽部はできない」とおっしゃっていただいて。まっ、星野勘太郎も最初は知りませんでしたけど（笑）。

椎名　「なんだ、このちっちゃいおっさん」って（笑）。

村上　星野さんにも、その後は凄くかわいがってもらいましたけどね。しょっちゅう「赤坂行くぞ」って言われましたよ（笑）。

玉袋　小鉄さんや星野さんといった昭和の人たちは、村上選手の心根の部分を気に入ったんだろうな。でも村上さん自身は、小鉄さんも星野さんも知らなかったというね（笑）。いや～、おもしれえ。

ガンツ　では時間も残り少ないので、最後にひとつ聞きたいんですけど。小川さんと袂を分かつことになったのは、なぜだったんですか？

村上　小川さんと別れたのはボクのなかでもクエスチョンなんですよ。ZERO-ONEに上がっていたとき、やっぱり自分が上にいくためには小川直也であっても利用しなきゃならないってことで、リングで小川さんを襲って、大谷晋二郎側についたことがあったんですね。

玉袋　小川さんに対しても〝テロ〟を仕掛けたわけだ。

村上　それでボクが襲うときって、毎回、外にクルマを用意させておいて、すぐに会場から逃げるっていう段取りをしてあって、荷物から何からすべて仲間に預けていたんですよ。それで会場をあとにして、仲間と一緒に焼肉を食いに行ったんですね。そうしたら小川さんから着信が入っていて、それでかけ直してみたけど出なかったんですよ。留守電が入っていることに気づいて聞いてみたら、「おまえ、マジか？」って音声が流れて。ボクは「何を言ってるのかな？」と思って、それでもう一度電話をかけても全然出ないんですよ。

玉袋　着信拒否（笑）。

村上　それでとりあえず残りの留守電を聞くと、「わかった。もういいわ、おまえ。これでもうわかったから」って切れて。それっきりなんですよ。

ガンツ　小川さんがマジギレしちゃったってことですか⁉

村上　なんかボクが電話に出なかったのを着信拒否していたと思ったのか、そんな留守電が入っていて。その後、別の用事で川村さんにケイダッシュの事務所まで呼ばれたことがあったんですけど、「さっきまで小川がいたんだよ。『いま村上が来るから待ってろ』って言ったのに、アイツが『いや、いいっス、いいっス』って帰りやがってさ。アイツ、いまだに村上のことをなんか思ってんのか？」って言われて。なので、それからもう20年近く会ってないんですよ。

玉袋　すげ～（笑）。

ガンツ　でも村上さんが小川さんを襲ったのは、プロレスの中の話じゃないですか。その後、本気になってしまったわけですか（笑）。

村上　小川さんがどう思ってるのか、聞いたことないのでわかんないですけどね。

玉袋　でも、村上さんのほうはべつに恨みも何もないしさ、普通に小川さんの話もするわけだもんね。

村上　だから、あの焼肉屋での電話から止まってるんですよ。そこからいまのいままで、会ったこともなければ、すれ違ったこともないんですよ。

椎名　村上さんにリング上で襲われたのが、そんなにショックだったんですかね（笑）。

村上　それなのにその後、藤井軍鶏侍をボクのレプリカみたいにしてやってるって聞いて、「なんなんだろうな？」って。たまたま藤井軍鶏侍の彼女と、ボクの友達の奥さんが凄く仲良くて。軍鶏侍は小川さんから「村上のときはこうだったんだよ！」「村上はこうやって動いたんだよ！」ってよく言われていたらしくて、「俺は村上じゃないからできるわけないじゃん。それを俺に求めちゃダメだよ」って彼女にぼやいてたらしいんですよ（笑）。

ガンツ　藤井軍鶏侍さんは、別れた村上さんの幻影を追う小川さんに悩まされたんですね（笑）。

玉袋　おもしれ～（笑）。

村上　一度、ＩＧＦからボクにオファーが来たことがあったんですけど、「俺がＩＧＦに出るなら、相手は小川直也しかいないよ」って言ったら、小川さんは「顔じゃねえぞ」って言ったらしくて、その話はなくなったんです（笑）。

ガンツ　カ、カテエ……（笑）。

村上　「そうだよね。顔じゃないよね。天下の小川直也だもん」って返しましたけどね。ＵＦＯの頃は1年365日のうち360日くらいは小川さんと一緒にいたんですよ。小川さんはクルマが好きで、ボクも好きだったから、小川さんが2台持っているうちの1台を改造しようってことになって。一緒にパーツ屋に行って「村上ちゃん、これをこうやったらどうなのかな？」「いや、それよりもこっちがいいっスねえ」とか話したりしてたんですよ。練習後、小川さんのクルマに乗って2人でメロンパンを食べながら、そういうところに行くのが楽しかったんですけどね。

ガンツ　凄い仲良しだったんですね（笑）。

村上　仲良しなんですよ。練習も遊びも一緒に行ってたんで。それで小川さんの奥さんが「なんか恋人みたいだよね」とか言って（笑）。

玉袋　カミさんが妬くほどの仲だったってのがいいな（笑）。

村上　だけどその仲も、ボクがリング上で襲ったことで終わっちゃったんですよね（笑）。

玉袋　それが「平成のテロリスト」のさだめだな（笑）。

あとがき

『玉袋筋太郎の闘魂伝承座談会』いかがでしたでしょうか！

今回、この本を出版するにあたって、俺も各インタビューをあらためて読み返してみたんだけど、とにかく痺れまくったよ。とくにやっぱり猪木さんだよなあ。この対談をやらせてもらった時点ですでにアミロイドーシスっていう難病におかされてたわけだけど、それでも前向きに夢を語る猪木さんに思わず読んでて泣けてきちゃったよ。

猪木さんの言葉の数々はすべて俺の胸に響いたんだけど、もっとも刺さったのは、人生を振り返って「無我夢中で走り続けてきただけ」「必死になって頑張って生きてきたから。そういう姿を見て、何かを感じ取ってくれた人たちがいるのかもしれない」という一節だね。

そうなんだよ。俺たちはみんなアントニオ猪木の必死で頑張る姿、闘い続ける姿を見て、脳内猪木ボンバイエを鳴らして、心に闘魂の火を灯してたんだよな。

それは今回、この本に出てくれた方々もみなさんそうだったんだと思うよ。藤波さんにしても、そういう猪木さんの背中を見て16歳でこの世界に飛び込んで50年以上プロレス界の第一線を走り続けてきたんだと思うし。藤原組長も猪木さんのそういう姿勢があったから、「この人のためなら死んでもいい」って思ったんだろう。それは世代が離れた永田さんが「一度だけ会長を命懸けでお守りした」と胸を張るのも一緒だと思うよ。レスラーじゃなくても、新間さんや舟橋さんだってアントニオ猪木に骨の髄まで魅せられて、熱狂を作り出していったと思うしね。

だからこの本も読んでくれた人の心の闘魂に火をつけられたら幸いだよ。今、ぼっちキャンプとかがブームだけど、アントニオ猪木っていうのは、心の火起こしの最高のツールじゃねえかな。

でも、猪木さんはもうこの世から旅立ったわけだから、いつまでも燃える闘魂に頼りきっちゃいけねえ。今度は俺たちが自分自身で闘魂を燃やす番だ。これからは〝燃やせ闘魂〟だな。この火は消さずにいくぞ。

未来へとこの火をつないでいきたい。それはもうオリンピックの聖火と一緒だよ。永遠に『猪木ボンバイエ』は流れ続けるし、アントニオ猪木が残してくれたものは永遠だ。同じ時代を生きることができて幸せだったし、猪木の闘魂を俺たちも語り継ぎたい、そういう仕事をやっていきたいよな。

それでは最後に気持ちいいやつを一発やらせてください。

1、2、3、ダ——ッ！　ありがとう！

玉袋筋太郎

［プロフィール］

玉袋筋太郎（たまぶくろ・すじたろう）
1967年、東京都生まれ、お笑い芸人、浅草キッドの片割れ。

堀江ガンツ（ほりえ・がんつ）
1973年、栃木県生まれ、プロレス・格闘技ライター。

椎名基樹（しいな・もとき）
1968年、静岡県生まれ、構成作家。

初出一覧

ゲスト:アントニオ猪木 ――――――『KAMINOGE』Vol.100
ゲスト:藤波辰爾 ――――――『KAMINOGE』Vol.14
ゲスト:藤原喜明 ――――――『KAMINOGE』Vol.22
ゲスト:北沢幹之 ――――――『KAMINOGE』Vol.107
ゲスト:新間寿 ――――――『KAMINOGE』Vol.123
ゲスト:舟橋慶一 ――――――『KAMINOGE』Vol.58
ゲスト:タイガー服部 ――――――『KAMINOGE』Vol.138
ゲスト:永田裕志 ――――――『KAMINOGE』Vol.132
ゲスト:村上和成 ――――――『KAMINOGE』Vol.103

玉袋筋太郎の
闘魂伝承座談会

2023年12月20日　第一刷発行

著者　玉袋筋太郎、堀江ガンツ、椎名基樹

発行人　森下幹人

発行所　株式会社白夜書房
〒171-0033　東京都豊島区高田3-10-12
03-5292-7751（営業部）　03-6311-7225（編集部）

印刷・製本　図書印刷株式会社

編集人　森田秀一、熊谷公太
